中国交通教育研究会职业教育分会推荐教材

高等职业院校船舶技术类专业教学用书

高等职业教育规划教材

船舶电工工艺

（第二版）

【船舶电气工程技术专业】

周　涛　主　编
刘明伟　主　审

CHUANBO DIANGONG GONGYI

人民交通出版社股份有限公司

内 容 提 要

本书是高等职业教育船舶技术类船舶电气工程技术专业中国交通教育研究会职业教育分会船舶技术专业委员会规划教材，按照《船舶电工工艺》课程标准的要求编写。

本书根据船舶工业最新船舶电气建造工艺标准和现代区域造船模式，系统地阐述了现代船舶电气建造工艺原则、流程、技术规范以及船舶电气设备安装、维护保养等相关工艺。全书共分九章，主要内容包括：船舶电工工艺概论，船舶电气安装预制件，船舶电气设备安装工艺，船用电缆及其敷设工艺，电缆切割与接线工艺，船舶电气设备的维护保养，船舶安全用电，船舶电气规范，系泊、航行试验。

本书可作为船舶电气技术专业全日制高职学校的专业教材，也可作为中等职业学校的同类专业教材，还可作为从事船舶电气建造工作人员的参考资料。

图书在版编目(CIP)数据

船舶电工工艺/周涛主编.—2版.--北京：人民交通出版社股份有限公司，2014.8

ISBN 978-7-114-11492-2

Ⅰ.①船… Ⅱ.①周… Ⅲ.①船用电气设备—电工技术 Ⅳ.①U665

中国版本图书馆CIP数据核字(2014)第135064号

书　　名：船舶电工工艺(第二版)
著 作 者：周　涛
责任编辑：张　淼
出版发行：人民交通出版社股份有限公司
地　　址：(100011)北京市朝阳区安定门外外馆斜街3号
网　　址：http://www.chinasybook.com
销售电话：(010)64981400,59757915
总 经 销：北京交实文化发展有限公司
印　　刷：北京鑫正大印刷有限公司
开　　本：787×1092　1/16
印　　张：13.5
字　　数：312千
版　　次：2007年6月　第1版　2014年8月　第2版
印　　次：2014年8月　第2版　第1次印刷
书　　号：ISBN 978-7-114-11492-2
印　　数：0001－2000册
定　　价：36.00元

高等职业院校“十二五”船舶规划教材
编审委员会名单

前言
QIANYAN

为规范高等职业教育船舶技术类专业的教学，积极推进课程改革与教材建设，提高教学质量，更好地满足我国船舶工业快速发展的需要，中国交通教育研究会职业教育分会船舶技术专业委员会组织全国开办有船舶技术类专业的职业院校及其骨干教师，编写了“十二五”高职船舶规划教材。

这些教材分别适用于船舶工程技术专业、轮机工程技术专业和船舶电气工程技术专业，以及船舶检验、船舶舾装、焊接技术及自动化、游艇设计与制造等船舶技术类专业。

“十二五”高职船舶规划教材大部分是在“十一五”高职船舶规划教材的基础上修订而成。本规划教材注重以就业为导向，以职业能力培养为核心，面向行业企业，充分体现职业教育的特色，满足高素质实用型、技能型船舶技术类专业高等职业人才培养的需要。

本规划教材主要是针对高等职业教育编写的，其他形式的职业教育、职工培训、专业考证训练以及相关技术人员也可参考使用。

《船舶电工工艺》共分九章。第一章介绍了船舶电气建造工艺原则、流程、技术规范，船舶电气设备的工作特点、基本要求和相关规定以及常用电工工具、电工仪表的结构原理和使用方法。第二章简单介绍了船舶电气设备固定件、电缆支承件、贯穿件的类型及其使用；第三章详细介绍了船舶电气设备安装原则、工艺要求和基本方法以及船舶各类电气设备的安装工艺；第四章介绍了船用电缆的选用以及敷设工艺；第五章重点对电缆切割和接线工艺作了较全面的介绍；第六章较为全面地介绍了船舶照明系统、锚机、起货机、舵机、锅炉等设备的控制系统、船内通讯报警系统以及船舶电机、电站的维护保养知识；第七章介绍了触电原理、现象、急救以及船舶其他安全用电的相关知识；第八章介绍了船舶电气规范类的基础知识；第九章介绍了系泊、航行试验的基本知识。全书按60学时编写，各院校可根据实际教学计划和要求酌情删减。

参加本书编写工作的人员有：主编江苏海事职业技术学院周涛（编写第三章、第六章）；参编江苏海事职业技术学院刘强（编写第一章、第五章）、吴俊（编写第二章）、马洪涛（编写第四章、第七章），浙江国际海运职业技术学院何琪（编写第八章），渤海船舶职业学院赵群（编写第九章）。

本书由渤海船舶职业学院刘明伟担任主审，在此表示感谢。

本书在编写过程中得到了交通系统各院(校)教师和南京金陵船厂洛宁森的大力支持,在此一并表示深切的谢意。

限于编者经历和水平,书中难免有疏漏与不足之处,恳请读者批评指正,以便修订时完善。

中国交通教育研究会职业教育分会船舶技术专业委员会

2014年6月

目录

MULU

第一章　船舶电工工艺概论

● **学习目标**

知识目标

1. 掌握船厂安全技术规程；
2. 掌握常用电工工具的结构及使用方法；
3. 掌握常用电工仪表的使用方法；
4. 了解船舶电气建造工艺原则及工艺流程；
5. 了解船舶电气设备的工作特点、要求及其相关规定；
6. 掌握互感器的工作原理。

能力目标

1. 能正确、熟练运用常用电工工具；
2. 能正确、熟练使用常用电工仪表；
3. 能正确安装使用互感器。

第一节　船舶电气建造工艺

一、电气建造工艺概述

船舶电工工艺即船舶电气建造工艺，是指电气工作人员在船舶建造过程中，对船舶电气进行安装、调试以及维护保养等工作所必须遵循或参照的技术规范和工艺方法。其主要任务是通过采用先进的工艺手段及合理的生产组织，在确保船舶电气建造质量的前提下，尽量节约原材料、降低成本、提高生产率且缩短生产周期。

船舶电气建造是一个综合性的过程，其工作复杂、劳动量大，为了便于组织生产和编制计划，必须将船舶电气建造工程分成若干个计划统计单位，即电气工艺阶段。

电气工艺阶段是指在船舶电气建造的生产周期中，按合理的工艺程序，在一定时间内所应完成的一部分造船工程。由于船舶建造的特点，电气安装的大量工作要在船体建造较完善的情况下才能全面展开。因为电缆及电气设备安装后，应避免火种接近并要防止其受到机械损伤，所以电气安装工作必须安排在较后的阶段，并要求在较短的时间内完成大量的工作。为了迅速有效地完成这项工作，必须合理地划分电气工艺阶段。

电气工艺阶段划分的实质，就是要把所有的船舶电气建造工作穿插安排到船体建造的各个工艺阶段中去，使各专业、各工种间能相互协调一致，以达到按期保质完成造船任务的目的。在具体划分时，一般应在船舶施工设计阶段进行，要考虑与船舶建造的工艺路线和总进程相适应。

船舶电气建造是一项较为复杂的系统工程，它具有设备繁多、线路复杂、空间狭小、施工周期短、交叉作业及工作条件较恶劣，而对建造质量的要求又极为严格的特点。因此，如何合理地安排生产流程和生产计划，以实现船舶电气建造工作的高质量和高效率，显得极为重要。

二、船体各工艺阶段的电气建造内容

船舶电气建造的内容与船体建造的各工艺阶段是密不可分的，在船体的不同工艺阶段，其电气建造的特点和内容是不同的。

1. 船体准备阶段

该阶段是电气建造的工艺准备及生产准备阶段。在该阶段，要确定电气施工的工作量、工时定额；组织电气放样、完善材料清单；进行非标件、特殊材料及仪器仪表的加工与配套；开始技术培训、安全教育等。

2. 船体备料加工阶段

该阶段是车间内场加工制作与配套阶段。在该阶段，施工人员要熟悉图纸资料、施工要点；进行全船所用电气材料、安装紧固件、设备工装的自制加工；开始全船所用电气材料、设备等的配套，部分设备内场的模拟调试；确定缺料清单。

3. 船体分段建造阶段

在该阶段，要结束自制工件、工装、设备的加工并入库；完成电气设备的工艺配套；开始电缆紧固件与大型电气设备的初步安装、电缆工艺备料与拉敷及分段设备的安装与接线。

4. 船体分段合拢阶段

在该阶段，要进行主干电缆的工艺备料与拉敷紧固；完成局部电缆的补遗、校对与紧固；开始进行设备的安装与电缆引入设备的接线。

5. 舾装阶段

在该阶段，要结束全船电缆的拉敷、查对、紧固以及全船电气设备的安装与接线、密封件的密封；完成导航设备、测深仪、计程仪等特种设备的安装；完成系泊试验前的准备，包括试验方案的制定及工装的准备等。

6. 系泊试验阶段

在该阶段，要完成全船机电设备安装收尾、全船电气设备的报验与清洁检查；完成发电屏与配电屏之间汇流条的分离；配电屏接岸电并准备系泊试验。依据试验大纲，对强、弱电设备分别进行调试并报验结果；完成航行试验准备工作。

7. 航行试验阶段

在该阶段，要明确航行试验大纲的项目指标，提出配合工作项目，并申报上级主管部门批准；进行备品备件、图纸资料及生活供应品的准备；提交各种设备和装置的效用试验报告及其参数指标；依据试验大纲的要求，完成在特定海域及海情下对电气设备的各项效用及指标的考查。

8. 交船阶段

在该阶段，要解决航行中出现的问题，并完善设计施工图纸；编制完工文件并进行设备的维护保养；向船主进行技术交底并申明注意事项；移交设备与备品备件及各种图纸资料。在指定限期内向船主移交完工文件；确定缓装电气设备的安装计划；编制本产品的建造总结、审定后归档。

三、船舶电气建造工艺原则

船舶电气建造工艺原则可根据船舶的不同类别、船体及电装车间的生产能力来确定，经常采用的几种工艺原则如下所述。

1. 按合拢顺序安装工艺

特征：在某段船体合拢完毕并经火工校正后，即进行各阶段的电气安装工作，将跨区的主干电缆卷绕挂起，按合拢顺序向前推进。

优点：开工较早，能缩短船舶电气建造的周期，节省人力。

缺点：电气施工周期较长，与其他工种交叉作业，电缆及一些设备易受损伤。

应用：船体建造能力不强，大合拢时间较长而又要求缩短造船周期的大、中型船舶。

2. 全面平行安装工艺

特征：在船体大合拢完毕并经火工校正后，将全船按工艺分区，各小组按区实施同步平行作业，各小组也可实现局部交叉流水作业。

优点：安装效率较高，人员可机动投入，缩短造船周期。

缺点：电气安装工作开始较迟，若调配不当，可能会延长电气安装周期，应注意统筹。

应用：船体建造能力较强，大合拢时间较短的大、中型船舶。

3. 分段预安装工艺

特征：在船体某一分段建造完成后，即可进行该分段电气紧固件及大型设备的预安装；无试水要求的舱室的电缆、设备等的安装与接线。主干电缆在大合拢时再敷设。

优点：能缩短船舶建造周期，在分段倒置时能寻找到有利的安装位置，变空中作业为地面作业，降低劳动强度。

缺点：电气安装周期较长，电缆线路所占的位置较大。

应用：用于批量产品或标准型的大、中型船舶的建造。

4. 总段预安装工艺

特征：各专业工种均在各总段中完成舾装任务，电气安装工作可大部分完成，主干电缆在大合拢时再敷设。

优点：能大大缩短船舶建造周期。

缺点：电气安装周期较长，电缆线路所占的位置较大。

应用：适于大型或超大型单一建造的船舶及标准型的大、中型船舶的建造。

5. 部件安装工艺

特征：把船上的部分安装工作移到内场进行，连成一个部件后再上船安装。如电缆紧固件和电气设备安装件的内场安装等。

优点：可改善劳动条件、减轻劳动强度、提高效率，保证安装质量。

缺点：部件的运输及安装不便。

应用：适于批量生产的各种船舶。

除了上述介绍的安装工艺原则外，还有分区安装工艺、流水安装工工艺等原则，在船舶的电气建造过程中，往往是上述各种不同安装工艺原则的有机综合。

四、船舶电气建造工艺原则的确定

(1)要尽量缩短船舶电气建造的周期、减少电气安装的工作量、降低劳动强度、提高船舶建造的质量及合理安排劳动力,这是主要原则。

(2)船体采用小分段依次逐段合拢时,大合拢的周期较长,电气建造工艺宜采用“按合拢顺序安装工艺”。

(3)船体车间自动化程度较高,采用由几个总段大合拢的建造方法,当合拢周期较短时,常采用“全面平行安装工艺”。

(4)当船体采用分段依次合拢时,且在分段完成后,留有各专业的预装时间,常采用“分段预安装工艺”。

(5)当船体采用总段大合拢方式的大型船舶建造时,各总段的建造周期较长,应采用“总段预安装工艺”。

(6)由于其他工种施工的需要,某一特定部分的安装件及电气设备需要提前或滞后安装,应采用局部性的施工工艺。

(7)在确定完整体电气建造施工工艺后,还要考虑电气安装各工艺阶段中劳动力的调配,应尽量采用平行作业、内部工作与外部工作交叉进行的安装工艺。另外,还应将每一船体总段分成若干个工艺安装区及电气安装阶段,以便能在各阶段中投入机动劳动力或多余的劳动力,易于统筹安排。

(8)对于批量产品的建造,可考虑流水作业法,即某一安装小组专门负责每一条船舶上的同类别电气建造工作。

(9)可根据产品要求及生产情况,对全船性施工方法和局部性施工方法进行有机组合,通过实践总结出适合本厂实际的各种施工方法。

五、船舶电气建造的内场作业

船舶电气建造一般分为内场作业和外场作业两个阶段。内场作业就是将一些安装件及设备的制作、部分设备调试、材料工装的准备等工作在车间的内部完成。外场作业则是在船台或船舶上进行船舶电气的安装与调试。随着造船工业的发展,船舶电气建造的工作量在不断地增加,应该尽可能多地把船舶上的外场作业转移到车间内场来完成。

1. 内场作业的特点

(1)可充分利用车间内的设备与场地,提高生产效率、缩短船舶电气建造周期;

(2)提高码头及船台的利用率;

(3)能改善劳动条件、减轻劳动强度、提高安全系数;

(4)有利于保证和提高电气安装工作的质量;

(5)能降低材料等的消耗,管理方便。

2. 内场作业的内容

(1)熟悉图纸及工艺文件;

(2)设备配套及安装件准备;

(3)电缆备料。

六、船舶电气建造工艺流程

船舶电气安装工作环节多、涉及面广，与其他工种的配合又很密切，所以只有周密合理地安排施工工艺和人员调配，才能高质量、高速度地完成生产计划。目前，船舶电气建造常采用的工艺流程如图 1-1 所示。

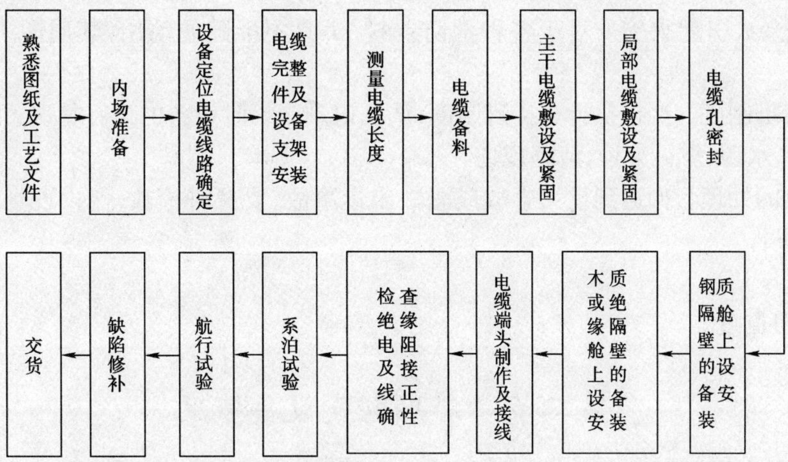

图 1-1　船舶电气建造工艺流程图

七、船厂安全技术规程

随着我国造船事业的不断发展，船舶生产的吨位越来越大，而生产的周期却越来越短，因此，如何能实现安全生产就更加显得重要。这就要求在生产过程中，每个人必须认真学习和执行国家有关安全生产的政策和法规，严格遵守安全技术操作规程。总体说来，船舶安全技术操作规程有如下几个方面。

(1)正确使用个人防护用品。凡是进入船台、船坞、码头等区域以及基建施工、铸锻冶金、起重搬运、车辆装卸和内场立体交叉作业等场所，均需戴好安全帽并扣好帽带；起重机吊运的物件下面及起重臂下严禁站人；3m 以上无有效防护栏情况下的登高作业，必须佩戴好安全带，并严禁向下投掷工具或材料，以防伤人；水上作业要穿好救生衣或佩戴安全带；机械传动部位严禁戴手套操作，女工应把发辫收入帽内；高速或飞溅切削时应戴好防护眼镜。

(2)正确使用与保养各种设备。保证设备的安全保护装置齐全、灵敏、可靠，确保设备的安全运行。安全保护装置的照明、信号、监视仪表、警戒标志等，不能随意拆除和占用。设备的接地要可靠。使用一切设备或工具，不得超压或超载。

(3)断电检修设备。检修各类机电设备时，检修前必须切断电源，并挂上“严禁合闸”的警告牌，并设人监护。警告牌必须是谁挂上谁摘取，在合闸前要细心检查，确认无人检修后方可合闸。非工作人员严禁合闸。

(4)手持电气设备的使用要求。使用手持电动工具必须绝缘可靠，有良好的接地，并应戴好绝缘手套，手持行灯和局部照明灯的电压不得超过 36V。

(5)船用胶水及油漆的使用要求。在船上使用胶水、油漆等易燃、易爆品时,使用前必须征得有关部门的同意后才能上船。操作时四周应挂好“严禁烟火”的标志,并设有专人监护。完工后,多余的胶水、油漆等应立即拿下船。在气体没有挥发以前,周围上下严禁一切明火作业。

(6)明火作业要求。明火作业前,须对乙炔、氧气、电焊等有关工具、作业区以及相邻作业区(包括隔舱)进行全面检查,确保安全后再施工。工作完毕后,应立即关闭上述设施,并要四周巡视,防止余火引起火灾。对于各种消防器材、工具不准随便动用,其周围不得堆放其他物品。

(7)交接班制度。严格执行交接班制度,认真记录当班时设备的运行情况,下班前必须切断电源、气源、水源,熄灭火种,清理现场。

(8)事故的处理。如遇到重大事故或恶性未遂事故,要及时抢救,保护现场,并立即向上级主管部门报告。

(9)通电申请。

(10)值班制度。

第二节　船舶电气设备概况

一、船舶电气设备的工作特点

(1)船舶长时间地航行在气候潮湿气温多变的海洋、江河之中,船舶电气设备经常会受到盐雾、油雾及霉菌等有害物质的侵蚀,还会受到大风浪造成的振动冲击。

(2)工作在主机等动力装置附近的电气设备承受着较强的震动、较高的温度和较大的油污。

(3)船舶舱室容积小、通风差、湿度大,易使电气设备的绝缘性能降低。

(4)电气设备工作时任何形式的电磁转换,都会产生电磁干扰,使无线电设备产生噪声图像畸变或错码等。

(5)成套电气设备分散安装到船舶的各个部位,进行远距离操控,在整个电气系统工作时,无法通过人的感官来直接监视。

二、对船舶电气设备的基本要求

(1)电气设备在运行中要工作可靠、故障率低。

(2)船舶部分地受到破坏时,电气设备仍能基本上保持不间断地工作。

(3)电气设备的选用或生产应做到体积小、质量轻、标志清晰及外形美观。

(4)应具有防止水、盐雾、油雾、霉菌等侵蚀的能力。

(5)应具有较强的抗冲击、耐震动、耐高低温以及阻燃防爆的能力。

(6)应具有较高的绝缘性能、较强的过载保护能力以及较高的效率。

(7)要采用标准化部件,并做到便于拆装、维修和更换。

(8)要有防止无线电干扰和磁干扰的措施。

三、船舶电气的组成

船舶电气设备或各个电气系统是组成船舶电气的基本单元,船舶电气可分为以下几个基本单元。

1. 船舶电站

船舶电站是整个船舶所需电能的提供系统,包括主电站、停泊(备用)电站、应急电站、中频电站及小应急蓄电池电站等。

2. 船舶电网

船舶电网是用来完成整个船舶电能的输送和分配,包括一次网络、二次网络及应急网络等。

3. 电力拖动系统

电力拖动系统是用来完成船舶上的各种机械的拖动,包括泵系统、风机系统、舵系统及绞车、绞盘、艇机、锚机等。

4. 照明系统

照明系统是用于船舶上的不同位置和要求的照明,包括正常照明、应急照明及管制照明。

5. 船内通信系统

船内通信系统是用于船舶上语言信息或指令的传递,包括电话机、对讲机、广播系统等。

6. 电气信号系统

电气信号系统是用于船舶上各种呼叫、报警等非语言信息或指令的传递,包括警钟系统、各种报警器等。

7. 船舶操纵系统

船舶操纵系统是用于船舶的操纵和控制,包括主机转速传令指示装置、舵角传令指示装置、螺距传令装置等。

8. 航行信号灯系统

航行信号灯系统是用于船舶的航行和进出港的信号指示,包括各种航行灯、作业状态信号灯、通信信号灯、特殊航区航行信号灯、战斗航行信号灯等。

9. 助航仪器系统

助航仪器系统是用于船舶的空间定位及天气测定,包括观察和避碰的雷达、保证航向的罗经、了解船位的定位仪、救生或导航的测向仪、掌握航速的计程仪、了解海情的测深仪及气象仪等。

10. 无线电通信系统

无线电通信系统是船舶在海上航行时,与陆地、其他船舶、飞机等进行通信联系的重要工具,包括各波段的发射接收天线、信号收发处理装置、呼唤装置和终端设备等。

11. 电气测量系统

电气测量系统是用于船舶上各种电气设备或系统的电气参数的测定,包括各种测量用仪器仪表。

四、对船舶电气设备的有关规定

1. 额定电压与额定频率

(1)一般固定设备。一般固定安装的电气设备的额定电压不应超过以下规定值:

①直流:250V;

②交流:三相500V;单相250V。

(2)可携设备。一般可携式电气设备,其额定电压不应超过以下规定值:

①照明:24V;

②电气工具及通风机:36V。

(3)推进装置。电力推进装置的额定电压不应超过以下规定值:

①主电路:直流为1000V;交流为6300V;

②励磁电路:交、直流均为220V;

③控制电路:直流为220V;交流为380V。

(4)额定频率:

①一般交流电气设备的额定频率应为50Hz;

②特殊设备的额定电压和电力推进装置额定频率可参见有关技术文件。

2.配电系统线制

(1)直流配电系统:

①双线绝缘系统。即直流电源线的正、负极均与金属船体结构绝缘,并且为双线供电系统。油类船舶必须采用这种线制。

②负极接地双线系统。即直流电源线的负极与船体金属结构相连,并且仍为双线供电系统。非油船类的各种船舶均可采用这种线制。

③以船体作负极回路的单线系统。即直流电源线中的负极与船体金属结构相连,由另一个极单线供电。因其安全性较差,故必须上报审批后方可实施。

(2)单相交流配电系统:

①双线绝缘系统。即交流电源线的相线、中线均与金属船体结构绝缘,并且为双线供电系统。油类船舶必须采用这种线制。

②一线接地的双线系统。即交流电源线的中线与金属船体结构相连,并且为双线供电系统。非油船类的各种船舶均可采用这种线制。

③一线以船体作回路的单线系统。即交流电源线的中线与船体金属结构相连,并以此为中线,由另一根相线单线供电。因其安全性较差,故必须上报审批后方可实施。

(3)三相交流配电系统:

①三线绝缘系统。即三相供电系统中的三根相线和中线均与船体结构绝缘,并且为三相供电系统。油类船舶必须采用这种线制。

②中线接地的四线系统。即三相四线制供电系统的中线与船体金属结构相连,并且为四线供电系统。非油船类的各种船舶均可采用这种线制。

③中线接地并以船体作中线的四线系统。即三相四线制供电系统的中线与船体结构相连,并以此为中线,由另外三根相线供电。因其安全性较差,故必须上报审批后方可实施。

3.指示灯颜色的规定

(1)白色:

①表示有电压或准备;

②表示放电或在中间位置。

(2)红色:

①表示过载、报警、禁止、紧急、上升或倒车;

②表示在左舷位置、自动开关断开。

(3)绿色:

①表示自动开关接通、工作、正常或允许;

②表示充电、下降、正车或在右舷位置。

第三节　电工工具及使用方法

常用电工工具包括验电器、电工刀、螺丝刀、扳手、钢丝钳、斜口钳、剥线钳、电烙铁、手枪钻及冲击钻等,电工日常操作都离不开这些工具的使用。

电工工具的正确使用,是电工技能的基础。正确使用工具不但能提高工作效率和施工质量,而且能减轻疲劳、保证操作安全及延长工具的使用寿命。在训练中要求工具使用正确,动作规范。

一、低压验电器

验电器是检验导线或电气设备是否带电的一种检验工具。按被检对象的电压等级,分为低压验电器和高压验电器。

1. 低压验电器的结构

低压验电器也称测电笔或电笔,有笔式和螺丝刀式两种。笔式低压验电器由氖管、电阻、弹簧、笔身和笔尖等组成,如图 1-2 所示。

2. 使用方法

低压验电器在使用时,必须手指触及笔尾的金属部分,并使氖管小窗背光且朝自己,以便观测氖管的亮暗程度,防止因光线太强造成误判,其使用方法如图 1-3 所示。

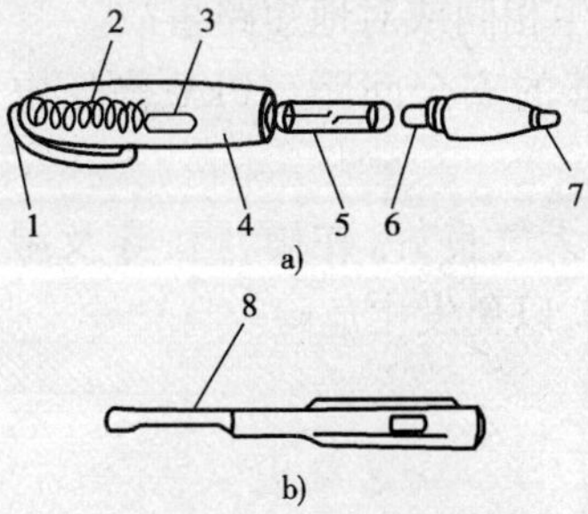

图 1-2　低压验电器

a)笔式;b)螺丝刀式

1-笔尾的金属;2-弹簧;3-小窗;4-笔身;5-氖管;6-电阻;7-笔尖的金属;8-绝缘套管

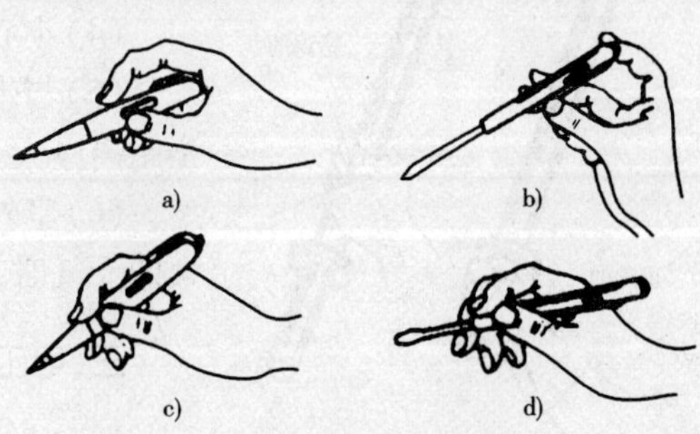

图 1-3　低压验电器的使用

a)正确握法(笔式握法);b)正确握法(螺丝刀式握法);c)错误握法(笔式握法);d)错误握法(螺丝刀式握法)

当用电笔测试带电体时,电流经带电体、电笔、人体及大地形成通电回路,只要带电体与大地之间的电位差超过 60V 时,电笔中的氖管就会发光。

低压验电器检测的电压范围为 60 ~ 500V。

3. 注意事项

(1)使用前,必须在有电源处对验电器进行测试,以证明该验电器确实良好,方可使用。

(2)验电时,应使验电器逐渐靠近被测物体,直至氖管发亮,不可直接接触被测体。

(3)验电时,手指必须触及笔尾的金属体,否则带电体也会误判为非带电体。

(4)验电时,要防止手指触及笔尖的金属部分,以免造成触电事故。

二、高压验电器

1. 结构

高压验电器又称高压测电器。10kV 高压验电器由金属钩、氖管、氖管窗、紧固螺钉、护环和握柄等组成,如图 1-4 所示。

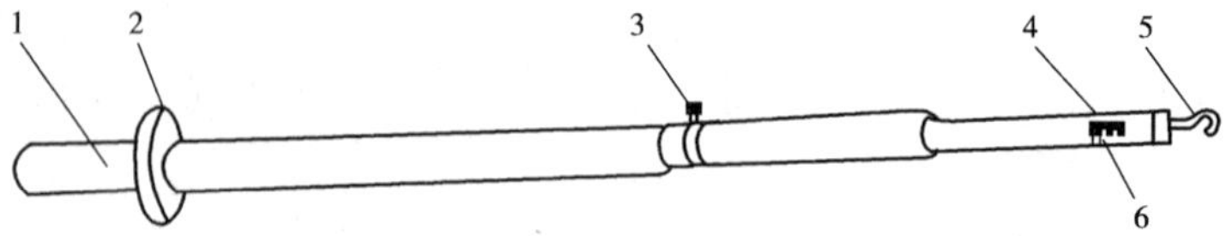

图 1-4　10kV 高压验电器

1-握柄;2-护环;3-紧固螺钉;4-氖管窗;5-金属钩;6-氖管

2. 使用

使用高压验电器时,单手或双手握住握柄,使金属钩触及被测物体,看氖管是否发亮判别被测物体是否带电,如图 1-5 所示。

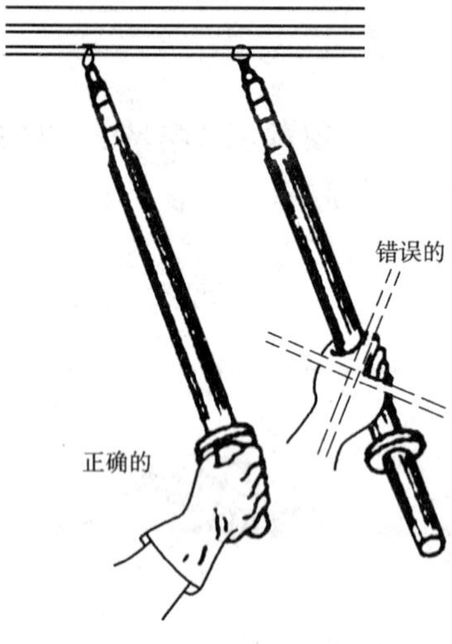

图 1-5　高压验电器的使用

3. 注意事项

(1)手握部位不得超过护环。

(2)必须戴上符合要求的绝缘手套。

(3)测试时必须有人在旁监护。

(4)小心操作,以防发生相间或对地短路事故。

(5)与带电体保持足够的安全间距(10kV 高压电的安全距离应大于 0.7m)。

(6)室外操作时,必须天气良好,在雨、雪、雾及湿度较大的天气时,不宜进行操作,以免发生危险。

三、电工刀

电工刀主要用来剖削导线线头、切削木台缺口及削制木榫等。有的多用途电工刀还具有锯削、旋具等作用。常用电工刀的外形如图 1-6 所示。

在使用电工刀时,有以下几个注意事项:

(1)不得带电作业,以免触电。

(2)应将刀口朝外剖削,并注意避免伤及手指。

(3)剖削导线绝缘层时,应使刀面与导线成较小

图 1-6　电工刀

的锐角，以免割伤导线。

(4)使用完毕，随即将刀身折进刀柄。

四、螺丝刀

螺丝刀也称改锥、起子或螺钉旋具，它是一种紧固或拆卸螺钉的工具。

1. 式样与规格

螺丝刀的式样按其头部形状可分为一字形(也称平口)和十字形(也称梅花)两种，如图 1-7 所示。

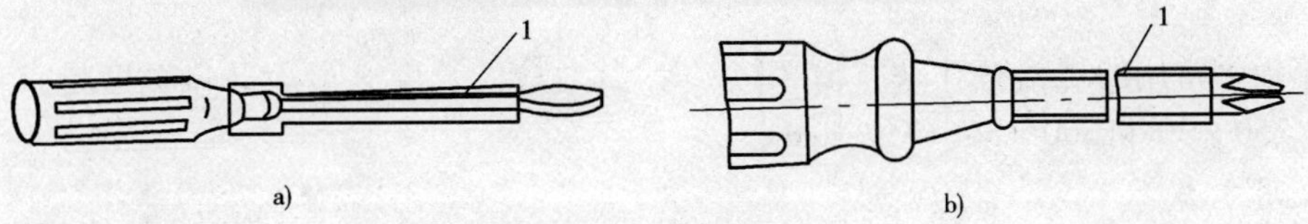

图 1-7　螺丝刀(起子)

a)一字形；b)十字形

1-绝缘套管

一字形螺丝刀常用的规格有 50mm、100mm、150mm 和 200mm 等。十字形螺丝刀用于紧固或拆卸十字槽螺钉，常用的规格有：I 号、II 号、III 号和Ⅳ号，分别适用于直径为 2～2.5mm、3～5mm、6～8mm 和 10～12mm 的螺钉。

按握柄材料不同，螺丝刀又分为木柄和塑料柄两种。此外，还有常用于电子线路中的无感应螺丝刀。

2. 使用方法

(1)使用较大螺丝刀时，除大拇指、食指和中指要夹住握柄外，手掌还要顶住柄的末端以防止施转时滑脱，如图 1-8a)所示。

(2)使用较小螺丝刀时，用大拇指和中指夹着握柄，同时用食指顶住柄的末端用力旋动，如图 1-8b)所示。

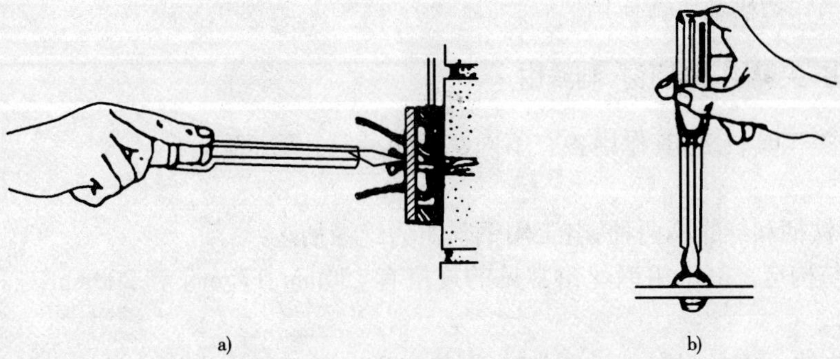

图 1-8　螺丝刀的用法

a)大螺丝刀的用法；b)小螺丝刀的用法

(3)使用长螺丝刀时，用右手压紧手柄并转动，同时左手握住起子的中间部分(不可放在螺钉周围，以免将手划伤)，以防止螺丝刀滑脱。

3. 注意事项

(1)带电作业时,手不可触及起子的金属杆,以免发生触电事故。

(2)作为电工,不应使用金属杆直通握柄顶部的螺丝刀。

(3)为防止金属杆触到人体或邻近带电体,金属杆应套上绝缘管。

五、扳手

1. 构造与规格

扳手是用来紧固或旋松螺母的一种专用工具。电工常用的是活络扳手,其构造如图1-9a)所示。

活络扳手常用的规格有6″、8″、10″和12″等,其对应的长度×最大开口宽度是:150×19、200×24、250×30和300×36(单位:mm)。

2. 使用方法

扳动大螺母时,需用较大力矩,手应握在接近柄尾部,如图1-9b)所示;扳动较小螺母时,手应握在接近扳头处,以随时调节蜗轮,收紧活络扳唇,防止打滑,如图1-9c)所示。

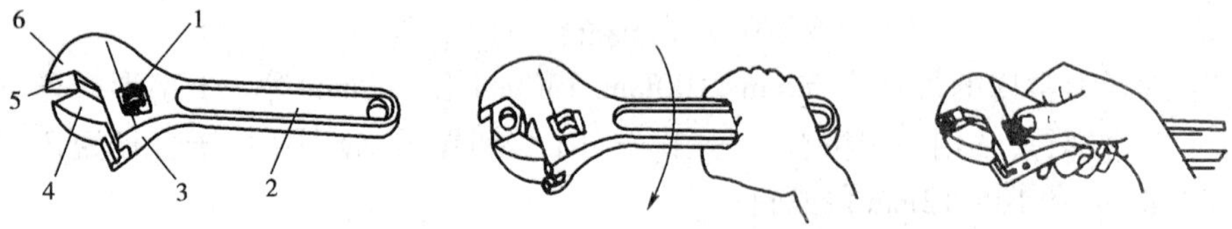

a)　　b)　　c)

图1-9　活络扳手

a)构造;b)扳动大螺母;c)扳动较小螺母

1-蜗轮;2-手柄;3-轴销;4-活络扳唇;5-扳口;6-呆扳唇

3. 注意事项

(1)活络扳手不可反用,以免损坏活络扳唇。

(2)不可用加力杆接长手柄以加大扳拧力矩。

(3)不得当作撬棒和手锤使用。

六、钢丝钳、尖嘴钳、斜口钳、剥线钳

电工用钳类工具较多,其作用各有不同,下面分别加以介绍。

1. 钢丝钳

钢丝钳有铁柄和绝缘柄两种,电工用钢丝钳为绝缘柄。

(1)规格与构造。电工用钢丝钳常见的规格有150mm、175mm和200mm三种,其构造如图1-10a)所示。

(2)使用方法。钢丝钳在电工作业时,用途广泛。钳口可用来弯绞或钳夹导线线头;齿口可用来紧固或起松螺母;刀口可用来剪切导线或钳削导线绝缘层;铡口可用来铡切导线线芯、钢丝等较硬线材。钢丝钳各种用途的使用方法分别如图1-10b)~图1-10e)所示。

(3)注意事项:

①使用前,先检查钢丝钳绝缘是否良好,以免带电作业时造成触电事故。

②在带电剪切导线时，不得用刀口同时剪切不同电位的两根线（如相线与零线、相线与相线等），以免发生短路事故。

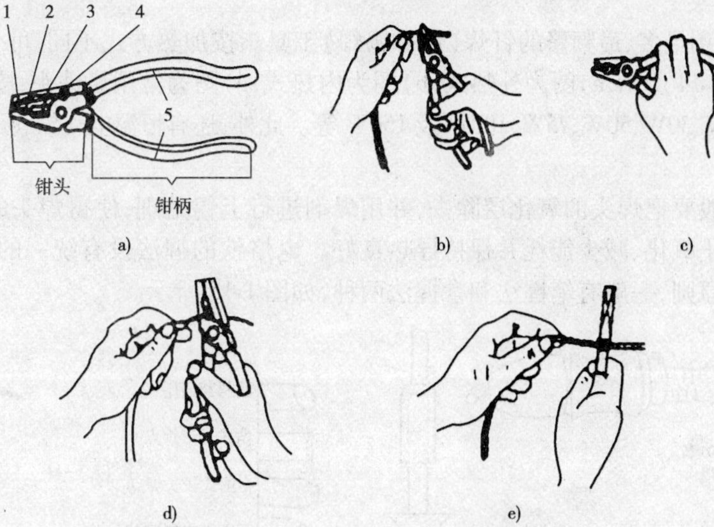

图 1-10　电工钢丝钳的构造与用法

a）构造；b）弯绞导线；c）紧固螺母；d）剪切导线；e）铡切钢丝

1-钳口；2-齿口；3-刀口；4-铡口；5-绝缘管

2. 尖嘴钳

尖嘴钳因其头部尖细（图 1-11），适用于在狭小的工作空间操作。尖嘴钳可用来剪断较细小的导线；可用来夹持较小的螺钉、螺母、垫圈和导线等；也可用来对单股导线整形（如平直、弯曲等）。若使用尖嘴钳带电作业，应检查其绝缘是否良好，并且在作业时不要使金属部分触及人体或邻近的带电体。

3. 斜口钳

斜口钳也称断线钳，专用于剪断各种电线电缆，如图 1-12 所示。

对粗细不同、硬度不同的材料，应选用大小合适的斜口钳。

4. 剥线钳

剥线钳是专用于剥削较细小导线绝缘层的工具，其外形如图 1-13 所示。

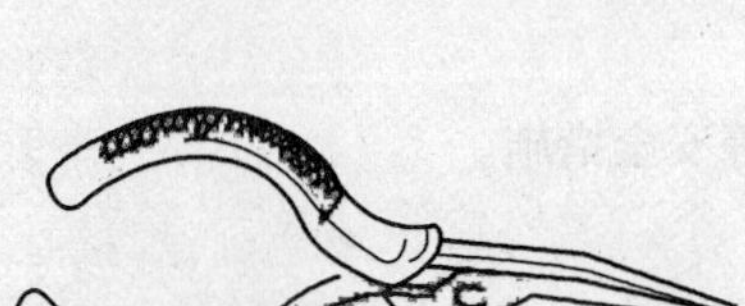

图 1-11　尖嘴钳

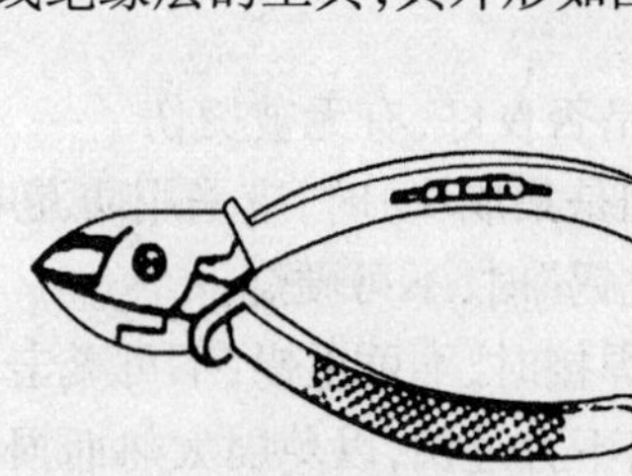

图 1-12　斜口钳

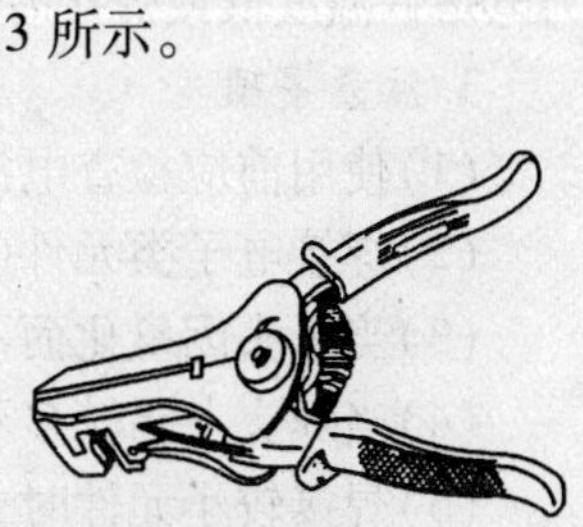

图 1-13　剥线钳

使用剥线钳剥削导线绝缘层时，先将要剥削的绝缘长度用标尺定好，然后将导线放入相应的刃口中（比导线直径稍大），再用手将钳柄一握，导线的绝缘层即被剥离。

七、电烙铁

1. 结构与种类

电烙铁是使用最多、最频繁的钎焊(也称锡焊)工具。按加热方式不同,可分为内热式和外热式两种,如图 1-14 所示,a)图为外热式,b)图为内热式,c)图为常用烙铁头,按发热功率大小,可分为 15W、20W、30W、50W、75W、100W 及 150W 等。此外,还有恒温电烙铁、吸锡电烙铁等。

2. 使用

焊接前,一般要把焊头的氧化层除去,并用焊剂进行上锡处理,使得焊头的前端经常保持一层薄锡,以防止氧化、减少能耗并保持导热良好。电烙铁的握法没有统一的要求,以不易疲劳、操作方便为原则,一般有笔握法和拳握法两种,如图 1-15 所示。

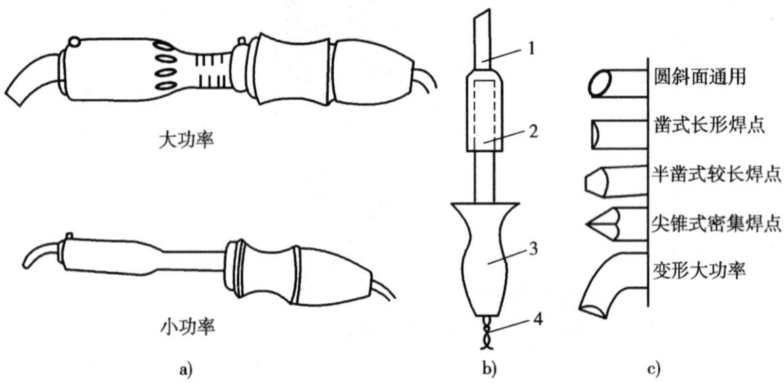

图 1-14 电烙铁

a)外热式;b)内热式;c)常用烙铁头

1-烙铁头;2-加热芯;3-手柄;4-电源线

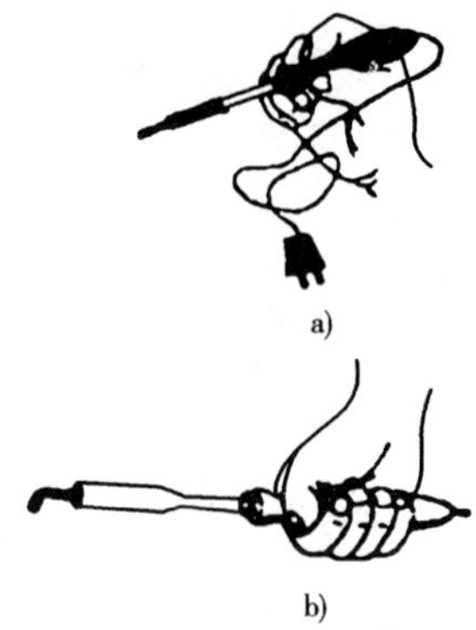

图 1-15 电烙铁的握法

a)笔握法;b)拳握法

用电烙铁焊接导线时,必须使用焊料和焊剂。焊料一般为丝状焊锡或纯锡,常见的焊剂有松香、焊膏等。

对焊接的基本要求是:焊点必须牢固,锡液必须充分渗透,焊点表面光滑且有光泽,应防止出现“虚焊”、“夹生焊”。产生“虚焊”的原因是因为焊件表面未清除干净或焊剂太少,使得焊锡不能充分流动,导致焊件表面挂锡太少,焊件之间未能充分固定;造成“夹生焊”的原因是因为电烙铁温度低或焊接时烙铁停留时间太短,焊锡未能充分熔化。

3. 注意事项

(1)使用前应检查电源线是否良好,有无被烫伤。

(2)焊接电子类元件(特别是集成块)时,应采用防漏电等安全措施。

(3)当焊头因氧化而不“吃锡”时,不可硬烧。

(4)当焊头上锡较多不便焊接时,不可甩锡,不可敲击。

(5)焊接较小元件时,时间不宜过长,以免因太热而损坏元件。

(6)焊接完毕,应拔去电源插头,将电烙铁置于金属支架上。

八、手电钻、冲击钻

手电钻和冲击钻都是电工常用的电动钻孔工具。

1. 手电钻

手电钻的种类较多，常见的有手枪式和手提式，如图 1-16 所示，主要用来钻削金属、塑料及木材等构件上的孔洞。使用手枪钻时，应注意以下几点：

(1) 较长时间未用的手枪钻在使用前应用摇表测量其绝缘电阻，一般不应小于 0.5MΩ。

(2) 使用 220V 的手枪钻时，应戴绝缘手套；潮湿环境应使用 36V 的安全电压。

(3) 根据所钻孔的大小，合理选择钻头尺寸；钻头装夹要合理、可靠。

(4) 钻孔时，不要用力过猛；当转速较低时，应放松压力，以防电钻过热或堵转。

(5) 被钻孔的构件应固定可靠，以防随钻头一并旋转，造成构件的飞甩。

2. 冲击钻

冲击钻主要用来对混凝土、砖墙等进行钻孔，如图 1-17 所示。一般有两种工作方式：将开关调至“钻”位置时，可作电钻使用；将开关调至“锤”位置时，即可实现冲钻作用。

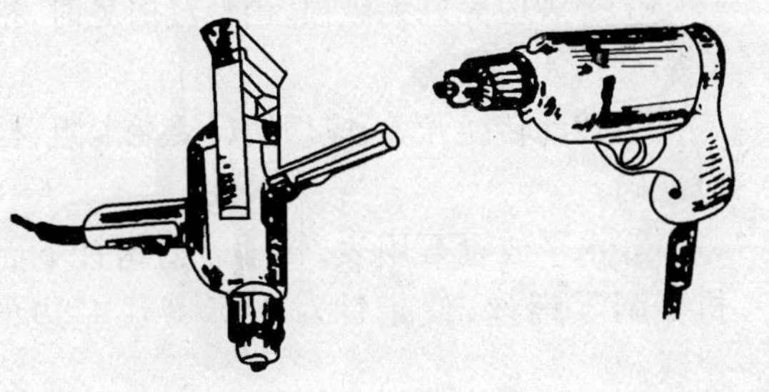

a)　　b)

图 1-16　手电钻

a) 手提式；b) 手枪式

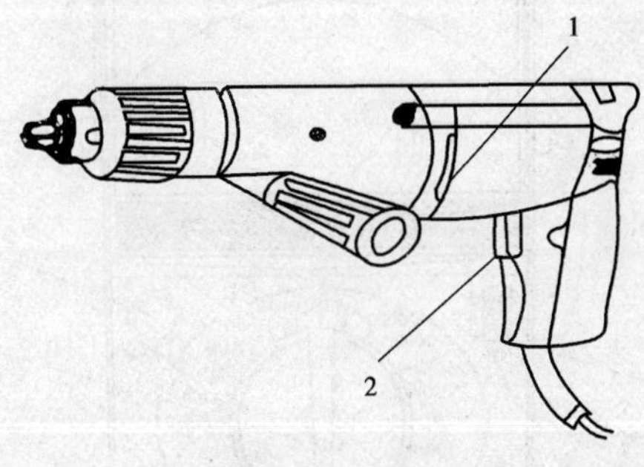

图 1-17　冲击钻

1-锤、钻调节开关；2-电源开关

冲击钻的钻头有直柄式和锥柄式两种，13mm 以上的钻头一般制成锥柄式。锥柄式钻头需用钻头套，安装时，要使钻头矩形舌与主轴上的腰形孔中心方向一致，利用冲力一次装接。拆卸时，用斜铁顶出。

若需调速或改变工作方式，应在冲击钻停转的情况下进行：开凿墙孔时，须配专用冲击钻头。

第四节　常用电工仪表的使用

在电工测量中，最常见的是电压、电流、电阻和功率等的测量。因而，电工仪表的正确使用，是电工必须掌握的最基本的技能。

一、电压表

电压表也称伏特表，用于测量电路中的电压。按其工作原理不同，可分为磁电式、电磁式和电动式三种；按被测电压的种类，可分为直流和交流两种；按其结构形式，可分为便携式和开关板式等。

使用电压表前，必须正确选择量程和精度等级。量程的选择应遵循“由大到小，以指针居中或偏右为准”的原则。如需扩大量程，直流电压表可串联分压电阻，交流电压表可采取加接电压互感器的方法。

在进行电压测量时,电压表应与被测电路并联,若是直流电压,还须注意其极性。

二、万用表

万用表是一种多功能、多量程的便携式电测量仪表,是电工中使用最频繁的仪表。常用的万用表有模拟式(指针式)和数字式两种。一般万用表的测量种类有交直流电压、直流电流和直流电阻等。有的万用表还能测量交流电流、电容、电感以及三极管的电流放大系数等。

1. 模拟式万用表

模拟式万用表的型号繁多,图1-18为常用的MF-47型万用表的外形。

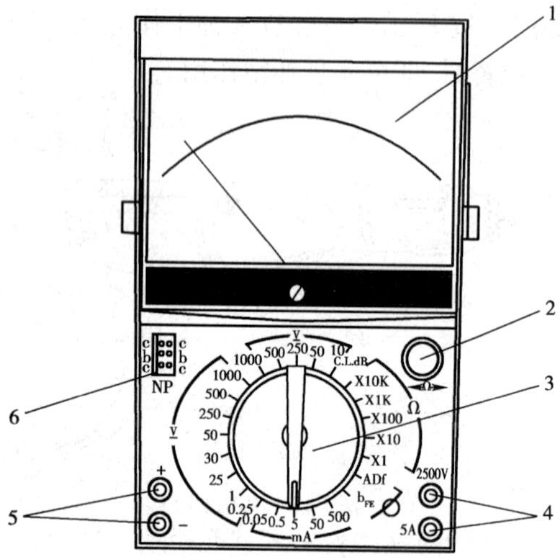

图1-18　MF-47型万用表面板图

1-表头;2-调零旋钮;3-挡位旋钮;4-表笔插孔;5-表笔插孔;6-晶体管插孔

(1)使用前的检查与调整。在使用万用表进行测量前,应进行下列检查、调整:

①外观应完好无破损,当轻轻摇晃时,指针应摆动自如。

②转动转换开关,应切换灵活无卡阻,挡位应准确。

③水平放置万用表,转动表盘指针下面的机械调零螺丝,使指针对准标度尺左边的0位线。

④测量电阻前应进行电调零(每换挡一次,都应重新进行电调零)。即:将转换开关置于欧姆挡的适当位置,两支表笔短接,旋动欧姆调零旋钮,使指针对准欧姆标度尺右边的0位线。如指针始终不能指向0位线,则应更换电池。

⑤检查表笔插接是否正确。黑表笔应接“-”极或“∘”插孔,红表笔应接“+”极。

⑥检查测量机构是否有效,即应用欧姆挡,短时碰触两表笔,指针应偏转灵敏。

(2)直流电阻的测量:

①首先应断开被测电路的电源及连接导线。若带电测量,将损坏仪表,并影响测量结果。

②选择量程挡位,以指针居中或偏右为最佳。测量半导体器件时,不应选用R×1挡和R×10k挡。

③测量时表笔与被测电路应接触良好,双手不得同时接触表笔的金属部分,以防将人体电阻并入被测电路造成误差。

④准确读数并计算出实测值。

⑤不可用欧姆挡直接测量微安表头、检流计、电池内电阻。

(3)电压的测量:

①测量电压时,表笔应与被测电路并联。

②测量直流电压时,应注意极性。若无法区分正、负极,则先将量程选在较高挡位,用表笔

轻触电路，若指针反偏，则调换表笔。

③合理选择量程。若被测电压无法估计，首先应选择最大量程，视指针偏摆情况再作调整。

④测量时应与带电体保持安全间距，手不得接触表笔的金属部分。测量高电压时（500～2500V），应戴绝缘手套且站在绝缘垫上，使用高压测试笔进行。

（4）电流的测量：

①测量电流时，应与被测电路串联，切不可并联。

②测量直流电流时，应注意极性。

③合理选择量程。

④测量较大电流时，应先断开电源然后再撤表笔。

（5）注意事项：

①测量过程中不得换挡。

②读数时，应三点成一线（眼睛、指针及指针在刻度中的影子）。

③根据被测对象，正确读取标度尺上的数据。

④测量完毕应将转换开关置空挡或 OFF 挡或电压最高挡。若长时间不用，应取出内部电池。

2. 数字万用表

数字万用表具有测量精度高、显示直观、功能全、可靠性好、小巧轻便以及便于操作等优点。

（1）面板结构与功能。图 1-19 为 DT-830 型数字万用表的面板图，包括液晶显示器（LCD）、电源开关、量程选择开关和表笔插孔等。

液晶显示器最大显示值为 1999，且具有自动显示极性功能。若被测电压或电流的极性为负，则显示值前将带“ - ”号。若输入超量程时，显示屏左端出现“1”或“ -1”的提示字样。

电源开关（POWER）可根据需要，分别置于“ON”（开）或“OFF”（关）状态。测量完毕，应将其置于“OFF”位置，以免空耗电池。数字万用表的电池盒位于后盖的下方，采用 9V 叠层电池。电池盒内还装有熔丝管，起过载保护作用。旋转式量程开关位于面板中央，用以选择测试功能和量程。

h_{FE}是用来测量三极管的 h_{FE} 值，测量时将三极管 B、C、E 极插入插孔对应。

输入插孔是万用表通过表笔与被测量连接的部位，设有“COM”、“VΩ”、“mA”及“10A”四个插孔。使用时，黑表笔应置于“COM”插孔，红表笔按照被测量种类和大小置于“VΩ”、“mA”或“10A”插孔。在“COM”插孔与其他三个插孔之间分别标有

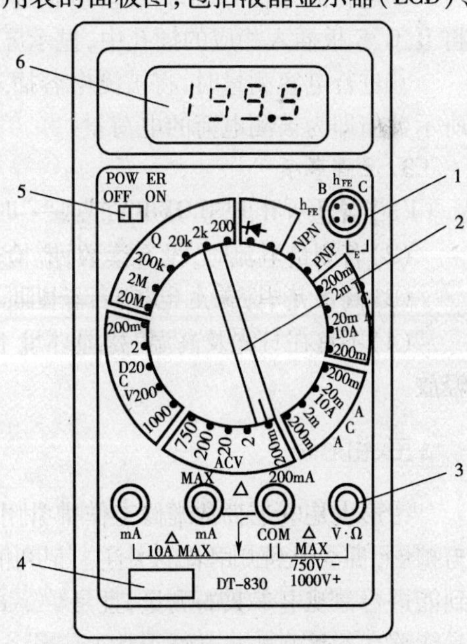

图 1-19　DT-830 型数字万用表

1-h_{FE}插孔；2-量程选择开关；3-输入插孔；4-铭牌；5-电源开关；6-LCD 显示器

最大(MAX)测量值,如10A、200mA、交流750V、直流1000V。

(2)使用方法:

①测量交、直流电压(ACV、DCV)时,红、黑表笔分别接“VΩ”与“COM”插孔,旋动量程选择开关至合适位置(200mV、2V、20V、200V、700V或1000V),红、黑表笔并接于被测电路(若是直流,注意红表笔接高电位端,否则显示屏左端将显示“-”)。此时显示屏显示出被测电压数值。若显示屏只显示最高位“1”,表示溢出,应将量程调高。

②测量交、直流电流(ACA、DCA)时,红、黑表笔分别接“mA”(大于200mA时应接“10A”),与“COM”插孔,旋动量程选择开关至合适位置(2mA、20mA、200mA或10A),将两表笔串接于被测回路(直流时,注意极性),显示屏所显示的数值即为被测电流的大小。

③测量电阻时,无须调零。将红、黑表笔分别插入“VΩ”与“COM”插孔,旋动量程选择开关至合适位置(200、2K、200K、2M或20M),将两笔表跨接在被测电阻两端(不得带电测量),显示屏所显示数值即为被测电阻的阻值。当使用200MΩ量程进行测量时,先将两表笔短路,若该数不为零,仍属正常,此读数是一个固定的偏移值,实际数值应为显示数值减去该偏移值。

④进行二极管和电路通断测试时,红、黑表笔分别插入“VΩ”与“COM”插孔,旋动量程开关至二极管测试位置。正向情况下,显示屏即显示出二极管的正向导通电压,单位为mV(锗管应在200~300mV之间,硅管应在500~800mV之间);若显示“000”,则表明二极管短路,若显示“1”,则表明断路。反向情况下,显示屏应显示“1”,表明二极管不导通,否则,表明此二极管反向漏电流大。在测量线路或器件的通断状态时,若检测的阻值小于30Ω,则表内发出蜂鸣声以表示线路或器件处于导通状态。

⑤进行晶体管测量时,旋动量程选择开关至“h_{FE}”位置,将被测三极管依NPN型或PNP型将B、C、E极插入相应的插孔中,显示屏所显示的数值即为被测三极管的“h_{FE}”参数。

⑥进行电容测量时,将被测电容插入电容插座,旋动量程选择开关至“CAP”位置,显示屏所示数值即为被测电荷的电荷量。

3. 注意事项

(1)当显示屏出现“LOBAT”或“←”时,表明电池电压不足,应予更换。

(2)若测量电流时,没有读数,应检查熔丝是否熔断。

(3)测量完毕,应关上电源,若长期不用,应将电池取出。

(4)不宜在日光及高温、高湿环境下使用与存放(工作温度为0~40℃)。使用时应轻拿轻放。

三、钳形表

钳形表是电工日常维修工作中常用的电测仪表之一,尤其是随着其测量功能的不断完善与扩展,日益受到使用者的关注。最初的钳形表是指针式的,通常只能用来测电流,现已发展到能进行常规电参数的测量,且是数字式的,有的甚至还带有微处理器。钳形表的最大特点就是能够在不影响被测电路正常工作的条件下进行电参数的测量。钳形表的外形、原理及使用方法如图1-20所示。

1. 使用方法

钳形表的最基本使用是测量交流电流,虽然准确度较低(通常为2.5级或5级),但因为在测量时无须切断电路，所以使用仍很广泛。如需进行直流电流的测量，则应选用交直流两用钳形表。

(1)使用钳形表测量前，应先估计被测电流的大小以合理选择量程。使用钳形表时，被测载流导线应放在钳口内的中心位置，以减小误差；钳口的结合面应保持接触良好，若有明显噪声或表针振动厉害，可将钳口重新开合几次或转动手柄；在测量较大电流后，为减小剩磁对测量结果的影响，应立即测量较小电流，并把钳口开合数次：测量较小电流时，为使结果较准确，在条件允许的情况下，可将被测导线多绕几圈后再放进钳口进行测量（此时的实际电流值应为仪表的读数除以导线的圈数）。

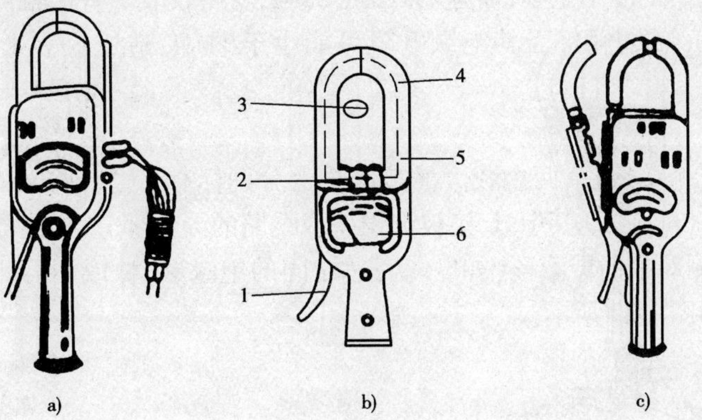

图 1-20　钳形表

a)外形；b)原理；c)张开图

1-铁芯开关；2-次级线圈；3-初测导线；4-互感器；5-铁芯；6-电流表

(2)使用时，将量程开关转到合适位置，手持胶木手柄，用食指勾紧铁芯开关，打开铁芯。

将被测导线从铁芯缺口引入到铁芯中央，然后放松食指，铁芯即自动闭合。被测导线的电流在铁芯中产生交变磁通，表内感应出电流，即可直接读数。

在较小空间内（如配电箱等）测量时，要防止因钳口的张开而引起相间短路。

2. 注意事项

(1)使用前应检查外观是否良好，绝缘有无破损，手柄是否清洁、干燥。

(2)测量时应戴绝缘手套或干净的线手套，并注意保持安全间距。

(3)测量过程中不得切换挡位。

(4)钳形电流表只能用来测量低压系统的电流，被测线路的电压不能超过钳形表所规定的使用电压。

(5)每次测量只能钳入一根导线。

(6)若不是特别必要，一般不测量裸导线的电流。

(7)测量完毕应将量程开关置于最大挡位，以防下次使用时，因疏忽大意而造成仪表意外损坏。

四、兆欧表

兆欧表又称摇表，是一种专门用来测量绝缘电阻的便携式仪表，应用十分广泛，其外形如

图 1-21 所示。

1. 选用

兆欧表的选用主要考虑两个方面:一是电压等级,二是测量范围。

测量额定电压在 500V 以下的设备或线路的绝缘电阻时,可选用 500 ~ 1000V 的兆欧表;测量额定电压在 500V 以上的设备或线路的绝缘电阻时,可选用 1000 ~ 2500V 的兆欧表;测量瓷瓶时,应选用 2500 ~ 5000V 的兆欧表。

兆欧表测量范围的选择主要考虑两点:一方面,测量低压电气设备的绝缘电阻时可选用 0 ~ 200MΩ 的兆欧表,测量高压电气设备或电缆时可选用 0 ~ 2000MΩ 的兆欧表;另一方面,因为有些兆欧表的起始刻度不是零,而是 1MΩ 或 2MΩ,这种仪表不宜用来测量处于潮湿环境中的低压电气设备的绝缘电阻,因其绝缘电阻可能小于 1MΩ,造成仪表上无法读数或读数不准确。

2. 使用方法

兆欧表上有三个接线柱,两个较大的接线柱上分别标有 E(接地)、L(线路),另一个较小的接线柱上标有 G(屏蔽)。其中,L 接被测设备或线路的导体部分,E 接被测设备或线路的外壳或大地,G 接被测对象的屏蔽环(如电缆壳芯之间的绝缘层上)或不需测量的部分。兆欧表的常见接线方法如图 1-22 所示。

图 1-21　兆欧表

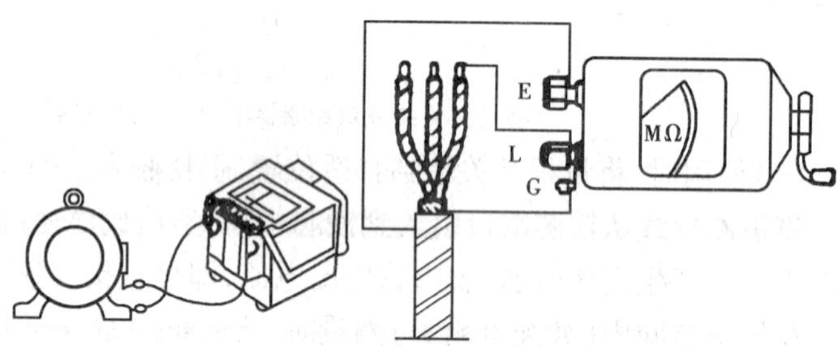

a)　　b)

图 1-22　兆欧表的接线方法

a)电气设备绝缘的测量;b)电缆绝缘的测量

(1)测量前,要先切断被测设备或线路的电源,并将其导电部分对地进行充分放电。用兆欧表测量过的电气设备,也须进行接地放电,才可再次测量或使用。

(2)测量前,要先检查仪表是否完好,将接线柱 L、E 分开,由慢到快摇动手柄约 1min,使兆欧表内发电机转速稳定(约 120r/min),指针应指在“:”处,再将 L、E 短接,缓慢摇动手柄,指针应指在“0”处。

(3)测量时,兆欧表应水平放置平稳。测量过程中,不可用手去触及被测物的测量部分,以防触电。

兆欧表的操作方法如图 1-23 所示。

3. 注意事项

(1)仪表与被测物间的连接导线应采用绝缘良好的多股铜芯软线,而不能用双股绝缘线或绞线，且连接线不得绞在一起，以免造成测量数据不准。

(2)手摇发电机要保持匀速，不可忽快忽慢地使指针不停地摆动。

(3)测量过程中，若发现指针为零，说明被测物的绝缘层可能击穿短路，此时应停止继续摇动手柄。

(4)测量具有大电容的设备时，读数后不得立即停止摇动手柄，否则已充电的电容将对兆欧表放电，有可能烧坏仪表。

(5)温度、湿度及被测物的有关状况等对绝缘电阻的影响较大时应反映上述情况。

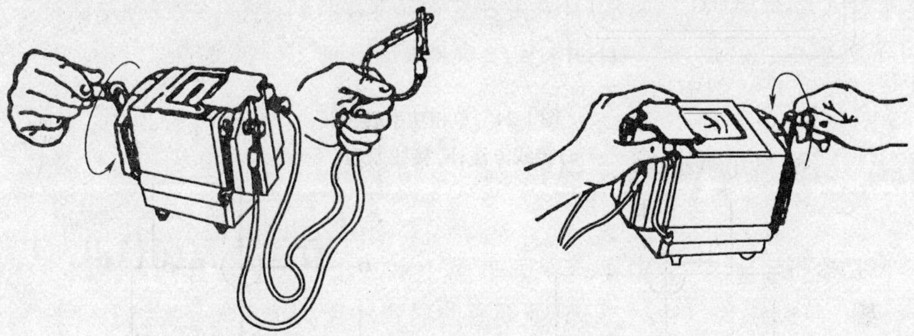

a)　　b)

图 1-23　兆欧表的操作方法

a)校试摇表的操作方法；b)测量时摇表的操作方法

五、功率表

功率表又称瓦特表，是用来测量电功率的仪表。相对于其他仪表，功率表的使用较为复杂，其复杂性主要体现在接线方法上。

1. 单相功率表

(1)选择：功率表的选择主要是指量程的选择，即正确选择功率表的电流量程和电压量程。其原则是：电流量程能允许通过负载电流，电压量程能承受负载电压。但若被测电路的功率因数特别低(如变压器的空载损耗的测量，其 $\cos\varphi$ 仅为 0.2 左右)，则应选用低功率因数的功率表。

(2)接线方法：功率的测量必须反映电压、电流两个物理量，因而在表内分别设有电压线圈和电流线圈。这两个线圈在表的板面上各有两组接线柱，且其中均有一端标有“※”符号，如图 1-24 所示。

功率表接线必须把握的两条原则是：电压线圈与被测电路并联，电流线圈与被测电路串联(切不可与负载并联)。带有“※”符号的电压、电流接线柱必须同为进线。具体做法是：有“※”号的电流接线柱应接电源端，另一接线柱接负载端。标有“※”号的电压接线柱一定要接在带有“※”号的电流接线柱所接的那根电源线上，无符号的接线柱接在电源的另一根线上。

为减小测量误差，根据负载大小，功率表的正确接线有两种方式可供选择：电压线圈前接方式和电压线圈后接方式，如图 1-25 所示。当负载电阻较大(电流较小)时，采用电压线圈前接方式；当负载电阻较小(电流较大)时，则应选用电压线圈后接方式。

接线时，应合理选择电压、电流的量程，并正确读取数据，所选择的电压、电流量程的乘积为功率表的满偏数值。

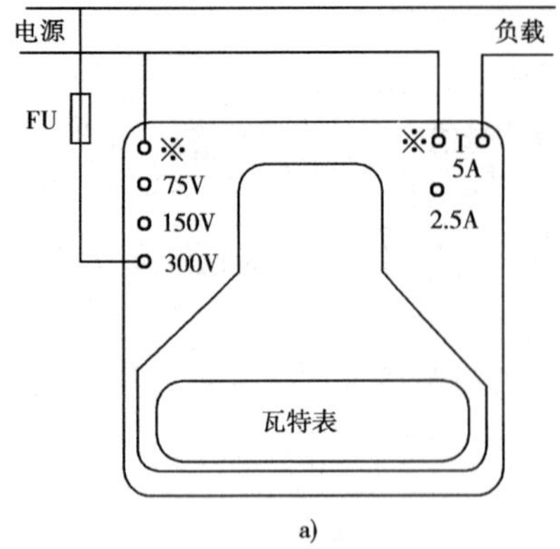

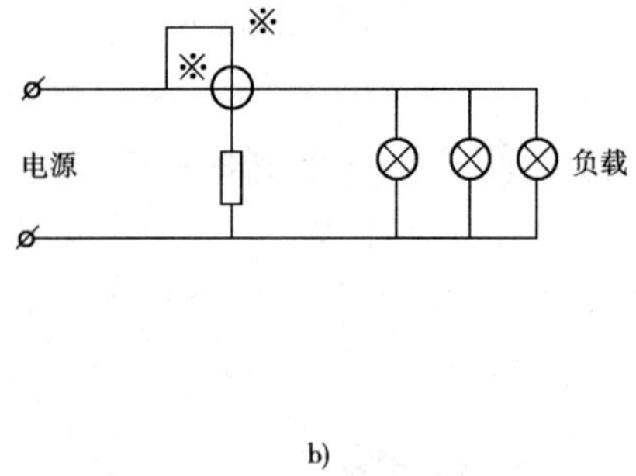

图 1-24　单相功率表

a)接线方法;b)接线原理

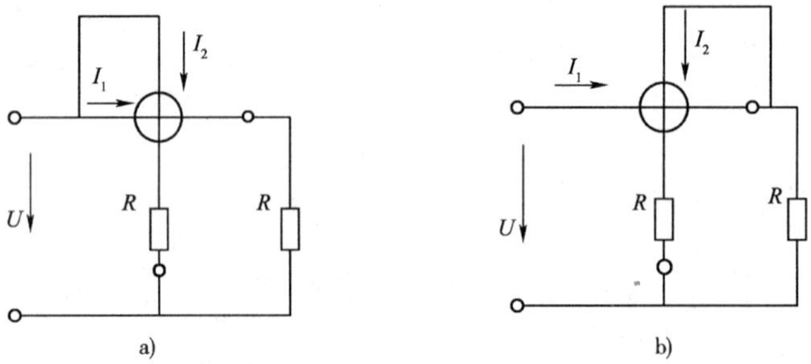

图 1-25　功率表的两种接法

a)电压线圈前接方式;b)电压线圈后接方式

当所测电路的功率较大,电流超过了功率表的量程时,应加接电流互感器,如图 1-26 所示。为使功率表的电流线圈和电压线圈的电源端处在同一电位上,应将电流互感器的二次绕组 L_2和一次绕组 L_1连接。

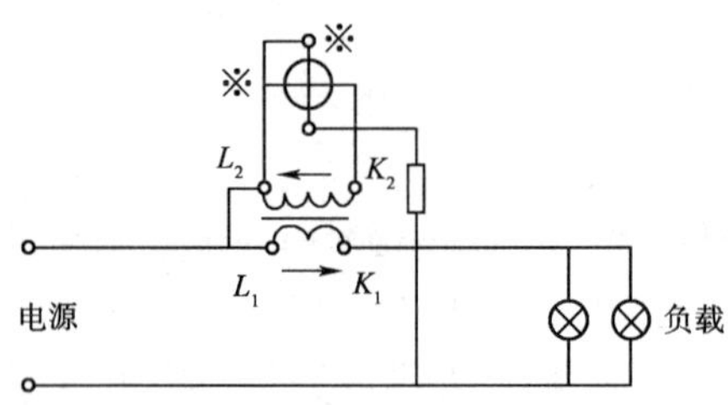

图 1-26　带电流互感器的单相功率表的接线方法

2. 三相功率的测量

三相有功功率的测量,视三相负载的对称情况,可采取不同的测量方法,但从功率表的选择情况看,不外乎单相功率表或三相功率表。

(1)单相功率表测三相有功功率。当三相负载对称时,可采用如图 1-27 所示的“一表法”测量三相有功功率,将功率表的读数乘以 3 即为三相有功功率。在图 1-27a)、图 1-27b)所示的接线方式中,功率表电压线圈、电流线圈所反映的是负载的相电压和相电流。当星形连接负载中点不能引出或三角形连接负载不能拆开引线时,采用图 1-27c)所示的人工中点法的接线方式。其中 R_N等于电压线圈回路的总电阻,以保证人工中点 N 的电位为零。

当三相负载不对称时,若是三相四线制,应采用如图 1-28 所示的“三表法”,三只单相功率表的读数之和即为三相有功功率。

当三相负载采用三相三线制时,则不论其对称与否,均可采用如图 1-29 所示的“两表法”测量三相有功功率。

在“两表法”中，两只功率表的电流线圈应串接在不同的两相线上，并将标有“※”号的接线柱接至电源侧，使通过电流线圈的电流为三相电路的线电流。

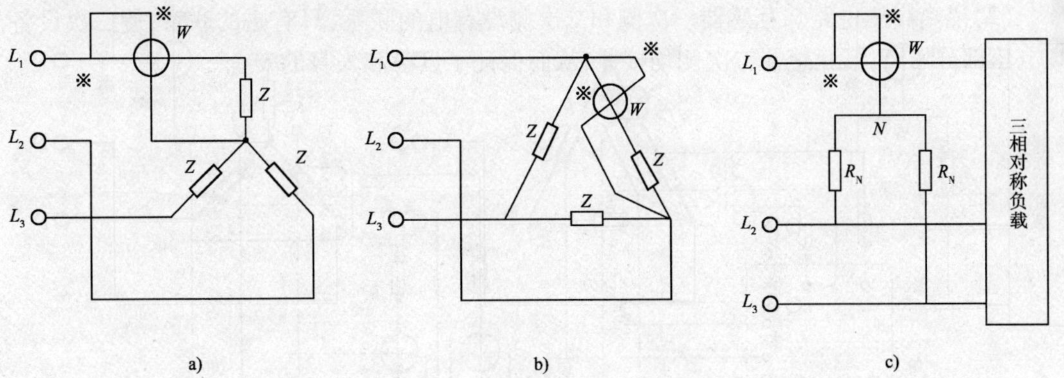

图 1-27　“一表法”测三相对称负载的功率

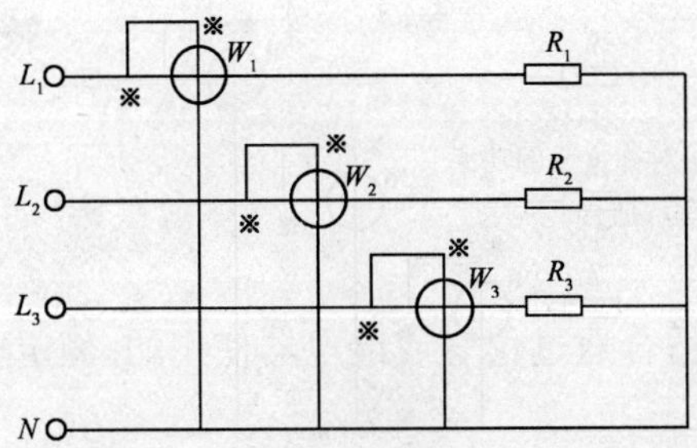

图 1-28　“三表法”测三相四线不对称负载的功率

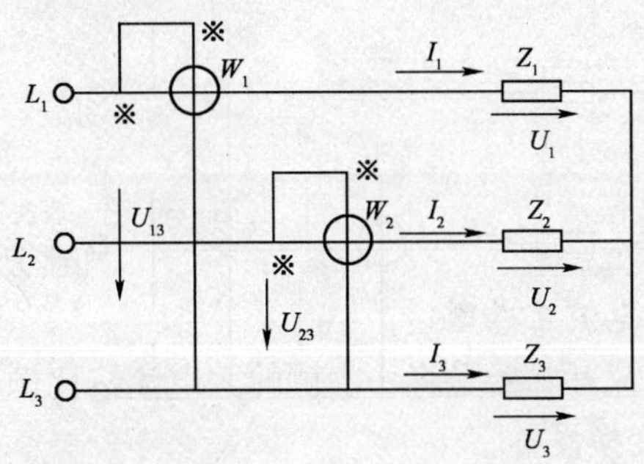

图 1-29　“两表法”测三相三线制负载的功率

功率表的电压线圈标有“※”号的接线柱应接至各自电流线圈所在的相上，而另一端均接到没有电流线圈的第三相上，以使得电压线圈上的电压为电源的线电压。

在“两表法”中，每只功率表上的读数本身是没有具体的物理意义的，所测三相电路的有功功率大小为：

若两只功率表的读数（P_1、P_2）为正，则三相有功功率 $P=P_1+P_2$；若两只功率表中有一只读数为零，则三相有功功率 $P=P_1$ 或 $P=P_2$；若两只功率表中有一只读数为负，则先将该反转功率表的电流线圈反接以读取数值（设为 P_2）。此时，三相有功功率 $P=P_1-P_2$。

（2）三相功率表测三相有功功率。三相功率表是利用“两表法”或“三表法”测量三相功率的原理，将两只或三只单相功率表的测量机构有机地合为一体而构成的。

用三相功率表测量有功功率时，通常因电压、电流较高，须加接电压互感器和电流互感器。图 1-30 为三相功率表加接电流、电压互感器的接线图。

六、互感器

互感器是一种特殊的变压器，它被广泛应用于供电系统中向测量仪表和继电器的电压线圈或电流线圈供电。

互感器的作用如下：

(1)将一次回路的高电压或者大电流变为二次回路标准的低电压和小电流,使测量仪表和保护装置标准化、小型化,并使其结构轻巧、价格便宜,并便于屏内安装。

(2)隔离高压电路。互感器一次侧和二次侧没有电的联系,只有磁的联系,使二次设备与高电压部分隔离,且互感器二次侧均接地,从而保证了设备和人身的安全。

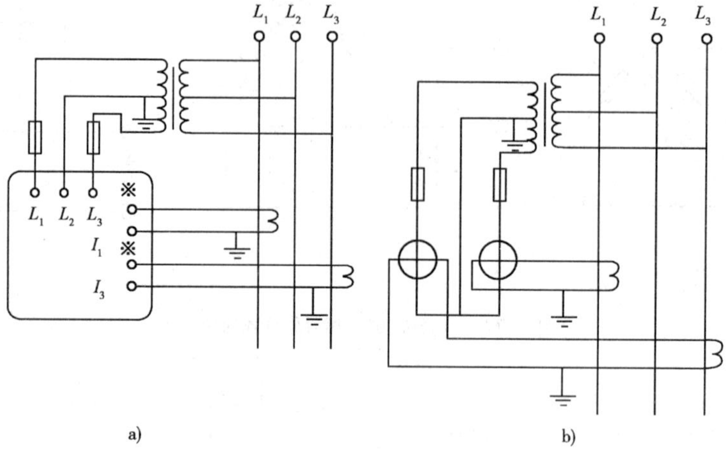

图 1-30 “一表法”测三相对称负载的功率

a)接线方法;b)接线原理

1. 电流互感器

电流互感器是将一次侧的大电流按比例变为适合通过仪表或继电器使用的,额定电流为5A 的变换设备。

(1)电流互感器的工作原理。电磁式电流互感器(以下简称电流互感器)的工作原理与变压器相似,如图 1-31 所示。

电流互感器一、二次电流之比称为电流互感器的额定互感比。

$$K_i = \frac{I_{N1}}{I_{N2}}$$

式中:I_{N1}——一次线圈的额定电流,A;

I_{N2}——二次线圈的额定电流,5A。

(2)电流互感器的特点:

①一次绕组串联在电路中,并且匝数很少;大多数情况下为一次穿芯,故一次绕组中的电流完全取决于被测电路的负荷电流,而与二次电流大小无关;

②电流互感器二次绕组所接仪表的电流线圈阻抗很小,所以正常情况下,电流互感器在近于短路的状态下运行。

(3)电流互感器使用时注意事项:

①电流互感器的二次侧在使用时不可开路。使用过程中拆卸仪表或继电器时,应事先将二次侧短路。安装时,接线应可靠,不允许二次侧安装熔丝;

②二次侧必须有一端接地。防止一、二次侧绝缘损坏,高压窜入二次侧,危及人身和设备安全;

③接线时要注意同名端。电流互感器一、二次侧的极性端子,都用字母表明极性。

④一次侧串接在线路中,二次侧与继电器或测量仪表串接。

2. 电压互感器

电压互感器是将一次侧的高电压按比例变为适合仪表或继电器使用的额定电压为100V的变换设备。电磁式电压互感器的工作原理和变压器相同,如图1-32所示。

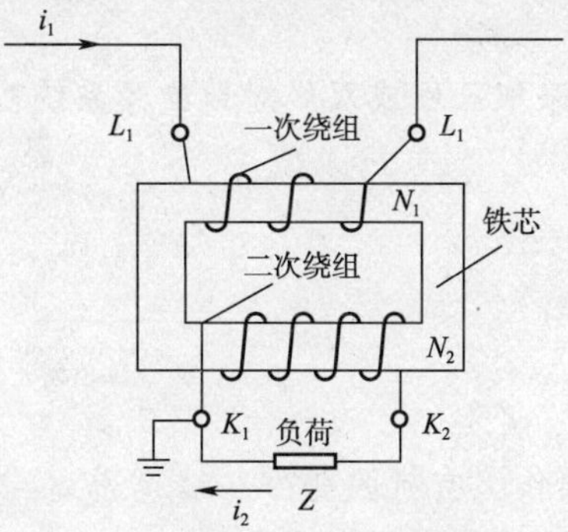

图1-31　电流互感器的工作原理

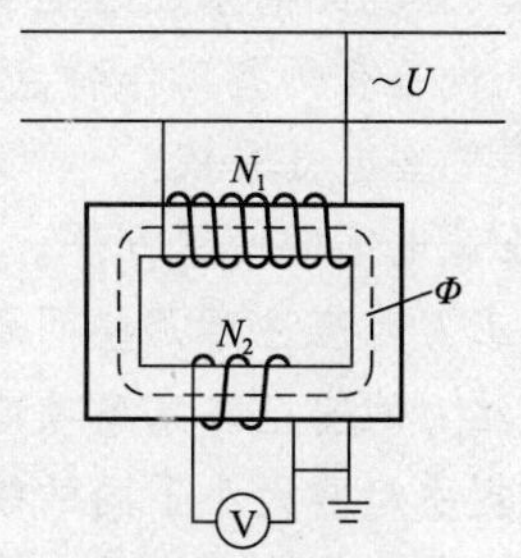

图1-32　电压互感器的工作原理

(1)电压互感器的特点:

①容量很小,类似一台小容量变压器,但结构上要求有较高的安全系数;

②电压互感器二次绕组所接仪表的电流线圈阻抗很大,正常情况下,电压互感器在近于空载的状态下运行。

(2)额定变比。电压互感器一、二次绕组电压之比称为电压互感器的额定互感比。

$$K_u = \frac{U_{N1}}{U_{N2}}$$

式中:U_{N1}——等于电网的额定电压,kV;

U_{N2}——额定电压,100V。

(3)使用电压互感器时注意事项:

①电压互感器的二次侧在工作时不能短路。在正常工作时,其二次侧的电流很小,近于开路状态,当二次侧短路时,其电流很大(二次侧阻抗很小)将烧毁设备。

②电压互感器的二次侧必须有一端接地,防止一、二次侧击穿时,高压窜入二次侧,危及人身和设备安全。

③电压互感器接线时,应注意一、二次侧接线端子的极性。

④电压互感器的一、二次侧通常都应装设熔丝作为短路保护,同时一次侧应装设隔离开关作为安全检修用。

⑤一次侧并接在线路中。

思考与练习 SIKAOYULIANXI

1. 船舶电工工艺的内涵是什么?

2. 电气工艺阶段的含义是什么?

3. 船厂安全技术规程分哪几个方面?

4. 船舶建造有哪些工艺阶段?简要说明在船舶建造的不同工艺阶段的电气施工的基本内容。

5. 简要说明船舶电气建造的工艺流程。

6. 油船的交、直流配电系统的线制为什么采取三线或双线对地绝缘系统?

7. 船舶电气设备有哪些工作特点?

8. 船舶上有哪些电气系统?

9. 简述低压试电笔的使用方法。

10. 使用电工刀时应注意哪些问题?

11. 使用螺丝刀的安全注意事项有哪些?

12. 用活络扳手起旋大小不同的螺母时,操作上有何区别?

13. 钢丝钳在电工作业时有哪些作用?应注意的事项有哪些?

14. 使用电烙铁时,应注意哪些问题?

15. 手电钻和冲击钻有何不同?使用时应注意哪些问题?

16. 如何扩大电压表的量程?

17. 若将电压表与被测电路串联,其结果如何?

18. 如何扩大电流表的量程?

19. 若将电流表与被测电路并联,其后果如何?

20. 用伏安法测量电阻时,电压表有“前接法”和“后接法”两种接法,各适用于何种情况?

21. 在万用表中,何谓机械调零?何谓电调零?有何区别?若在电调零时不能将指针调至“0”位置,应如何处理?

22. 使用数字式万用表时,应注意什么事项?

23. 使用钳形表应注意什么问题?

24. 为什么测量绝缘电阻要用兆欧表而不用万用表?

25. 使用兆欧表时,L、E、G 三端应分别怎样连接?

26. 用“两表法”测量三相有功功率时,在接线和读数时应注意哪些问题?

27. 电流互感器二次绕组边可以开路吗?为什么?

28. 测量电功率或电能时,使用电流互感器应注意哪些问题?

第二章　船舶电气安装预制件

● **学习目标**

知识目标

1. 掌握船舶电气设备固定件的类型及应用场合；
2. 掌握船舶电缆支承件的类型及应用场合；
3. 掌握船舶电缆贯穿件的类型及应用场合。

能力目标

1. 具备正确选用电气设备固定件的能力；
2. 初步具备正确选用电缆支承件、贯穿件的能力。

第一节　电气设备固定件

船舶在航行时会经常受到震动和冲击的影响，为保证船舶电气设备工作可靠、安装牢固，应该采用支架、底座等固定件来安装电气设备。该方法的优点如下：

(1)设备拆装方便，并能保证设备安装所在舱壁或甲板的原密封性能。

(2)可将设备安装在船舷等不平直的舱壁上；当设备本身不平整时，也必须采用支架来安装。

(3)在设备集中、电缆密布地方，可以很方便地把电缆敷设在设备与舱壁之间。

一、A 型设备支架

A 型设备支架即轻型支架，分 A1 型和 A2 型两种，用厚为 3～4mm 的钢板(碳素钢 A3F)折成，涂敷铁丹，结构如图 2-1 所示。A1 型用在普通钢质舱壁上固定设备，安装孔为长孔型时用于设备的安装较为方便；A2 型支架上带有螺母，用在绝缘舱壁上，适于安装暗线的设备。安装时，无孔的一端焊到舱壁上，另一端与设备底脚或减振器连接。

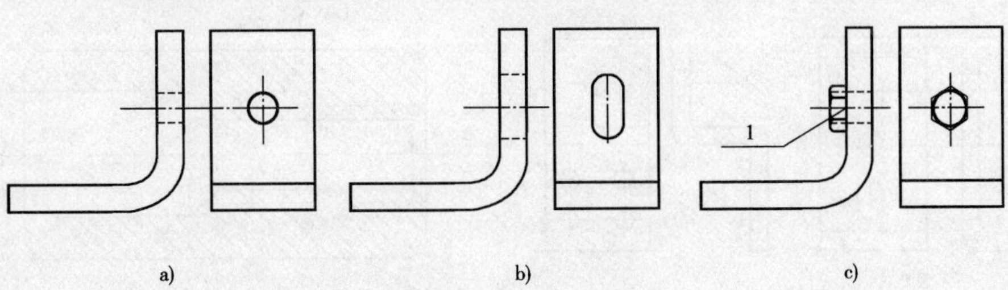

图 2-1　A 型支架

a)A1 型；b)A1 型(长孔型)；c)A2 型

1-螺母

二、B 型设备支架

B 型设备支架即角钢支架,分 B1 型和 B2 型两种,用平钢或角钢(碳素钢 A3F)焊成,涂敷红丹,结构如图 2-2 所示。B 型支架的强度比 A 型支架的强度大,焊到舱壁上变形小,适于支脚要求较长的情况下安装电气设备。B1 型较 B2 型多一个螺母,安装较为方便。

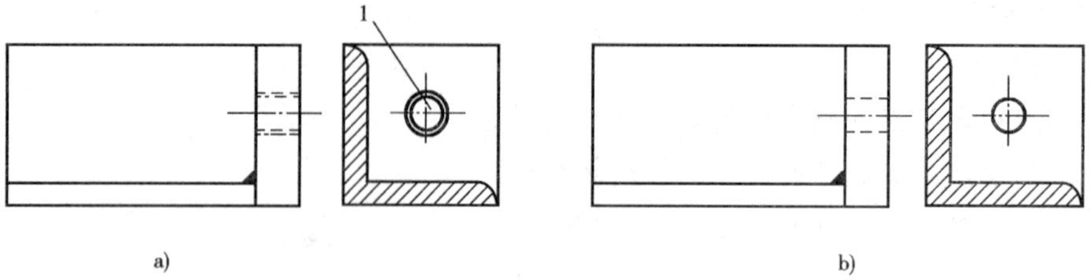

图 2-2　B 型支架
a)B1 型;b)B2 型
1-螺母

三、C 型设备支架

C 型设备支架即重型支架,用厚为 4 ~ 5mm 的钢板(碳素钢 A3F)折成,涂敷红丹,结构如图 2-3a)所示。与 A、B 型支架相比,其结构强度大,适于安装重型电气设备。安装时其两脚焊在钢质舱壁上,设备可直接或通过减振器固定在支架上。

四、D 型设备支架

D 型设备支架即铝质支架,用 3 ~ 5mm 厚的铝合金板(LF5)折成,涂敷红丹,结构如图 2-3b)所示。适于铝质舱壁上安装电气设备。安装时多孔的一端用螺钉固定在舱壁上,另一端与设备底脚或减振器连接。

五、支柱

支柱为钢质空心圆柱,一端加工成螺纹,另一端焊接到舱壁上,用于电气设备的安装,其制造及安装均较为方便,结构如图 2-4 所示。若与卡线板配合,还可用来敷设小束电缆。螺母规格有 M6,M8,M10,M12 等。

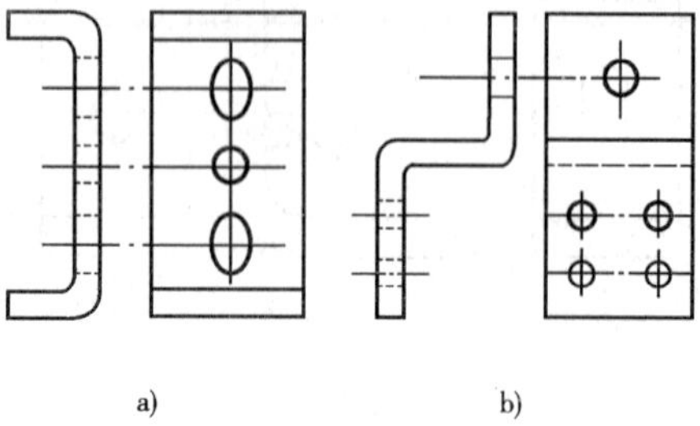

图 2-3　C、D 型支架
a)C 型;b)D 型

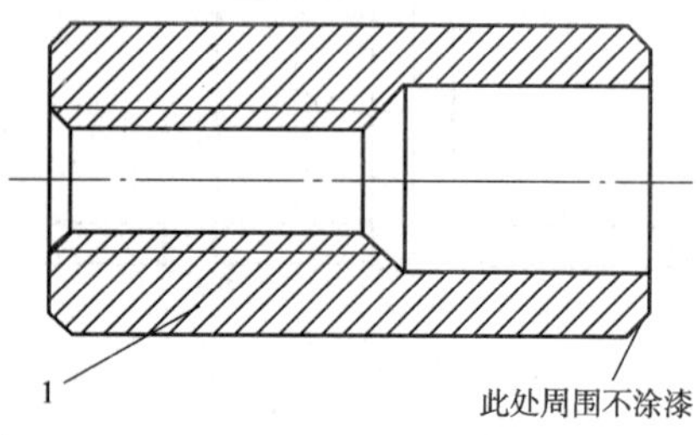

图 2-4　电气设备用支柱
1-螺母

六、成型支架

1. 灯具及小型器具支架

支架由 2 ~4mm 的钢板制成，适于质量 5kg 以下的小型设备的安装。按其形状可分为 O 形、口形、T 形、I 形、△形等支架，如图 2-5 所示。此外，还可综合上述支架的主要功能，制成通用支架，其上面可以同时安装开关、插座等多种小型器具。

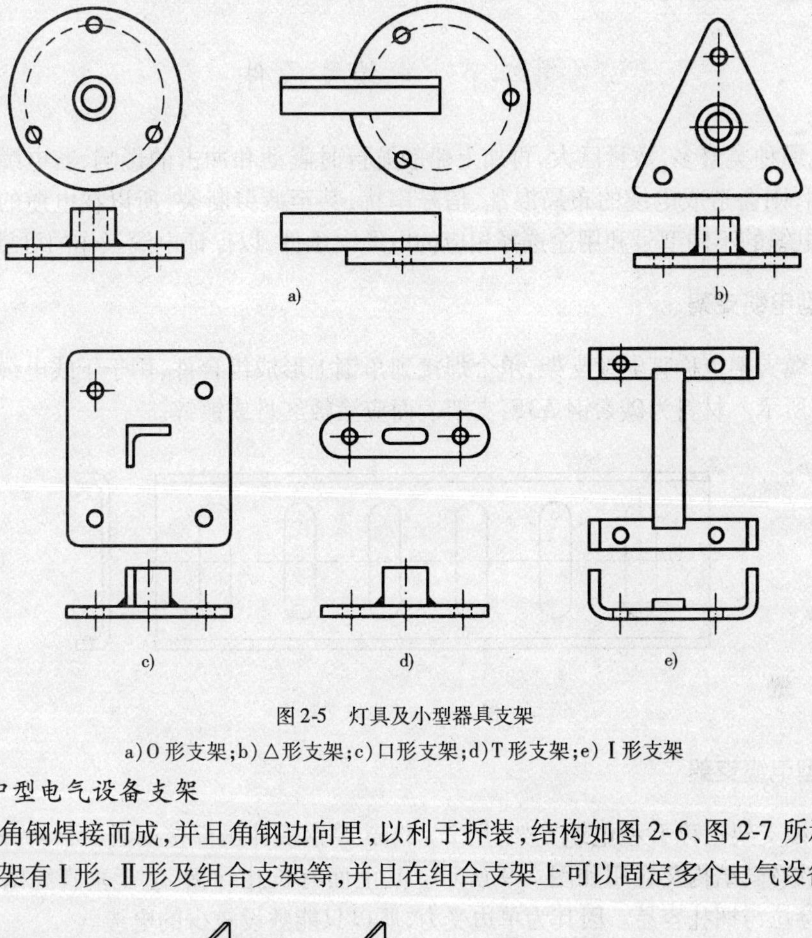

图 2-5 灯具及小型器具支架

a) O 形支架；b) △形支架；c) 口形支架；d) T 形支架；e) I 形支架

2. 大、中型电气设备支架

支架由角钢焊接而成，并且角钢边向里，以利于拆装，结构如图 2-6、图 2-7 所示。电气设备用支柱支架有 I 形、Ⅱ形及组合支架等，并且在组合支架上可以固定多个电气设备。如果依

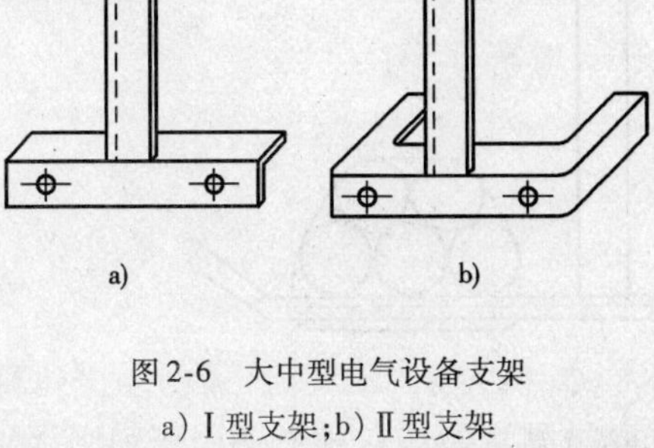

图 2-6 大中型电气设备支架

a) I 型支架；b) Ⅱ型支架

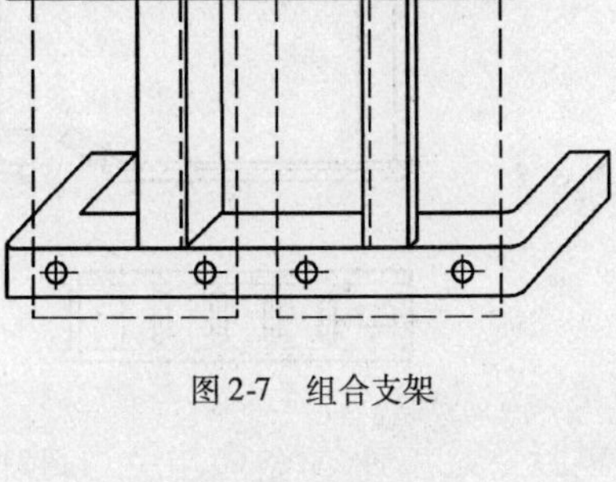

图 2-7 组合支架

据不同种类设备底脚的安装尺寸,在角钢支架上加工成多种组合的腰圆形安装孔,那么,设备安装不但容易就位,而且支架还可以适合多种电气设备的安装。

3. 样板支架

按设备的外形及安装脚尺寸,用薄钢板预制成样板,与 A、B 或 C 型等支架配套后在船体结构上进行烧焊,然后拆下支架换上设备即可。其特点是支架用料少,减轻了船的自重,并且设备贴近舱壁、节省空间。

第二节　电缆支承件

船舶电缆种类繁多,数量巨大,再加上船舶航行时震动和冲击的影响,若电缆不能很好地敷设和紧固,则会造成电缆的布局混乱、信号串扰,甚至疲劳断裂,所以在电缆的敷设与紧固时,应根据电缆的不同型号和用途选择相应的电缆支承件,以保证电缆工作的可靠性。

一、A 型电缆支架

A 型电缆支架也称直电缆支架,单个焊接到角钢上形成组合件,用于干线电缆的敷设。结构如图 2-8 所示。材料为碳素钢 A3F,支架表面应涂敷红丹或镀锌。

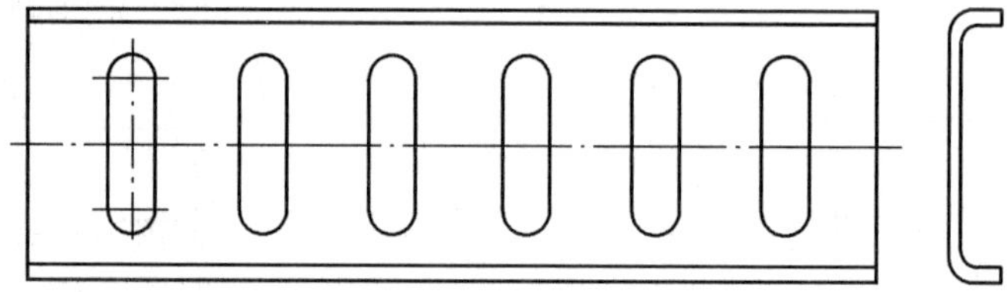

图 2-8　A 型电缆支架

二、B 型电缆支架

B 型电缆支架也称 L 型电缆支架,用 2 ~ 3mm 厚钢板冲压焊接而成,材料为碳素钢 A3F,涂敷红丹或镀锌,结构及应用如图 2-9 所示。其上面有长孔导板,适于垂直舱壁上电缆的敷设,电缆的穿拉与捆扎容易。因其为单边受力,所以只能敷设较少的电缆。

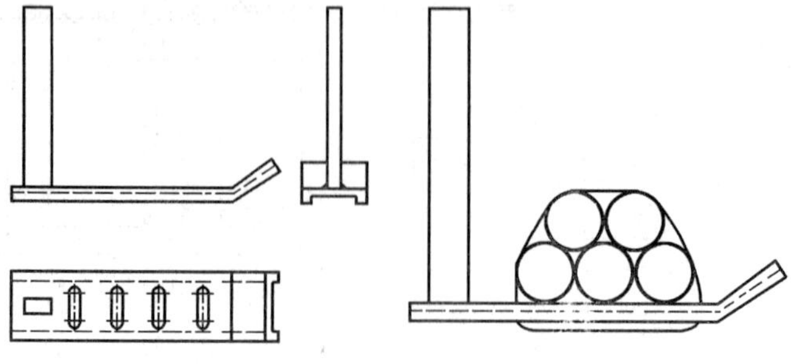

图 2-9　L 型电缆支架

三、C 型电缆支架

C 型电缆支架是由支架本体和支架支脚组成,可与角钢形成组合件,适用于主干电缆的敷设。也可用紧固螺栓自行组合成双层,电缆捆扎在支架本体折边区的外部,如图 2-10 所示。材料为碳素钢 A3F,支架表面应涂敷红丹或镀锌。

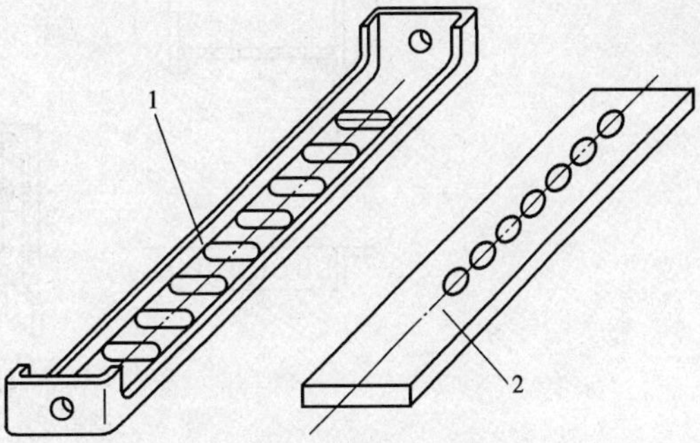

图 2-10　C 型电缆支架

1-支架本体;2-支架支脚

四、D 型电缆支架

D 型电缆支架也称扁钢电缆支架,用 3 ~ 4mm 厚的钢板弯折而成,以增加其结构强度,材料为碳素钢 A3F,切口的毛刺及锐边打磨光滑,镀锌 20 ~ 30μ。表示方法为:DB$L \times B \times H \times \delta$($L$——长 B——宽,H——脚高,δ——厚度),如 L、H 的缺省值,则相应代表扁钢长度为 550、扁钢高度现场定,具体见表 2-1。其结构及应用如图 2-11 所示。适用于小型束局部电缆的敷设,其优点是焊接方便,紧固电缆容易,施工迅速,机动性好。但需逐条焊接,施工进度较缓慢,电缆敷设效率较低。

扁钢支架

扁钢支架尺寸确定　　表 2-1

类　型	L	B	H	δ
1	550	20	现场定	3
2	550	40		4

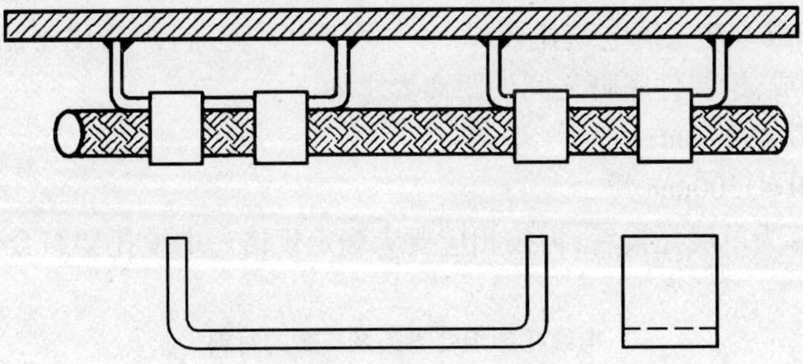

图 2-11　D 型电缆支架

五、E 型组合电缆支架(电缆托架)

E 型组合电缆支架也称为电缆托架,分为单层和多层两个类别。单层支架适合于电缆数量较少时的敷设;多层支架适合于电缆数量较多、空间较小时的敷设。其长孔导板(托片)用钢板冲制而成,整个支架由导板(托片)、扁钢板条(组合骨架)、角钢(底脚)组合而成,如图 2-12、图 2-13 所示。支架脚直接焊接到船体舱壁上,施工较为方便。为了电缆转弯处敷设方便、美观,还可将 E 型支架的扁、钢板条沿长度方向弯折,从而构成 E 型弯头电缆支架。

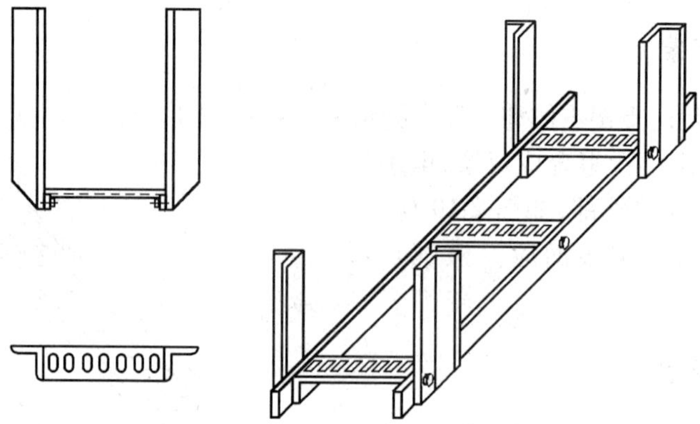

图 2-12 单层 E 型组合电缆支架

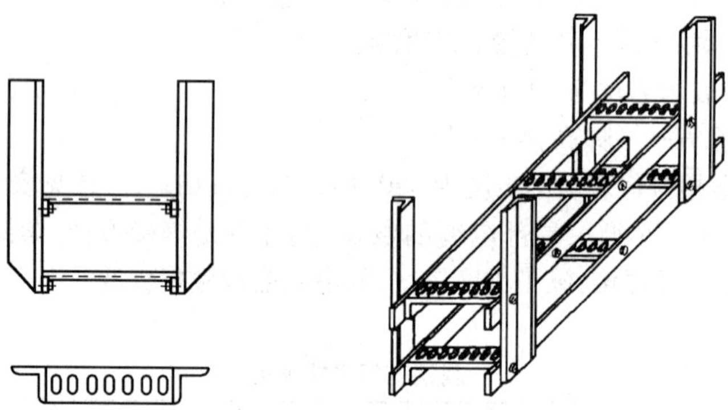

图 2-13 双层 E 型组合电缆支架

制作托架的材料通常为钢质,且经镀锌防蚀处理,电缆托架可分为单层架和多层架。表示方法为:DZ$L \times H$ 单层电缆托架(L——宽,H——脚高),或 2DZ$L \times H$ 双层电缆托架(L——宽,H——脚高),或 3DZ$L \times H$ 三层电缆托架(L——宽,H——脚高)。为便于船上安装,电缆托架一般可在车间预制成,组装件底脚之间的距离要求如下:

DZ150 ~ DZ300≤900mm;

DZ400 ~ DZ800≤1500mm。

多层托架:折算为单层托架后,再按相应要求确定规格。电缆托架组合骨架及支脚的材料按表 2-2 来选择。

电缆托架组合骨架及支脚的材料 表 2-2

电缆托架规格	电缆托片规格	组 合 骨 架	支 架
DZ150	U—150	Z-2	U-2
DZ200	U—200	Z-2	U-2
DZ300	U—300	Z-2	U-2
DZ400	U—400	Z-3	L30×30
DZ500	U—500	Z-3	L30×30
DZ600	U—600	Z-3	L45×45
DZ700	UT—700 30×30	L30×30	L45×45
DZ800	UT—800 30×30	L30×30	L45×45

六、桥形板

桥形板分为钢质和铝质两种类型。钢质桥形板材料为碳素钢 A3F，如图 2-14a）所示，其两端焊接到船体舱壁上，并涂敷红丹；铝质桥形板材料为防锈铝合金 IF15，如图 2-14b）所示，其两端必须用螺钉或铆钉固定到船体舱壁上，并涂敷红丹。图中的冲孔铝条（图 2-14c）和电缆夹子（图 2-14d）用来固定电缆，其应用如图 2-14e）所示。

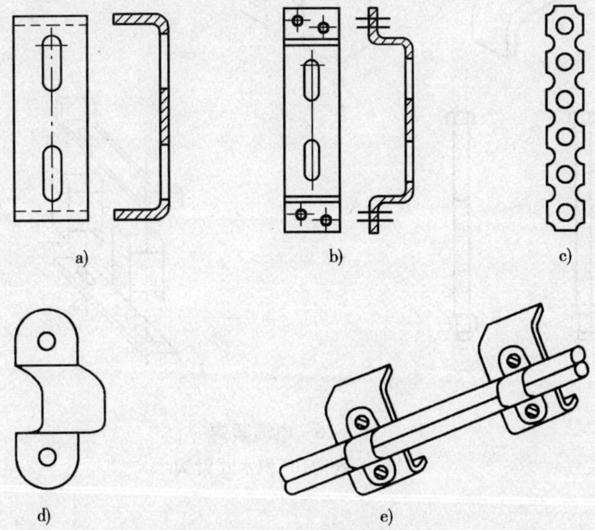

图 2-14　桥形板

a）钢质桥形板；b）铝制桥形板；c）冲孔铝条；d）电缆夹子；e）桥形板应用

七、电缆导板

电缆导板分为直导板、平面转向导板、垂直转向导板、三通导板等。用薄钢板折成，上面冲有许多腰形长孔，电缆敷设方便，其结构及应用如图 2-15 所示。因耗材多、费工时，故很少采用。

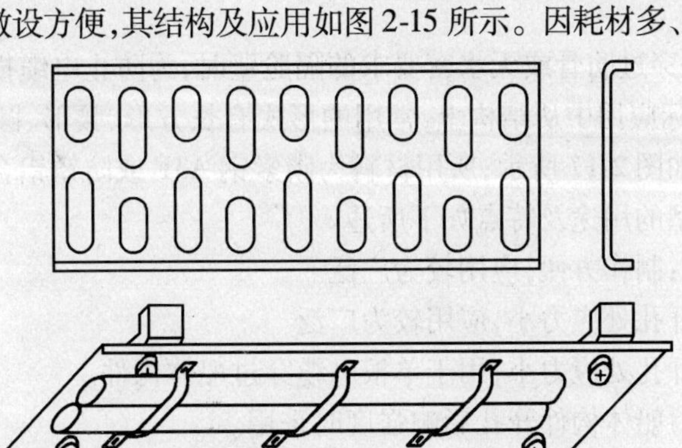

图 2-15　电缆导板的结构和应用

八、电缆紧钩

电缆紧钩主要有 U 形紧钩和积木式紧钩，用薄钢板弯折、冲制、焊接而成，材料为 A31，其结构如图 2-16 所示。适合于主干电缆及其数量较多时的敷设,积木式紧钩使用起来较为灵活,可以随意组合。

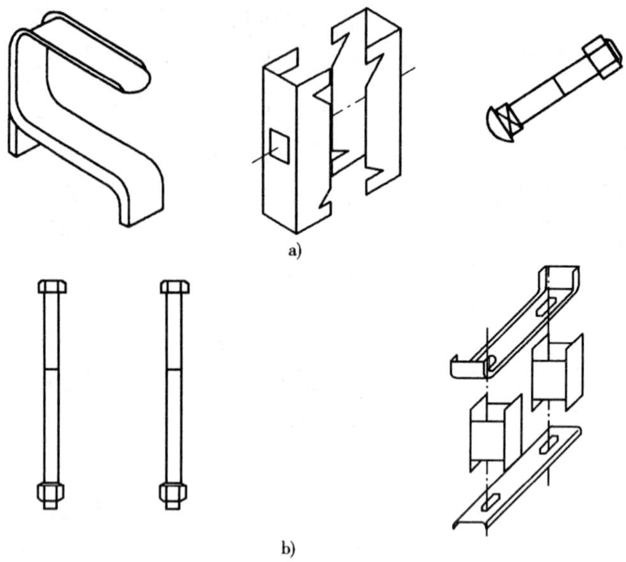

图 2-16　电缆紧钩

a) U 形紧钩;b) 积木式紧钩

第三节　电缆贯穿件

电缆贯穿件是当电缆穿越船体结构及引入防水设备时,用来保护电缆或保持船体结构的原强度、密封性能及电气设备的防水性能的一种装置,分为水密和非水密两大类。

一、电缆框

电缆框用于电缆穿过肋骨或无水密要求的隔舱壁时,为防止电缆损伤所使用的贯穿件。

(1)电缆框在实际应用中从结构上,常用的形式有长方形、腰形、圆形、复板型及铝质铆接型等,其结构和应用如图 2-17 所示;所用材料为碳素钢 A3F 或防锈铝合金 LF5,应分别涂敷铁丹及黄丹,其各种类型的用途及特点如下所述。

①长方形电缆框:制作方便,应用较为广泛。

②腰形电缆框:开孔处应力小,应用较为广泛。

③圆形电缆框:开孔处应力小,用于单根电缆穿过船体构件。

④复板型电缆框:船体构件开孔影响强度时采用。

⑤铝质铆接型电缆框:用于铝质船体构件上。

(2)电缆框从功能上分主要有以下几种:

①普通电缆框。某船厂的表示方法:DK$L\times B\times H\times\delta$,DK——普通电缆框。

②耐火电缆框。某船厂的表示方法:AW$nL\times B\times 250\times\delta$,AW——耐火电缆框,$L$——长;$B$——宽;$H$——高 250mm;$\delta$——板厚;$n$——耐火等级,如表 2-3 所示。

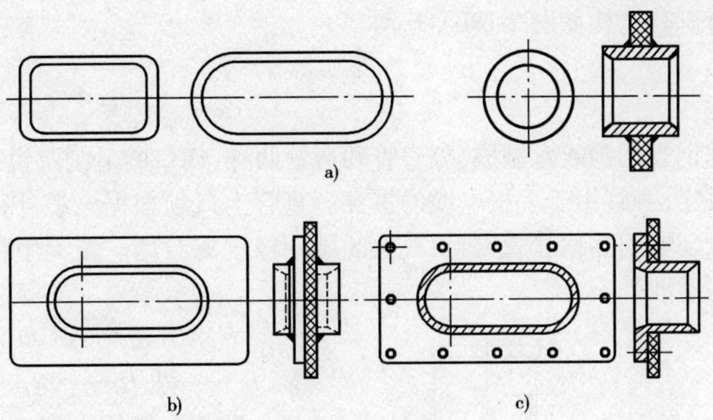

图 2-17　电缆框的结构及应用

a)长方形、腰形、圆形电缆框结构及应用；b)复板型；c)铝质铆接型

其中电缆框高度固定为：250mm。

耐火电缆框的耐火等级(样例)　　表 2-3

类型参数	名　称	耐 火 等 级	使 用 场 所
AW1	DMT—W 水密式 A—60 级耐火电缆框	A—60，A—30，A—15	舱壁
AW3	DMT—W 水密式 A—0 级耐火电缆框	A—0	舱壁

二、填料函

1. 单填料函

单填料函是单根电缆穿过水(气)密隔舱壁或甲板时所使用的贯穿件，其防水(气)性能较好，使用时焊接夹紧到船体舱壁上。它由填料函帽及填料函座组成。其结构如图 2-18a)所示。

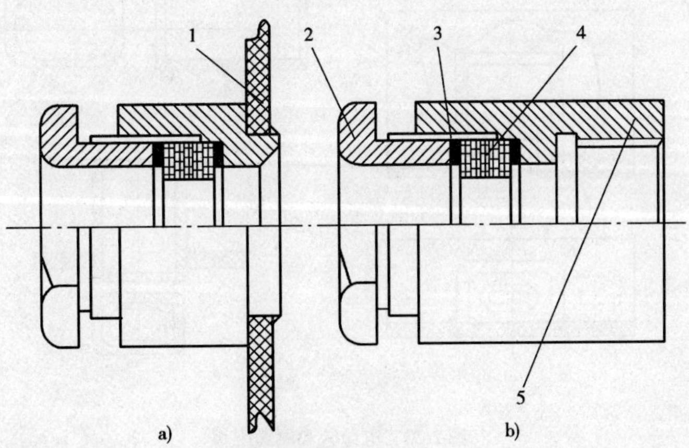

图 2-18　填料函

a)单填料函；b)管式填料函

1-舱壁；2-螺母；3-垫圈；4-填料；5-底座

2. 管式填料函

管式填料函紧固在电缆管上，适用于单根电缆穿过水(气)密舱壁或甲板，并对电缆防护

有一定要求的场合。其结构如图 2-18b)所示。

三、电缆管

电缆管用镀锌钢管切割或弯制成,分直管和弯管两种,切口的毛刺及锐边打磨光滑。直管用于单根电缆的贯穿,弯管用于多根电缆的贯穿。直管上口须根据电缆外径配相应尺寸的填料函。机舱或露天区域用热缩套管密封,其他区域用橡皮泥封堵。露天甲板的电缆管须配相应规格的套管以防腐蚀。

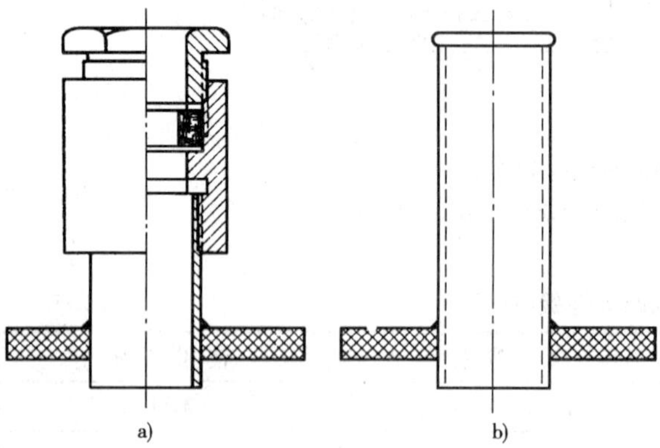

图 2-19　电缆管

a)防水电缆管;b)非防水电缆管

表示方法为:DG$\Phi \times H$,Φ——管子通径,B——宽,H——高。

防水电缆管如图 2-19a)所示,与填料函配合,可以用于对水(气)密有要求的场合;而非防水电缆管如图 2-19b)所示,适用于电缆穿越密封及有防爆要求的客舱等。

四、电缆围板和电缆筒

电缆围板和电缆筒适于成束电缆穿过水密甲板时的密封,由钢板制成。

1. 电缆围板

电缆围板使用时焊接到船体甲板或隔舱壁上,要与电缆框配合起来使用,并且在电缆完成敷设后加入填料进行密封,如图 2-20a)所示。

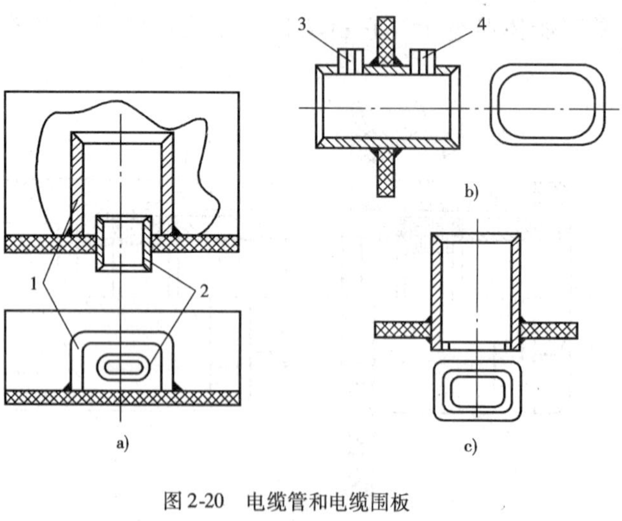

图 2-20　电缆管和电缆围板

a)电缆围板;b)浇注式电缆筒;c)焊接式电缆筒

1-电缆围板;2-电缆框;3-注入口;4-出气口

2. 电缆筒

(1)按结构分

①浇注式电缆筒。浇注式电缆筒在使用时焊接到船体甲板上,电缆完成敷设后加入填料

进行密封。其结构与电缆围板相比，只是多了注胶孔和出气孔，并且注胶时电缆筒的两端要加上开孔挡板，如图 2-20b）所示。

②焊接式电缆筒。使用时焊接到船体甲板上，其高度为 250mm 的用于室内，高度为 450mm 的用于室外；电缆拉敷完毕后，用填料密封。其结构如图 2-20c）所示。

（2）按功能分

①普通电缆筒。普通电缆筒（无防火，水密要求），某船厂的表示方法为：DT$L \times B \times H \times \delta$，DT——普通电缆筒，$L$——长，$B$——宽，$H$——高，$\delta$——板厚。小型普通电缆框、筒可用镀锌管压制代用。

②耐火电缆筒。某船厂的表示方法为：AW$nL \times B \times 215 \times \delta$，AW——耐火电缆筒，$L$——长，$B$——宽，$H$——高 215mm，$\delta$——板厚，$n$——耐火等级，如表 2-4 所示。

电缆筒高度固定为：215～250mm，各船厂略有差异。

耐火电缆筒的耐火等级（样例）　　表 2-4

类型参数	名　称	耐火等级	使用场所
AW2	DMT—W 水密式 A—60 级耐火电缆筒	A—60，A—30，A—15	甲板
AW4	DMT—W 水密式 A—0 级耐火电缆筒	A—0	甲板

五、组合式橡胶块填料盒

主要用在多根电缆穿过具有防火、气密、防水等要求的隔壁舱或甲板上。拆装灵活、施工方便、易于增减电缆。外框用钢板加工而成，其结构与应用如图 2-21 所示。

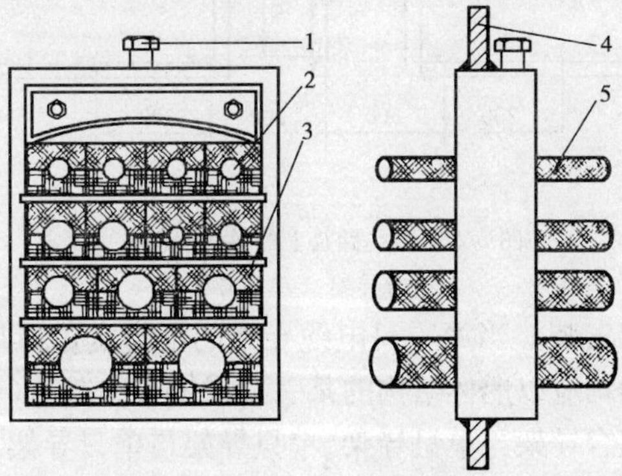

图 2-21　组合式橡胶块填料盒

1-压紧螺栓；2-电缆孔；3-填充橡胶块 4-舱壁；5-电缆

第四节　电缆支承件、贯穿件的安装

一、电缆支承件的安装

1. 电缆支承件安装要求

（1）支承件、组装件及安装件的焊接应牢靠，能保证电缆紧固和使用时不致脱焊。

(2)支承件、组装件及安装件的底脚不应直接焊接在上层连续甲板以下的船壳板上,如不可避免,需采用覆板或其他措施。

(3)所有焊接好的支承件、组装件及安装件应清除焊渣,并涂以防锈漆。

(4)在支承舾装件的焊接过程中,不准将支承件直接焊在船壳的外板上或者金属管上,也不准将支承件焊接在可以拆卸的活动物体上。

(5)支承舾装件固定端的焊缝应该避开船体结构的焊缝。两者之间的最小距离不小于50mm。

(6)电焊作业时,不应该损坏支承舾装件,要保证舾装件表面光滑,无毛刺,避免对设备的损坏。

2. 电缆导架的安装

电缆导架是随电缆采用“电缆绑带(扎带)”紧固工艺后开始应用的。各船厂按原来的习惯采用类似的名称,如:电缆支架、电缆架、电缆托架、长孔导板等。

电缆导架用作为成束电缆的支承件。根据成束电缆的多少选用不同规格的电缆导架。

(1)电缆路径上的导架安装。电装生产设计选定了电缆路径上电缆支承件的形式和规格,确定了路径的位置,钳工准备工作按上述要求安装电缆支承件、尽量使电缆敷设能平、直和直角转弯。图2-22示意某局部的电缆导架安装布置。顶上的直线组合导架敷设主干电缆,向下的分支电缆采用单只导架,进设备的分支电缆采用弯件,隔舱壁电缆贯穿件采用非水密电缆盒,甲板采用水密电缆筒。

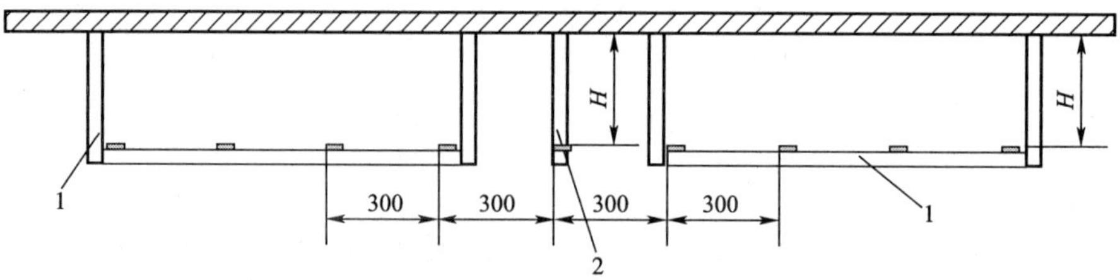

图2-22 电缆路径上的导架示意图

1-组合导架;2-单只导架

(2)直线电缆路径导架安装。当第一只电缆导架的吊脚定位以后,为了保证线路的平直,不管是组合导架或单只导架均应以船体结构的某一梁或桁等为基准(例如高 H),在划线定位后再进行烧焊。并且要保持组合导架与单只导架、单只导架与单只导架之间的距离为300mm。如图2-23所示。

3. 支承件与支承件的配合

(1)电缆支架与电缆支架配合间距如图2-24所示。

(2)电缆支架与扁钢配合如图2-25所示。

(3)扁钢与扁钢配合如图2-26所示。

4. 支承件与贯穿件的配合

(1)电缆支架与电缆贯穿件配合如图2-27所示。

(2)电缆支架与填料函配合如图2-28所示。

(3)扁钢与填料函配合如图2-29所示。

(4)扁钢与甲板贯穿件配合如图2-30所示。

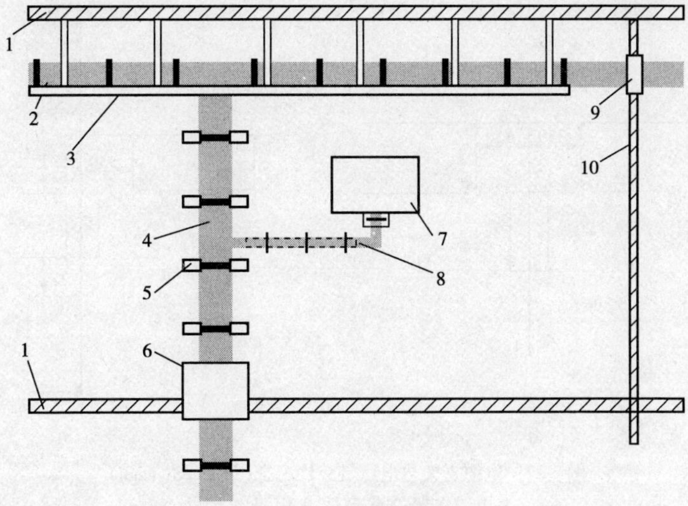

图 2-23　直线电缆路径

1-甲板;2-主干电缆束;3-组合导架;4-分支电缆束;5-单只导架;6-电缆筒;7-设备;8-弯件;9-电缆盒;10-舱壁

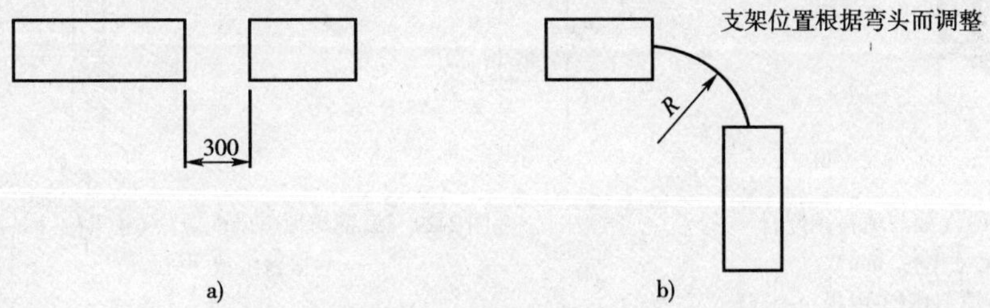

图 2-24　电缆支架与电缆支架配合(尺寸单位:mm)

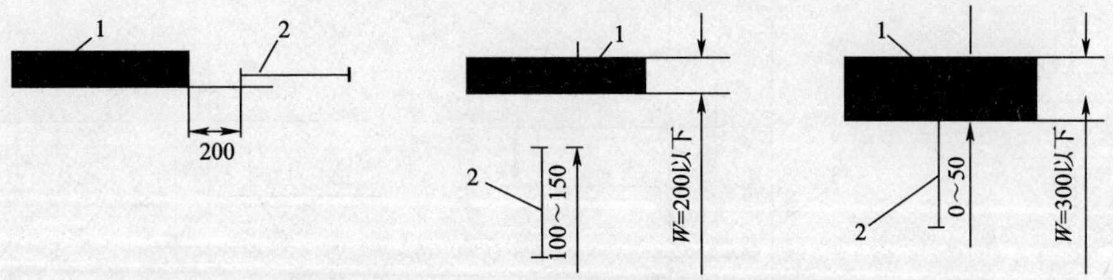

图 2-25　电缆支架与扁钢配合(尺寸单位:mm)

1-支架;2-扁钢

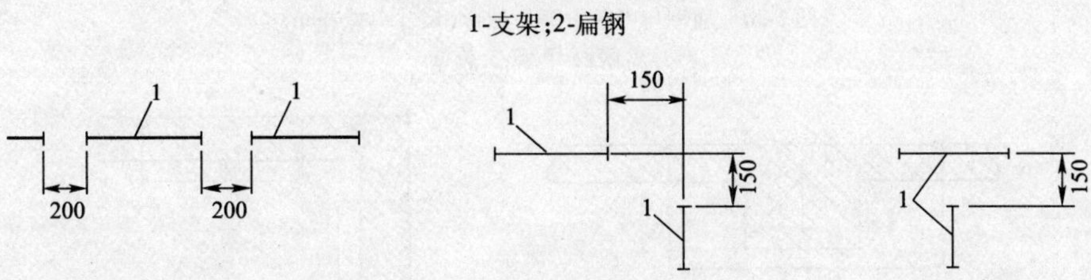

图 2-26　扁钢与扁钢配合(尺寸单位:mm)

1-扁钢

(5)紧固件与绝缘层配合如图 2-31 所示,紧固件不能埋在绝缘层内。

(6)紧固件与穿线管配合如图 2-32 所示。

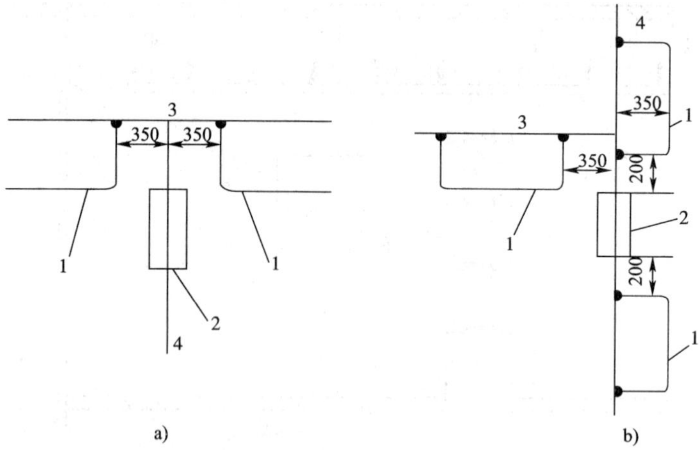

图 2-27　电缆支架与电缆贯穿件配合(尺寸单位:mm)

1-电缆支架;2-贯穿件;3-甲板;4-围壁

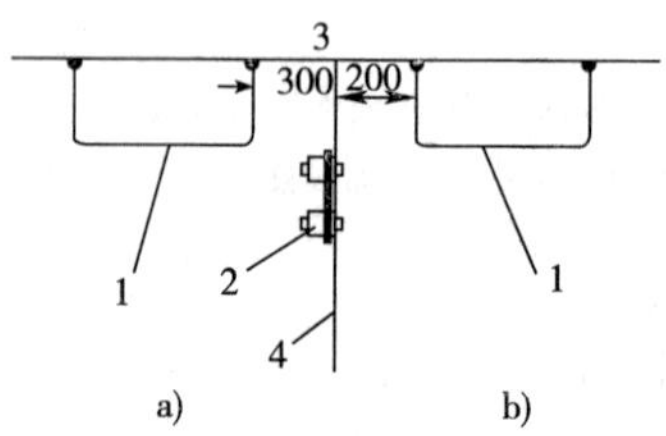

图 2-28　电缆支架与填料函配合(尺寸单位:mm)

1-电缆支架;2-填料函;3-甲板;4-围壁

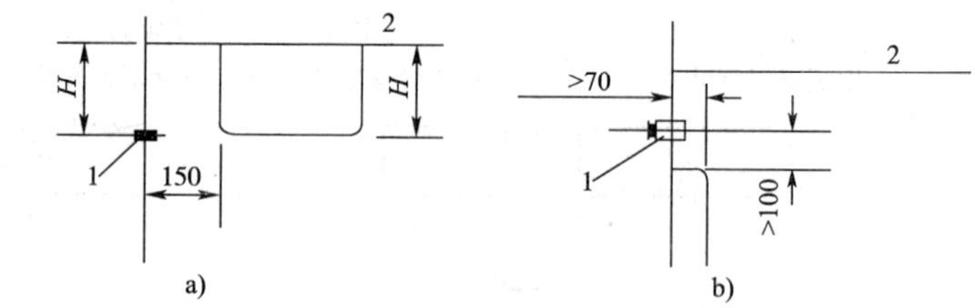

图 2-29　扁钢与填料函配合(尺寸单位:mm)

1-填料函;2-甲板

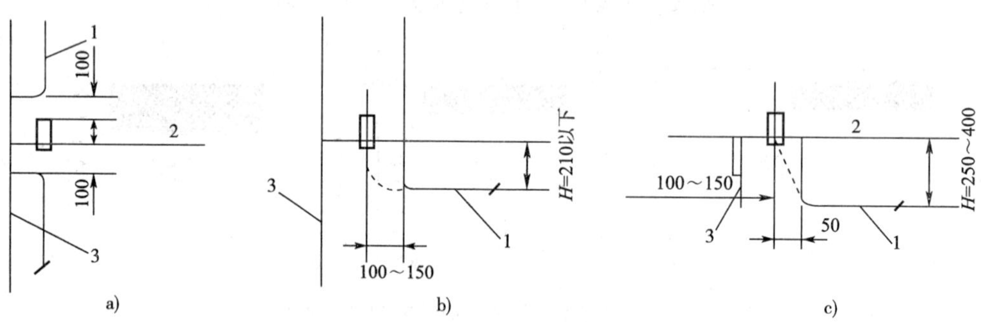

图 2-30　扁钢与甲板贯穿件配合(尺寸单位:mm)

1-扁钢;2-甲板;3-舱壁

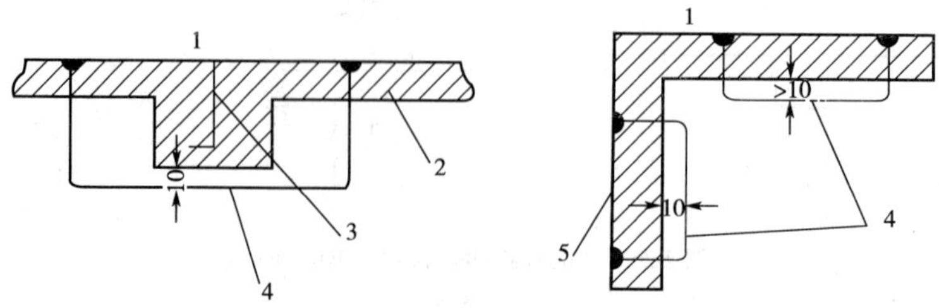

图 2-31　支承件与绝缘层配合(尺寸单位:mm)

1-甲板;2-绝缘层;3-肋骨;4-紧固件;5-围壁

二、电缆支承件的调整

(1)电缆路径在直角转弯时导架的调整。成束电缆中有大、小直径电缆,直角转弯应满足最大直径电缆的弯曲半径要求。直角部分可以用单只导架在转弯处进行过渡,如图 2-33a)所示,也可以用导架组装成直角弯头进行过渡,如图 2-33b)所示。

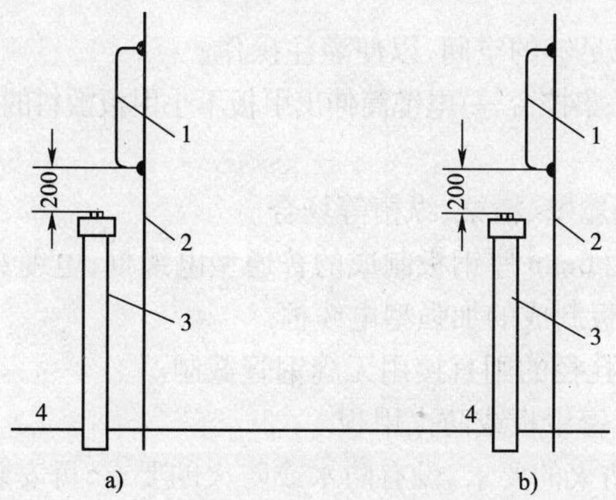

图 2-32　支承件与穿线管配合(尺寸单位:mm)

1-紧固件;2-围壁;3-非水密穿线管;4-甲板

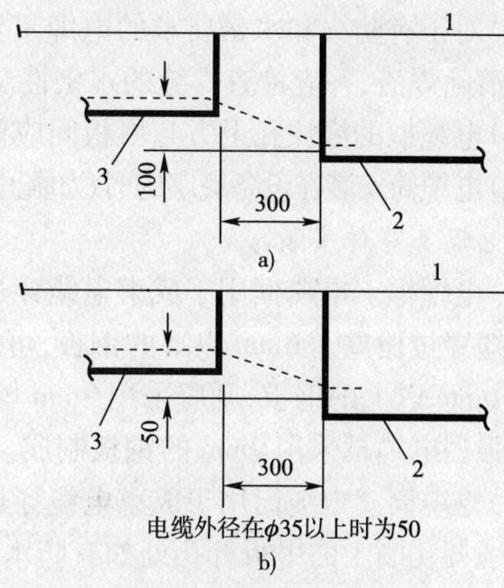

图 2-33　支架脚高度调整(尺寸单位:mm)

1-甲板;2-高支架;3-低支架

(2)当线路高低之间超过 100mm 时,需加适当的金属紧固件予以调整,以保证两相邻托板高度差不大于 100mm。支架脚高度调整如图 2-34 所示。

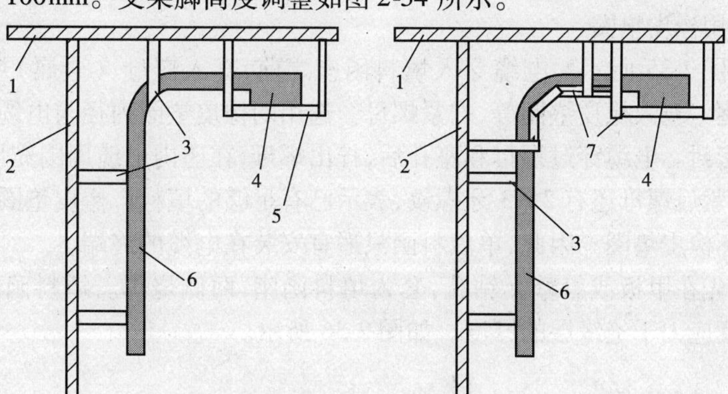

图 2-34　电缆路径直角转弯的调整

a)单只导架调整;b)组装导架调整

1-甲板;2-舱壁;3-单只导架;4-主干电缆束;5-组合导架;6-分支电缆束;7-组合导架

(3)当图 2-34 中的两支架之间间距 L 在 1200mm 以下时,中间要加单独托架并调整这些单独托板相互间的高低差在 100mm 以内,也可以采用组合托架。

三、电缆贯穿件装焊工艺

在贯穿件选型和开孔完成后,必须用焊接方式将贯穿件烧焊在船体结构上,特别是对于一些密性要求较高的场合,通常采用续双面焊。

1. 电缆贯穿件安装要求

(1)电缆贯穿件均需与舱壁或甲板垂直安装。

(2)对开孔处兼作强度补偿的电缆贯穿件,应沿其四周双面连续焊接,以保证强度,如开孔不需作强度补偿及无特殊要求时,其设置的电缆贯穿件允许采用间断焊接。

(3)对于有防火和水密要求的电缆贯穿件,应采用沿其四周双面连续焊接,保证水密,焊接完毕清除焊渣,并应检查焊缝的水密性。

(4)电缆框的灌注孔上方与甲板间应留有足够的空间,以便灌注操作。

(5)电缆筒安装在设备底座内时(如配电板、集控台等)电缆筒伸出甲板不小甲板敷料的厚度。

2. 电缆贯穿件安装

(1)电缆框。电缆框用于成束电缆穿过隔舱壁、横梁、纵桁等场合。

电缆穿过舱壁为6mm以下的钢板,可采用6mm厚钢板制成的普通型电缆框;电缆穿过舱壁大于6mm以上的钢板,则应采用9mm厚钢板制成的加强型电缆框。

加强型电缆框采用9mm的钢板制成。小孔径的则直接用无缝钢管截制。

(2)电缆筒。电缆筒用于成束电缆穿过水密甲板或防火甲板。

电缆开孔图上的甲板开孔处如有防水或防火的要求,没有防水或防火的要求,可安装普通型不浇注的电缆框。

(3)填料函。填料函或单填料函用于单根电缆穿过水密舱壁或甲板、可充填密性填料的场合。

填料函由填料函座(函体)和(压紧)螺母组成。函座采用钢质材料,螺母采用铜质材料。密封材料主要采用橡皮垫圈。

充填方法如图2-35所示。电缆穿入填料函座之前,套入螺母、(金属)垫圈、2只橡皮垫圈,电缆穿入后逐一塞入橡皮垫圈等,拧紧螺母。选用的橡皮垫圈内径与电缆外径基本一致或略小,才能保证密封。电缆穿过螺母和座孔后,拧出螺母,在座内电缆周围充填填料,再拧紧螺母。一般要求拧紧后螺母还有2~3牙螺纹,表示已有足够的填料。橡皮垫圈阻碍电缆在内拖拉,拖拉也会损坏橡皮垫圈。因此,单填料函只适宜安装在电缆的终端。

安装填料函先在甲板或舱壁上钻孔,套入填料函座,两侧烧焊。填料函的后端有绝缘层时,后端管的长度应大于绝缘层的厚度。如图2-36所示。

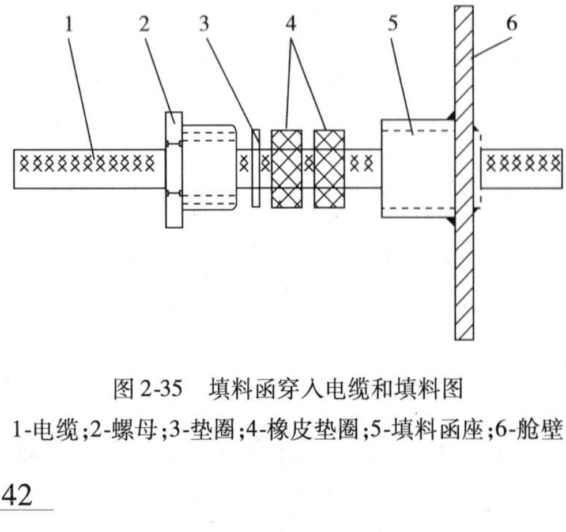

图2-35 填料函穿入电缆和填料图
1-电缆;2-螺母;3-垫圈;4-橡皮垫圈;5-填料函座;6-舱壁

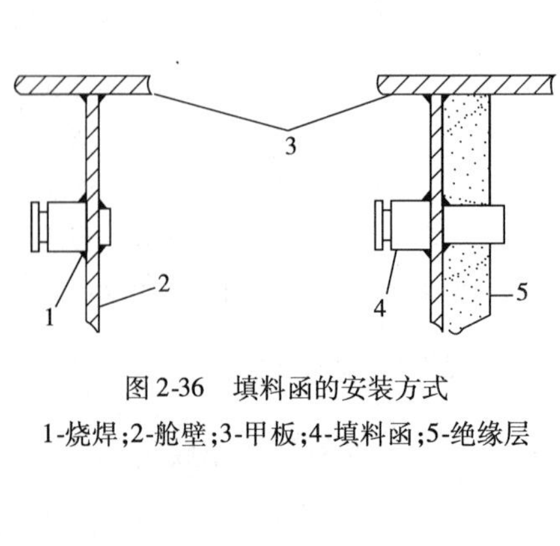

图2-36 填料函的安装方式
1-烧焊;2-舱壁;3-甲板;4-填料函;5-绝缘层

(4)组合填料函板。穿过舱壁或甲板某处的电缆较多,而该处(例如冷库)不适宜采用电缆框或电缆筒。采用多个单填料函则需要开相应多的孔。在船上施工较困难。

组合填料函板是将数个单填料函烧焊在预制的钢板上。板的裁剪、钻孔和焊接可以在车间环境进行。船上用气割开相应的孔,将板焊接在上面。如图2-37所示,制作的是一种非标的电缆贯穿件。

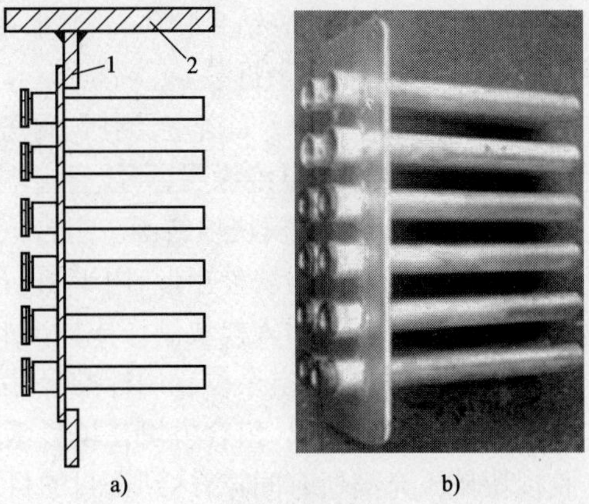

图2-37　组合填料函板的安装方式

a)图形;b)实样

1-舱壁;2-甲板

(5)电缆管。有可能受到机械损伤以及易受到油水浸入的场所,可以安装电缆管作为电缆贯穿件来保护电缆。电缆管分为非水密和水密电缆管。

非水密电缆管用于舱壁或甲板没有防水要求处,它可以单根电缆配一根管子,也可以多根电缆穿在同一根管子内。安装方式如图2-38所示。

水密电缆管是在非水密电缆管的一端烧焊一个与其直径相仿的单填料函,如图2-39所示。电缆穿过浴室、厕所、露天甲板等处采用这种电缆管能够达到防水的要求。

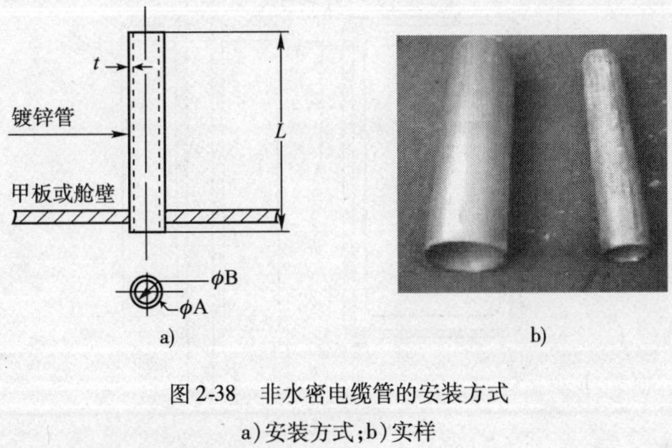

图2-38　非水密电缆管的安装方式

a)安装方式;b)实样

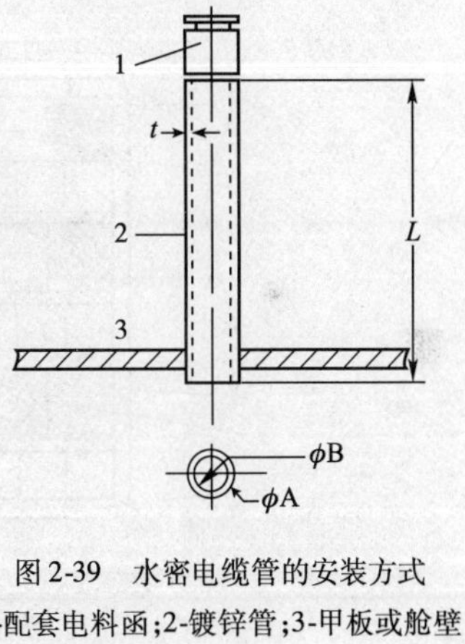

图2-39　水密电缆管的安装方式

1-配套电料函;2-镀锌管;3-甲板或舱壁

电缆管最常用的是镀锌钢管。

①选用和处理:

A. 管径的选择应使穿管电缆面积的占有率不超过40%。

B. 管口应套塑料衬套或其他非金属衬套,避免损伤电缆。

C. 如需要弯曲,管子的弯曲半径应大于管外径的1.5倍。

②施工要领:

A. 穿越甲板或铺板(花铁板),管口离底应不小于300mm。

B. 竖直安装的穿线管,上部管口应有水密填料函。与固定件之间的距离不小于200mm,便于密性施工。

C. 穿越绝缘层,管口应高出绝缘表面20mm以上。

D. 管长大于 800mm 的,除开孔处烧焊外,另一端应焊装管夹紧固。

E. 机舱舱底铺板以下的穿线管应采取防积水措施:

水平安装,管子应稍有倾斜。

U 形管,最低处应钻 8 ~ 10mm 泄水孔。

用管夹安装,便于拆装。

F. 处于潮湿舱室(如浴室、厕所、厨房等)以及露天场所,穿线管一端应有填料函。

G. 穿过冷库保温绝缘层,穿线管一端应有填料函。

(6)组合式橡胶模块填料函。组合式橡胶模块填料函(简称 MCT)采用橡胶模块作为密封填料。每根电缆用两块外矩形、内半圆(孔与电缆直径相当的)橡胶“插入模块”包覆,充填电缆周围间隙。矩形插入模块制作成标准的尺寸,内径制作成与各种电缆直径配合的尺寸。电缆在填料函内包覆,空余位置用标准尺寸的橡胶块充填,每层用衬垫块隔开,上部塞入压块和夹块,组合成密封体。组合模块在填料函壳体内逐层排列,用壳体上部的压紧螺栓压下,使橡胶模块挤压充满所有间隙,达到密封的目的。如图 2-40a)所示。

各生产厂商的模块和填料函壳体标准不尽相同。为保证安装处船体结构的强度和模块充填后的密封,填料函壳体的钢板厚度和尺寸有严格要求。壳体安装在隔舱壁或甲板上,按外形尺寸开孔、嵌入,周围烧电焊。如图 2-40b)所示。

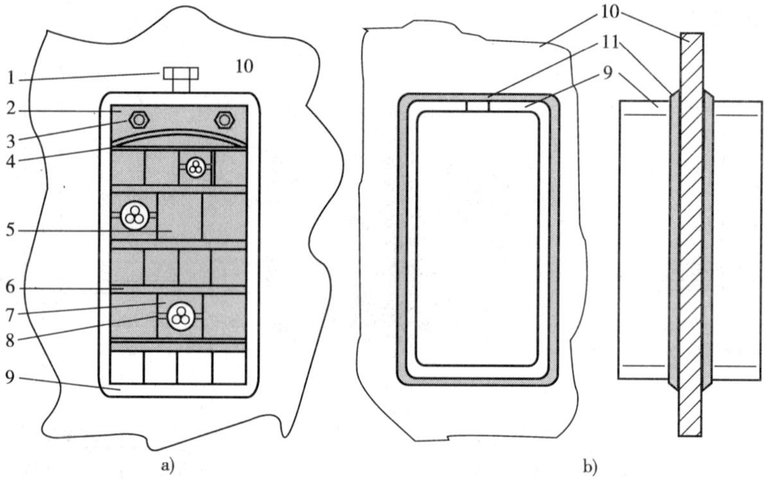

图 2-40 组合式橡胶模块填料函图

a)组合填料函模块填入示意;b)组合填料函壳体安装图

1-压紧螺栓;2-夹块;3-螺栓螺母;4-压块;5-填充橡胶块;6-衬垫块;7-插入块;8-电缆;9-填料函壳体;10-隔舱壁;11-电焊

思考与练习 SIKAOYULIANXI

1. 船舶上电气设备用的固定件有哪些?各有何特点?

2. 用于安装电气设备的样板支架有何特点?

3. 船舶上电缆用的支承件有哪些？各有何特点？

4. 在船舶上敷设电缆时，为什么经常采用 E 型组合电缆支架，其种类有哪些？

5. 电缆贯穿件有哪些？其作用是什么？

6. 电缆筒与电缆围板在使用时有什么区别？

7. 船舶隔壁上穿越多根电缆，且有水密要求时，宜采用哪种电缆贯穿件？

8. 组合式橡胶模块填料函是怎样实现密封的？

第三章　船舶电气设备安装工艺

● **学习目标**

知识目标

1. 掌握船舶电气设备安装原则和基本工艺要求;
2. 掌握船舶电气设备安装的基本方法;
3. 掌握船舶灯具的结构原理及其安装工艺;
4. 熟悉电气设备的接地种类及方法;
5. 熟悉各种电气设备的安装工艺;
6. 熟悉船舶电缆金属护套的接地形式;
7. 了解油船电气设备安装工艺。

能力目标

1. 具备分析各种船舶灯具原理的基础知识;
2. 能合理运用电气设备安装的基本方法;
3. 初步具备安装电气设备的基本能力。

随着国际海运事业的日益发展,船舶吨位不断增加,船舶电气自动化程度不断提高,船舶电气安装工作量成倍地增加,对电气设备安装工艺质量的要求进一步提高,许多新工艺替代旧工艺,船舶电工技术有了新的突破。对此,要求船舶电气安装与管理人员必须掌握新工艺以便更好地为船舶建造和生产服务。

第一节　船舶电气设备安装原则及基本工艺要求

一、船舶电气设备安装的总原则

船舶电气设备安装正确与否,是关系到整个设备能否正常运行以及经常进行维护保养的重要环节。

船舶电气设备的安装总原则是:符合规范、安全可靠、经济合理、美观舒适。

1. 符合规范

船舶航行于不同国家或地区的海域、河流中,航行区域广泛。由于船舶用途的不同,船舶的种类繁多,有货船、油船、客船、拖船、军舰等。为了有利于船舶检验部门的统一监督和管理,船舶电气设备的安装和施工务必要符合我国或国际的造船规范,这样,船舶的可航行性才能得到国内或国际的航运和港务部门的广泛认可,船舶才能获准投入运营。

2. 安全可靠

船舶作为一个独立系统,远离海岸,航行在浩瀚的大海中,安全对由于船舶来讲是十分重要的。设备的安装必须从安全出发，从最坏处着想力求安全。

船舶的工作条件比较恶劣，要经受强烈的振动、摇晃，要经受海水盐雾和船舱中的油、水、蒸汽等的侵蚀，再有一些设备在航行中不便维修，如舵机、泵系统、航行灯、信号灯等，所以船舶电气设备的选择和安装必须要可靠耐用，否则，船舶随时都有发生事故的可能。

3. 经济合理

船舶电气设备从计划到施工安装的整个过程中，需要精心设计、减少消耗、注重提高经济效益。

船舶的空间位置极为有限，要想充分利用之，必须合理地布置和安装船舶电气设备。在布置和安装的过程中，要确保电气设备的可操纵性、可维修性，以达到最佳的利用率；同时还要兼顾相邻电气设备之间的联系以及全船电气设备之间的合理有序。

4. 美观舒适

船舶电气设备在安装时还需考虑美观大方，因为船员长期生活在海上，需要美观舒适的环境；这样，既可以提高工作效率，又能够消除船员的疲劳。

二、设备安装的基本原则

(1)拆装方便、便于检修。设备安装应尽量考虑安全及维修，一般设备门能自由开到90°，设备安装高度适宜，以便对设备内部元件进行维护保养，安装场所应有足够的照明并通风良好。

(2)保护强度，保持水密。设备安装不应破坏舱壁或甲板原有的防护性能及强度，在水密的舱壁、甲板和甲板室的外围壁上不应钻孔以螺丝紧固电气设备。

(3)设备不应直接安装在主甲板以下的船壳板上。防止船壳板变形影响设备使用，同时避免设备焊装时影响船体的水密和机械强度。

(4)特种舱室，勿装电气。在易燃易爆舱室，如蓄电池室、油漆间、煤舱等处，除该处必需的防爆设备外，不应安装其他电气设备。

(5)避开高温、振动，防止油水直接侵入。安装设备要尽量避开高温和剧烈振动场合，并防止油、水直接侵入，特别是在设备顶上不能有各种油、水、蒸汽管子及法兰接头。在油、水侵蚀或蒸汽易于积聚的地方，只能安装相应防护等级的电气设备，其进线填料函应避免朝上，以防止积水渗入。如水密插座应该横装，水就不易从填料函及插头旋紧盖处渗入。

(6)安装在易受机械损伤场所的设备，其防护形式与安装场所相适应。否则，应加装必要的防护装置。

(7)舱室的封闭板内一般不应安装电气设备，但线路的分支接线盒可安装于便于开门的木制板内，且板外应配有相应的铭牌。

(8)电气设备若必须在油舱、油柜或双层底、储油舱等外壁表面安装时，设备与此类舱壁之间至少应有50mm的距离，但工作时能产生高温的电气设备(如各类电阻器)，禁止在此类舱壁表面安装。

(9)安装场所如有剧烈震动，足以影响设备的正常可靠工作时，设备的安装应采取适当的减震措施。

(10)当非铝合金设备支架安装在铝质轻围壁上时，中间应有绝缘衬垫(如橡胶布，涂有白漆的帆布等)隔开，以防直接接触引起电解腐蚀。

(11)调节电阻、启动电阻、充电电阻、电热器具以及其他工作时能产生高温的电气设备，应尽量远离木质隔板等易燃物体和其他设备安装，必要时中间应用绝热材料隔开，当设备外壳温度超过80°C时，应加防护网或在布置上予以安排，以防工作人员偶然触及而灼伤。

(12)敞开式电气设备应安装在专用舱室内，否则其带电部分应加防护罩，以防偶然触及。

(13)设备的安装都应该是可拆的，其连接应牢固，并有防止受震动而松脱的装置。

(14)除电压不超过24V，且对无线电收讯机不产生干扰的设备及具有双重绝缘的设备外，其他电气设备的金属外壳或开启式设备的金属骨架均应可靠接地。

(15)设备安装应在设备支架焊装、补漆结束后进行，以保证设备本身的油漆及部件不受损坏。同时设备安装后，应用透明塑料布包扎起来。

三、电气安装的设备配套

设备配套是内场准备工作的重要组成部分，应在船体分段制造之前着手进行，而在外场电气安装施工开始时结束。

配套工作的程度应达到外场安装电工领到设备后就可以直接往船上安装，而不再需要进行任何加工。

(1)按照设备明细表或电气安装图及电气设备布置图进行领料配套。所有电气设备应有制造厂的产品合格证。重要设备应具有相应的船检检验合格证或船用产品型式认可证或其他必需的证书，并注意其有效期限。

(2)核对设备型号、规格同设备明细表及图样是否相符，并检查设备及其零件有无缺损，必要时应测量设备的绝缘电阻。

(3)检查设备填料函的数量及规格是否与图纸要求相符。

(4)按照相关图纸，配齐及安装好设备的底脚或支架及接地附件。

(5)按照相关图纸，装好设备的识别铭牌，对具有内部接线的设备，如分电箱、启动器等，应配齐必要的开箱图。

(6)配套好的电气设备，存放在专门储备处，存放场所应保持清洁、干燥。

四、船舶电气设备的安装阶段

1. 大型电气设备安装阶段

某些船舶，因工作舱室的舱口面积较小或安装位置特殊，对于大型电气设备，如发电机组、大型电动机、主配电板、应急配电板、大型操纵台及大型控制设备等，必须在舱室的封口板安装前，或在大型机械设备(如主机、副机等)安装前，按“大型设备进舱清单”的项目及程序，将其安装完毕或安置在安装地点，以保证全船的建造进度。

大型电气设备一般为落地式安装，即安装或焊接在甲板和船体构件的基座上。

2. 普通舱壁安装阶段

所谓普通舱壁，就是指不敷设热绝缘层的钢质舱壁。在普通舱壁上安装电气设备，一般是在安装场所的船体工作已全部完成之后再进行。其安装方法一般有以下几种。

(1)单件安装法：

①组装配套安装法。按“电气设备安装配套明细表”及有关图纸，将电气设备及与之相对

应的安装附件(如支架、减振器、接地装置等)按照工艺要求进行装配,然后再将其焊到船体的舱壁上。

②样板安装法。先将设备支架装到相应的样板上,然后焊到舱壁的划线位置,拆下样板,在电缆紧固工作结束后,即将电气设备固定到支架上去。

③暗室安装法。在舱壁上按设备外形开孔,设备插入孔内安装,其正面与舱壁基本在同一平面上,而设备的主体却嵌入在舱壁内,所以亦称为嵌入式安装。

(2)组合安装法。即将几个设备安装在同一组装架上,再上船安装。这样,可以大大提高设备安装的效率。而轻质(如铝合金)或木质壁上的电气设备的安装,也可在本阶段进行。

3. 有封闭板的舱室电气设备安装阶段

(1)支架安装法。当设备质量超过5kg时,应将支架底座与船体构件相焊接,然后由木工在支架处对木质封板开孔,设备安装在支架底脚上。底脚的长度应等于钢质舱壁与木封板的距离。如设备接地采用专用接地线的,必须在封板前将接地线焊在船体构件上。如钢质舱壁与木封板距离较大,也可采用暗式安装法。

(2)直接安装法。设备质量在5kg以下时,可以直接用木螺钉固定在木封板上。但3～5kg的电气设备,应在设备固定脚对应地方的木封板后面加固木条,用木螺丝紧固设备。

4. 电气专用舱室安装阶段

电气专用舱室是指船上的电工间、电气控制屏室、广播室、雷达室、电话总机室、驾驶室及海图室等舱室,这类舱室的舱壁多数是有绝缘层加木封板的。为了确保已安装的电气设备的安全,特别是精密、贵重的设备的安全,要求在该类舱室的门窗安装完毕后进行设备安装,以保证其工作环境良好,且不易遗失。

上述电气设备安装阶段的划分是不严格的,各安装阶段的工作有时是交叉进行。

第二节　船舶电气设备安装的基本方法

一、设备安装前的准备工作

(1)根据电气设备电装图或布置图,以及安装工艺要求进行设备安装的实船定位,标出安装位置及设备名称、代号。

(2)设备的型号、规格及安装件的配套应完整、准确。

(3)临时拆除易于损坏及可能影响准确度的电气器材,要做好标记,以便装复。

(4)分散式的支架(电焊螺杆)应先安装于样板上进行焊装,如直接安装在设备底脚上一起焊装,需对设备进行保护以防飞溅的焊渣损坏设备。

(5)设备安装的施工,应在船体校正结束后进行。

(6)较重的设备应预制整体式支架。

二、设备安装的基本形式

1. 设备直接固定在基座或设备支架(电焊螺杆)上

一般大型设备、旋转电机等大多采用此法,如主配电板、发电机组、各种控制箱等。图3-1

为设备支架安装,图 3-2 为基座安装。

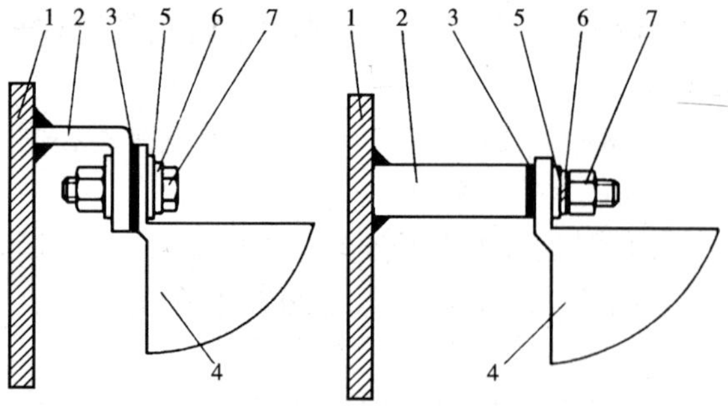

图 3-1 设备支架安装

1-船体或金属构件;2-设备支架;3-锡箔;4-设备;5-平垫圈;6-弹簧垫圈;7-螺栓

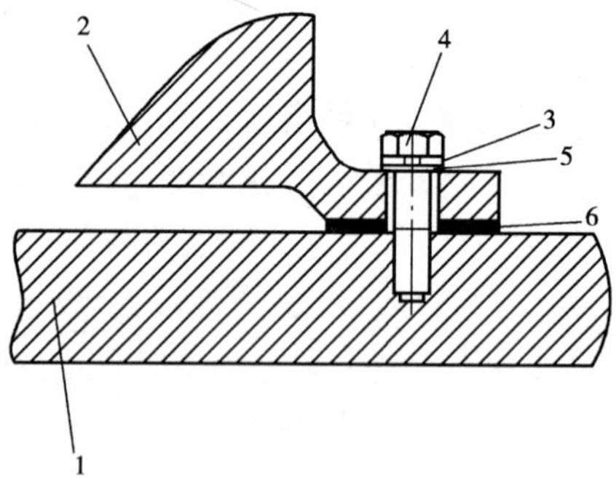

图 3-2 基座安装

1-基座;2-设备底脚;3-弹簧垫圈;4-螺栓;5-平垫圈;6-锡箔

2. 设备加木垫或橡皮固定在基座上

一些较贵重的设备为防潮和减振,可用木垫或橡皮作垫进行固定,如雷达、电罗经、自动操舵仪等,如图 3-3 所示。

3. 设备用减振器固定在支架或基座上

船舶有很多部位振动比较厉害,这些振动大多数是由主机、发电机、起货机、锚机、绞缆机等设备运行而造成的,对于抗振性能较差的设备,如电子仪器、白炽灯泡等,在安装时设备厂家会要求采用减振器。一般情况下,轻型设备如照明灯具等,可采用弹簧式(T 型)减振器;小型设备如小型变流机等,可采用平板式(A 型)减振器;中大型设备如电台等,要采用保护式(E 型)减振器。其安装方法分别如图 3-4、图 3-5 和图 3-6 所示。

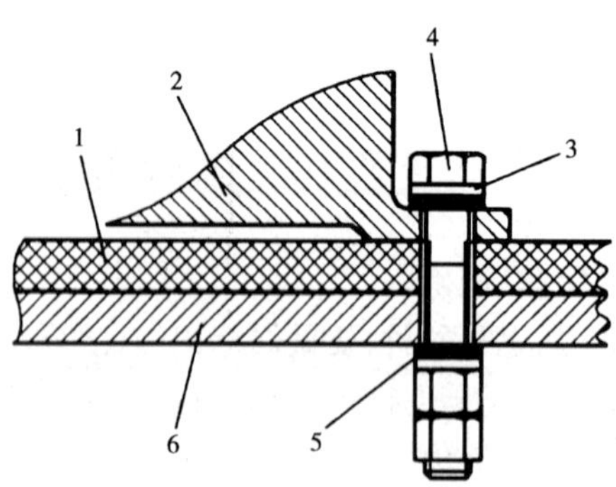

图 3-3 木垫或橡皮垫安装

1-木垫或橡皮垫;2-设备底脚;3-平垫圈;4-螺栓;5-锡箔;6-基座

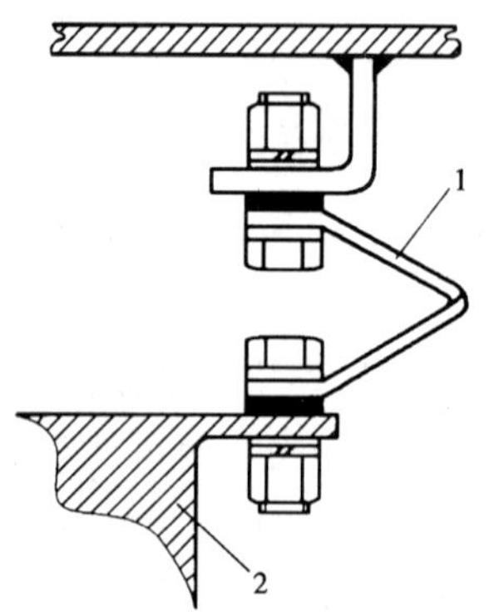

图 3-4 弹簧减振器

1-减振弹簧;2-设备底脚

用减振器安装设备时要满足以下工艺要求:

(1)检查减振器的型号、规格或数量是否符合设计图纸的要求。

(2)安装前逐一检查减振器的质量,应无裂痕及老化现象。

(3)减振器安装时应高度一致,无歪斜现象且受力应均匀。

(4)减振器安装时应保证设备工作时不致因振动而触及舱壁或其他设备,在安装设备的接地装置时要考虑设备在各方位上留有不小于50mm的自由位移。

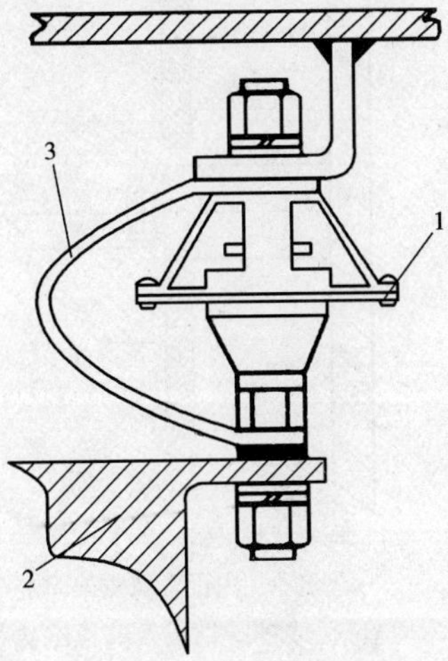

图3-5　平板式减振器

1-减振平板;2-设备底脚;3-接地跨接片

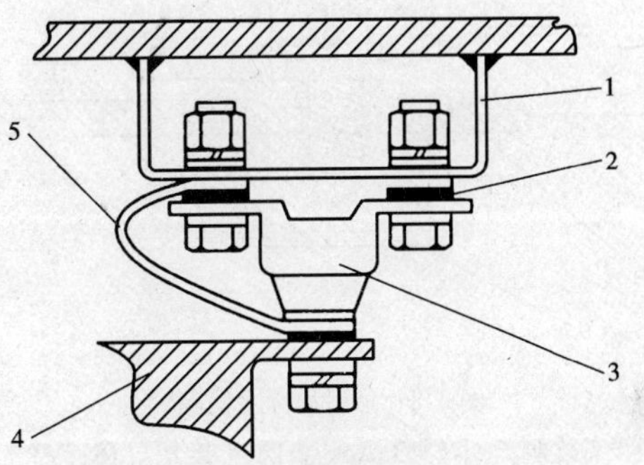

图3-6　保护式减振器

1-支架;2-锡箔;3-减振器;4-设备;5-接地跨接片

(5)引入减振设备的导线或导管应在减振器安装完24h以上再进行安装。

(6)减振器所需的数目是由设备的重量和减振器的标称负重量来决定的。减振器的标称负重量是指在设备垂直安装时每只减振器所能承担的安全负重。若减振器垂直安装但主机转速高、重心高时或减振器侧向安装时,则减振器的标称负重量的安全系数应选大1~4倍。

4. 设备固定在木质板壁(或硅酸钙板及其他防火板)上

船舶上有许多电气设备是安装在舱室内的,根据设备的重量有不同的安装方法。

重量小于1kg的设备可用木螺钉直接固定在木质板壁(或硅酸钙板及其他绝热板)上,见图3-7。

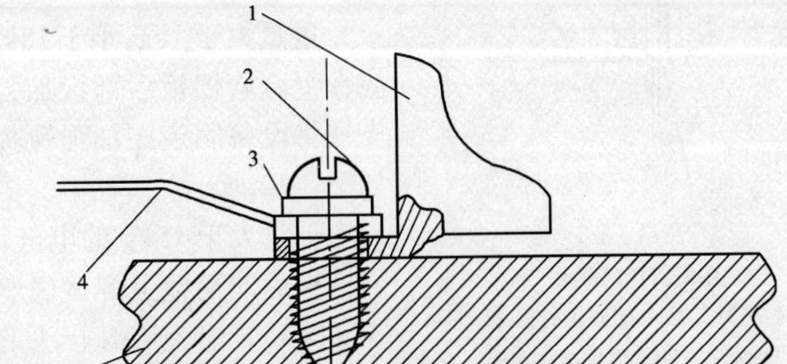

图3-7　直接固定在木质板壁上

1-设备底脚;2-木螺钉;3-平垫圈;4-接地导体;5-木质板壁(或硅酸钙板及其他绝热板)

重量为1～5kg的设备,应在内加衬加固木档,如图3-8所示。

重量大于5kg的设备,应在板壁内设金属支架,如图3-9所示。

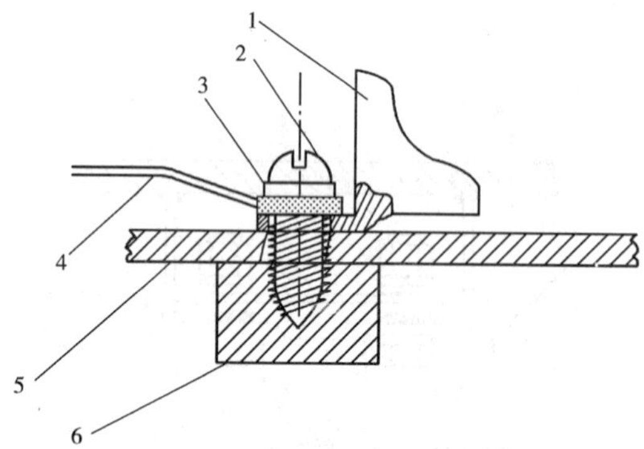

图3-8 加衬加固木档固定

1-设备底脚;2-木螺钉;3-平垫圈;4-接地导体;5-木档;6-木质板壁(或硅酸钙板及其他绝热板)

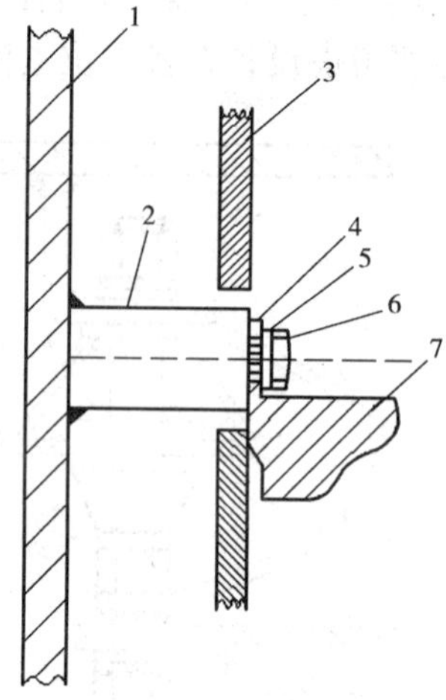

图3-9 内设金属支架固定

1-木质板壁(或硅酸钙板及其他绝热板);2-支座;3-钢质舱壁;4-平垫圈;5-弹簧垫圈;6-螺栓;7-设备底脚

5. 设备固定在铝质轻围壁上

在进行设备安装时可采用抽芯铝铆钉将支架固定在铝质轻围板上,在设备底脚和铝质轻围板间应加垫上锡箔。为了使接地可靠,应在设备底脚上另外引出接地导体。该方法可用于轻型设备的安装,如图3-10所示。

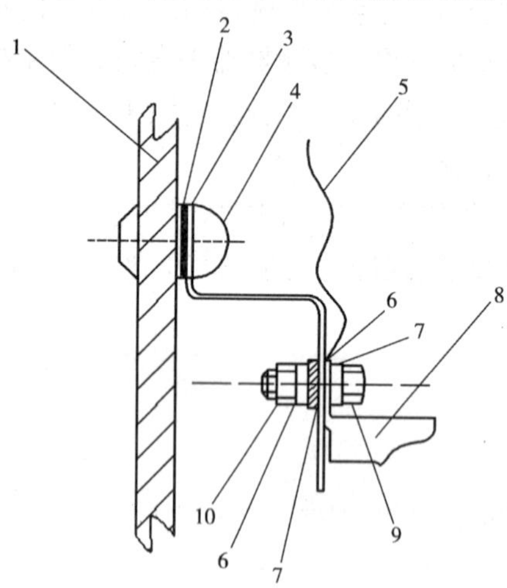

图3-10 固定在铝质轻围壁上

1-铝质轻围壁;2-绝缘衬垫;3-支架;4-铝质铆钉;5-接地导体;6-弹簧垫圈;7-平垫圈;8-设备底脚;9-螺栓;10-螺母

6. 设备固定在复合岩棉板上

重量小于1kg的设备,可用自攻螺钉或抽芯铝铆钉将设备直接固定在复合岩棉板上,如图3-11所示。

重量大于1kg,小于15kg的电气设备安装,应在复合岩棉板后部设加强覆板,然后用套筒支柱将设备固定在加强覆板和岩棉板结构上,如图3-12所示。

重量大于15kg的电气设备安装应在复合岩棉板后部钢壁上焊接底座,然后将设备固定在支架和岩棉板结构上,见图3-13,或使用支座(电焊螺杆)来固定电气设备,如图3-14所示。

三、设备安装紧固要求

为保证电气设备的使用安全可靠,在安装紧固时必须符合一定的要求。

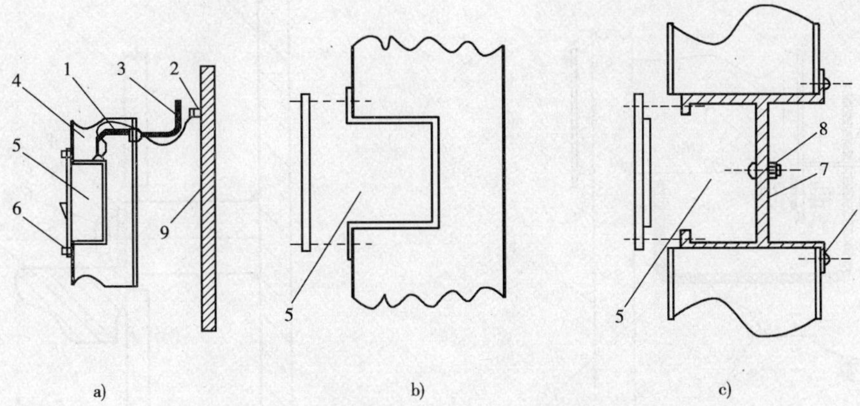

图 3-11　用自攻螺钉或抽芯铝铆钉直接固定在复合岩棉板上

1-接地导体，铝质轻围壁；2-接地螺栓，绝缘衬垫；3-电缆，支架；4-复合岩棉板，铝质铆钉；5-电气设备；6-自攻螺钉或抽芯铝铆钉；7-桥形底板；8-紧固螺钉、螺母；9-钢质舱壁

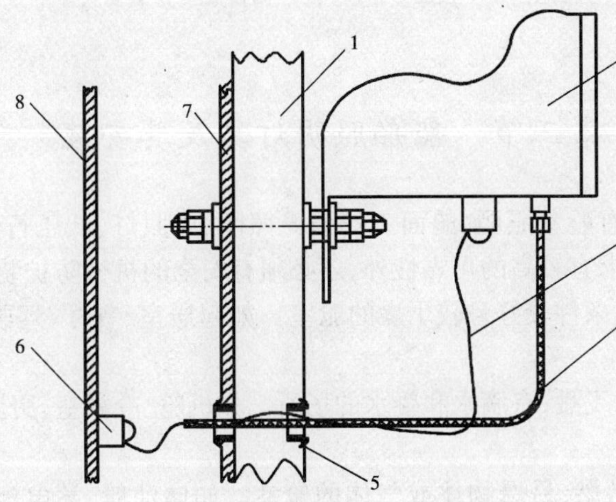

图 3-12　用套筒支柱将设备固定在加强覆板和岩棉板结构上

1-复合岩棉板；2-电气设备；3-接地导体；4-电缆；5-电缆衬套；6-接地螺栓；7-加强覆板；8-舱壁

（1）设备支架的选择应保证足够的强度。

（2）设备基座或支架的焊接应牢靠。当设备装在支架上焊接时，应注意设备外壳，特别是尼龙材料的外壳不被灼伤。

（3）紧固件应为镀锌或具有其他金属镀层。

（4）设备紧固应设置弹簧垫圈和平垫圈。弹簧垫圈应装在螺母一侧。如用两只螺母锁紧或采用其他锁紧装置时，可不装弹簧垫圈。

（5）螺丝、螺母紧固后，其螺丝的螺纹应伸出螺母不少于 2 ~ 3 牙。

（6）采用搭牙螺丝紧固时，螺丝旋紧后其搭牙部分的深度应不小于螺丝直径的 0.8 倍。

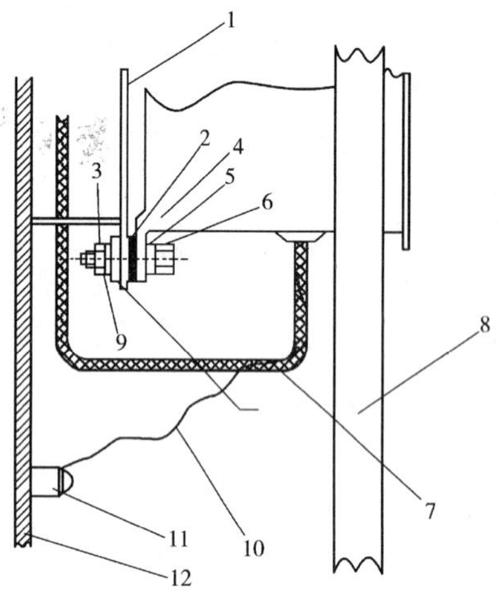

图 3-13 固定在支架和岩棉板结构上

1-设备底座;2-锡箔;3-螺母;4-设备底脚;5-平垫圈,电缆衬套;6-螺栓;7-电缆;8-复合岩棉板;9-弹簧垫圈;10-接地导体;11-接地螺栓;12-钢质舱壁

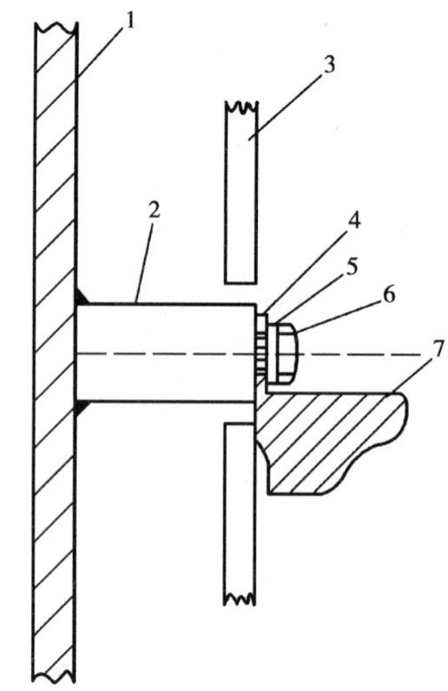

图 3-14 用支座(电焊螺杆)固定在岩棉板上

1-钢质舱壁;2-支座;3-复合岩棉板;4-平垫圈;5-弹簧垫圈;6-螺栓;7-设备底脚

第三节 船舶照明灯具及其安装

船舶照明系统主要有舱室照明、舱面工作强光照明、探照灯、低压行灯、航行灯及信号灯等。对于船舶灯具除要求有较高的可靠性外,还必须有安全的机械防护装置。

保护式:适用于环境条件较好且较干燥的舱室。如起居室、餐厅、驾驶室、海图室、无线电室及内走廊等场所。

防水式:适用于有水飞溅,有滴水和凝水的场所。如机舱、冷藏室、厨房、卫生间、露天甲板及外走廊等场所。

防爆式:适用于有易燃、易爆物体或气体的舱室。如储油舱、蓄电池室、油漆间、货油泵舱等。

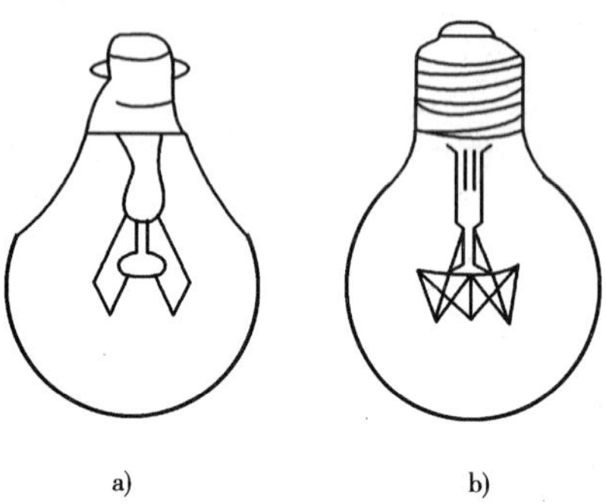

图 3-15 白炽灯泡

a)插口式;b)螺口式

一、船用灯具的种类和结构

1. 白炽灯

结构简单,使用可靠,价格低廉,其相应的电路也简单,因而应用较广。其主要缺点是发光效率较低,寿命较短。图 3-15 为白炽灯泡外形。

白炽灯泡由灯丝、玻壳和灯头三部分组成。其灯丝一般都是钨丝制成的。玻壳由透明或不同颜色的玻璃制成。40W 以下的灯泡,将玻壳内抽成真空;40W 或以上的灯泡,在玻壳内充有氩气或氮气,使钨丝不易挥发,以延长灯泡寿命。灯泡的灯头，有插（卡）口和螺口两种形式，功率超过300W的灯泡，一般采用螺口式灯头。船上除双丝灯采用插口外，其余一般都采用螺口，这样防震性较好。

白炽灯的工作原理为：当钨丝通以电流时，因发热至炽而发光。

白炽灯的规格很多，按其工作电压，可分为6V、12V、24V、36V、110V和220V六种。白炽灯的功率有25W、40W、60W、100W、300W、500W、1000W等多种功率，安装使用时，必须注意工作电压与线路电压一致、灯泡功率与灯具功率一致。一般白炽灯的寿命为1000h以上，但如电压不稳、开关次数频繁、散热不良和剧烈振动都会影响白炽灯的寿命。如电压超过额定电压5%，寿命减少50%；电压低于额定电压5%，寿命虽然有所增加，但发光效率就会大为降低。

2. 日光灯

日光灯也叫荧光灯，也是应用较普遍的一种照明灯具。日光灯由灯管、起辉器、镇流器、灯架及灯座（脚）等组成。

（1）灯管。灯管由玻璃管、灯丝及引出脚（灯脚）等组成，如图3-16所示。玻璃管内抽成真空并充入少量的水银和氩等惰性气体，管壁涂有荧光粉，灯丝涂有电子粉。

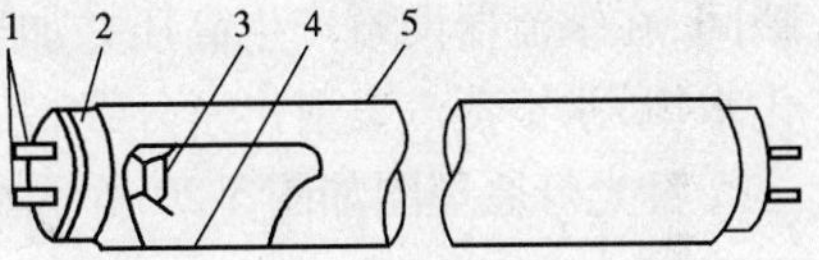

图3-16 日光灯管结构图

1-灯脚；2-灯头；3-灯丝；4-荧光粉；5-玻璃管

（2）起辉器。起辉器由氖泡、纸介电容、出线脚及外壳等组成，如图3-17所示。氖泡内装有U形双金属片触头，根据氖泡放电发热情况而通断；纸介电容是为了减少火花保护触头，消除日光灯对无线电设备的干扰。起辉器的作用是在开灯时能自动通断电路，使镇流器产生高压让灯管起辉。

（3）镇流器。镇流器（电磁型）主要由铁芯和线圈等组成，如图3-18所示。镇流器线圈与灯管串联产生脉动高压，使灯管起辉，工作时限制电流。因为日光灯灯管较长，冷态阻抗较大，所以在启动时必须有一较高的电动势来击穿管内气体，形成冲击电弧，促使灯管内水银蒸汽游离，当水银游离后，灯管阻抗变小，这时必须限制灯管内通过的电流，于是镇流器便起到了上述两个作用，所以镇流器线圈匝数及铁芯气隙的大小，直接会影响到灯管的起辉、亮度和寿命。由于气隙大小与镇流器的功率有关，镇流器功率必须与灯管功率相一致。

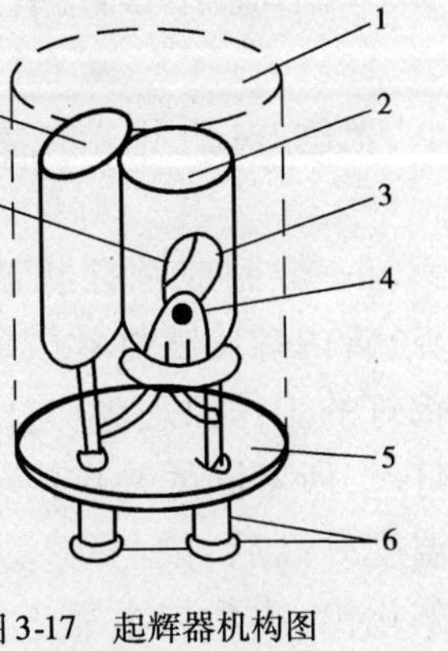

图3-17 起辉器机构图

1-铝壳；2-玻璃泡；3-动触片；4-涂铀化物；5-绝缘底座；6-插头；7-静触片；8-电容器

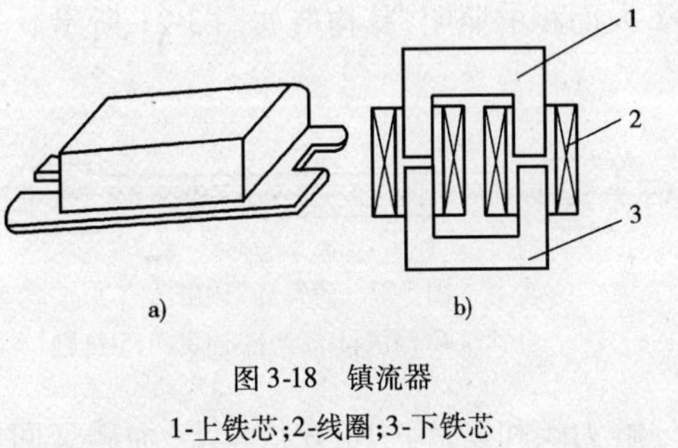

图3-18 镇流器

1-上铁芯；2-线圈；3-下铁芯

镇流器（电磁型）可分为单线圈镇流器和双线圈镇流器两种。单线圈镇流器适用于电压波动较小的场合；双线圈镇流器启动性能好，适用于电压波动较大的场合。

另一类型的镇流器是电子镇流器，它也被广泛地使用着。

（4）灯架与灯座。灯架用于支撑、安装灯管及起辉器座等，有木质和铁质两种，其规格应与灯管长度相适应。

灯座用以卡接灯管，有开启式和弹簧式（插入式）两种，其中弹簧式灯座如图 3-19 所示。

灯座规格有大型的和小型的两种，大型的适用于 15W 或以上的灯管，小型的适用于 6W、8W 及 12W 的灯管。

（5）电容器。用来提高日光灯线路的功率因数。

日光灯的工作原理为：接通电源后，电源电压经由镇流器、起辉器、灯丝并引起氖泡辉光放电；氖泡内双金属 U 形片因辉光放电发热而向外伸胀，至一定程度后 U 形片接通；U 形片接通后，组成电流的回路，灯丝预热并发射电子（此时灯管两端发红光而中间未点燃）。U 形片接通后因无电压而停止辉光放电，并因逐渐冷却而收缩，至一定程度分断，电流的回路断开；断开瞬间，在镇流器两端产生高压并加至灯管两端，使灯管内惰性气体被电离而引起弧光放电，汽化水银，水银蒸汽发射出紫外线，紫外线激发管壁的荧光粉，发出近似日光的灯光。

日光灯原理图如图 3-20 所示。

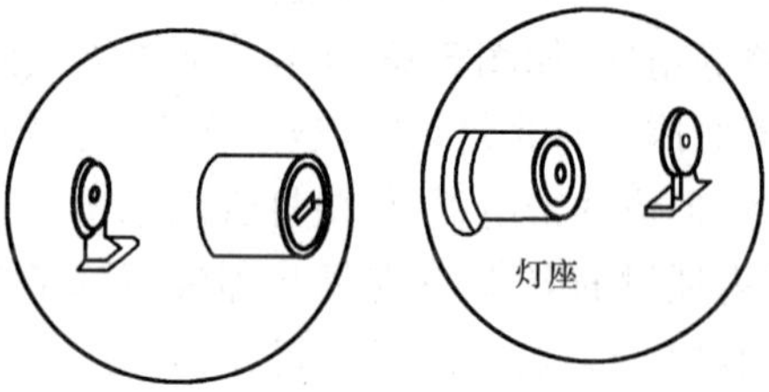

图 3-19　日光灯座

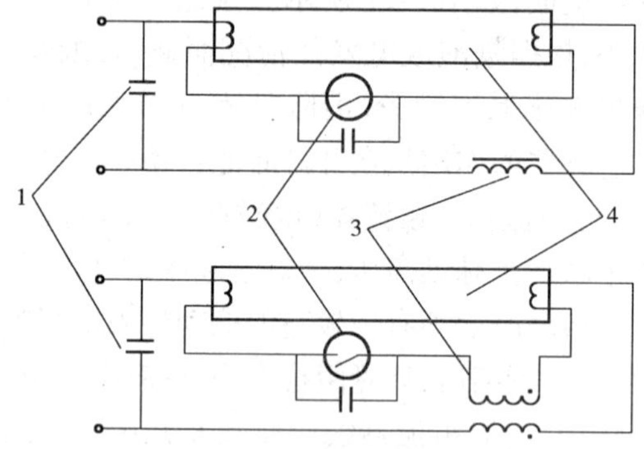

图 3-20　日光灯原理图

1-电容器；2-起辉器；3-镇流器；4-灯管

3. 碘钨灯

碘钨灯是一种发光效率较高的照明灯具，它体积小、光色好（近日光）、寿命长，广泛地用于大面积的照明，其构造如图 3-21 所示。

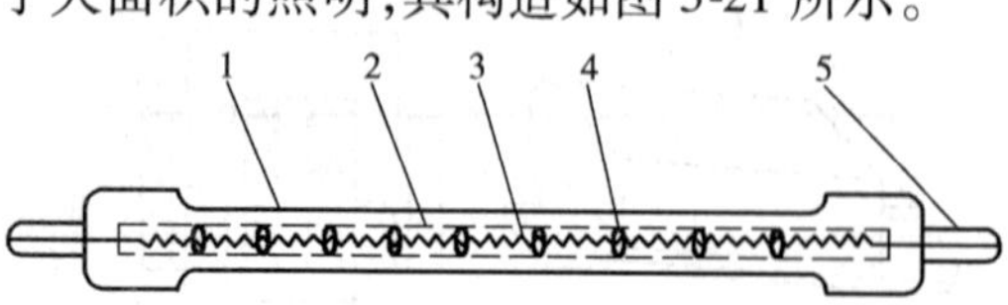

图 3-21　碘钨灯结构图

1-灯管；2-碘钨汽；3-灯丝；4-固定圈；5-灯脚

碘钨灯一般制成圆柱状玻璃管，两灯脚为电源接点；管内螺旋状灯丝放置在灯丝支架上。

碘钨灯的工作原理为：与白炽灯类似，发光体均为灯丝，所不同的是在碘钨灯管内充有碘。当管内温度升高后，碘与灯丝上蒸发出来的钨化合成碘化钨，碘化钨在靠近灯丝的高温处又分解为碘和钨，钨积留在灯丝上，而碘又回至温度较低的位置。如此循环，提高了发光效率，延长了灯丝寿命。其寿命为 1600 ~ 2000h，发光效率比白炽灯高 30%。

碘钨灯安装时要避免接近易燃物品，且灯管水平倾斜不能大于 5°，否则会破坏碘循环，使灯丝粗细不均,降低寿命。

4. 高压水银灯

高压水银灯一般作为舱面装卸作业和机舱照明灯具,利用高压水银蒸汽中电弧放电激发管壁内涂的荧光粉而发光。所以也称为高压水银荧光灯。其特点是发光强、省电、耐用。主要由放电管、玻璃外壳及灯头等组成,如图 3-22 所示。

高压水银灯的工作原理为:接通电源后,电压加在辅助极 4 和相邻的下主极 3 之间的同时也加在上、下主极之间;辅助极和下主极间产生辉光放电,放电管温度上升,水银蒸发管内压力升高,接着上、下主极间产生弧光放电,放电管内水银蒸汽电离放电而产生紫外线,紫外线激发玻璃壳内壁上的荧光粉,从而发出近似日光的光线。因为辅助极上串有一个阻值很大的电阻,当上、下主极放电后,下主极与辅助极之间便停止放电,故当灯熄灭后,一般需要等待 5 ~ 10min 后才能再开,以防损坏灯管。因灯泡工作时放电管内水银蒸汽的压力很高,故而称之为高压水银荧光灯。高压水银灯需点燃 8 ~ 10min 才能正常放光。高压水银灯必须和镇流器配套使用,参见图 3-23。

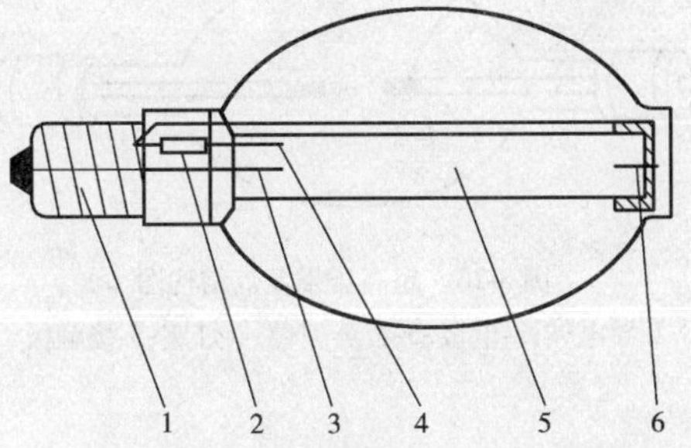

图 3-22　高压水银灯结构图

1-灯座;2-电阻;3-下主极;4-辅助极;5-内管;6-上主极

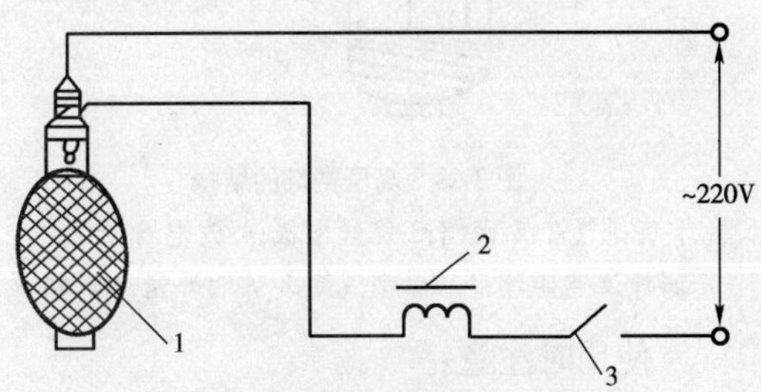

图 3-23　高压水银灯原理图

1-高压汞灯泡;2-镇流器;3-控制开关

5. 高压钠灯

高压钠灯具有发光效率高、用电省和透雾能力强的特点,适用于舱面装卸作业和机舱照明灯具。

高压钠灯的结构如图 3-24 所示,其主要由灯丝、双金属热继电器、放电管及玻璃外壳等组成。接通电源后,电流经镇流器、热电阻及双金属片常闭触头而形成回路(此时放电管内无电流)。经一段时间,热电阻发热,双金属片断开,在镇流器内产生高压,促使放电管内氙气因电离而放电,温度升高,继而蒸发水银而放电。当管内温度进一步升高后,钠也因蒸发而放电,产生出较强的可见光。

高压钠灯的原理图如图 3-25 所示。

6. 超高压汞氙灯

超高压汞氙灯的特点是光色好、发光效率高、更接近于太阳光色。一般用于船舶夜航等强光照明场合。它是利用灯泡内充入高压氙气,并加入适量的水银经高电压触发而发光的,使用时必须要有一套专用的触发装置。其结构如图 3-26 所示。

工作原理:合上开关 QS,按下按钮 SA,则 T_1 次级得到近 4000V 的高压,使 EL 的火花间隙被击穿放电,C_3 与 T_2 产生串联谐振,即形成阻尼振荡,在 T_2 次级得到 40 ~ 50kV 的高频电压,经

C_4使灯泡产生弧光放电,持续一定时间,松开SA,加到灯泡两端的220V交流电压维持其继续发光。原理图见图3-27所示。

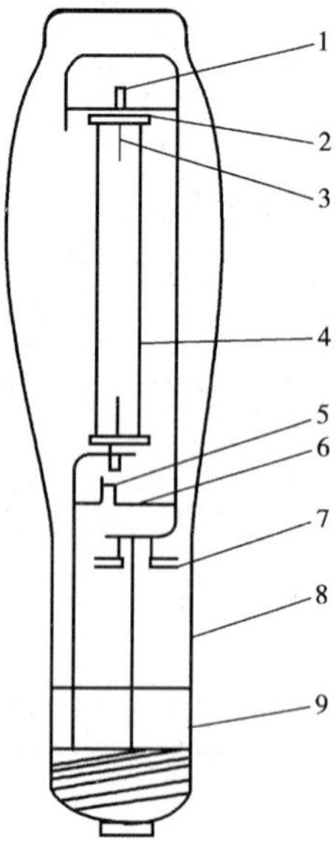

图3-24 高压钠灯的结构

1-铌排气管;2-铌帽;3-铌丝电极;4-放电管;5-双金属片;6-电阻丝;7-钡钛消气剂;8-玻璃外壳;9-灯帽

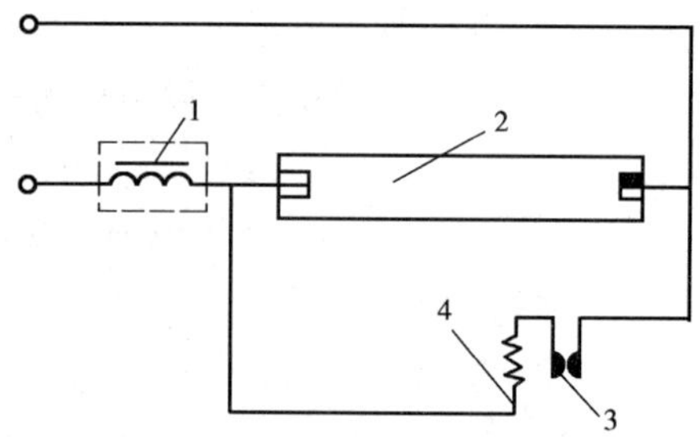

图3-25 高压钠灯原理图

1-镇流器;2-放电管;3-热继电器;4-热电阻

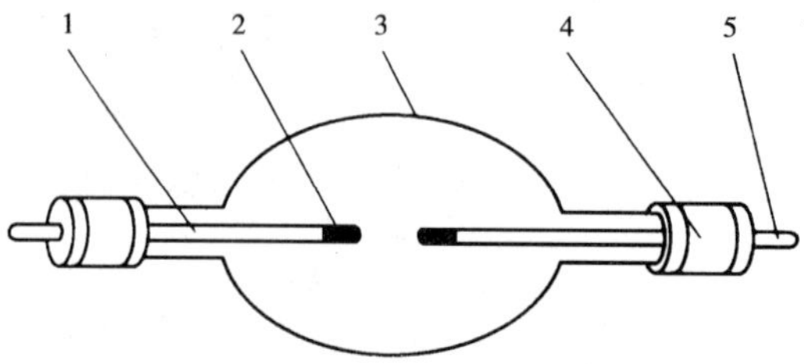

图3-26 超高压汞氙灯结构图

1-导电体;2-电极;3-石英玻璃;4-灯座;5-接触极

使用时注意:

(1)灯泡应垂直点燃,角度偏差不大于15°。

(2)灯泡正常工作时内部压力达十几个大气压,所以必须有安全防护。

(3)灯泡必须与相应的镇流器和触发器配套使用。

(4)安装灯泡时避免用手直接接触,以免影响亮度。

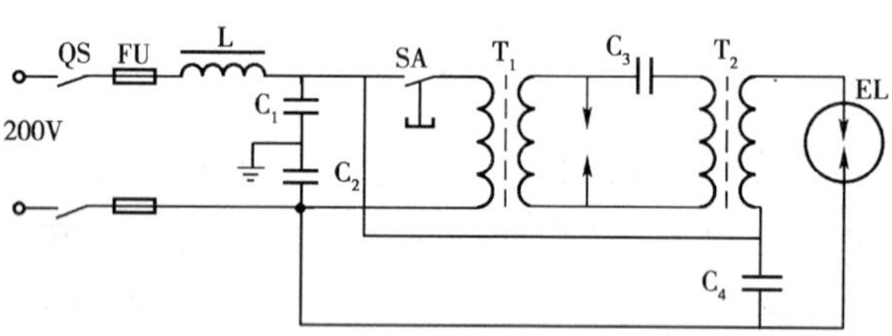

图3-27 超高压汞灯原理图

L-镇流器;SA-启动按钮;T_1-升压变压器;T_2-脉冲变压器;C_3-谐振电容;C_4-耦合电容;EL-灯泡

二、船舶常用灯具安装工艺

船舶照明灯具的安装质量,直接关系到船舶照明系统能否正常工作和安全航行,所以在船舶照明灯具的安装过程中,必须严格安装工艺的要求。

1. 舱室照明灯具的安装工艺

(1)照度均匀,布置合理:舱室照明灯具应参照室内器具的具体位置及舱室结构适当布置，首先应保证操作及工作地点有必要的照明，并尽量保证舱室各处的照度。

(2)双路供电，交叉布置：具有两个分路供电的舱室照明灯具应交叉或间隔布置。

(3)露天保护，应急标志：安装在货舱外走道露天甲板等其他易受机械损伤的场所的灯具，应有防护罩。应急照的灯具，其外壳应有红色应急标志，且该标志贴在灯具外壳的位置应统一。

(4)床头灯：床头灯安装的位置一般为高于床铺板750mm，离床头(一般以靠近船艏或船舯的一端为床头)300mm的侧壁上，或顶头中间。

(5)镜灯及壁灯：壁灯的一般安装高度为距地板1800mm；镜灯的一般安装高度为镜子上方100mm。

2. 投光灯、探照灯及航行信号灯的安装工艺

(1)便于操纵：投光灯及探照灯的安装应便于操纵，并应保证其可动部分在工作需要的照射范围内转动灵活无阻，光线不受阻碍。

(2)配备灯座：投光灯及探照灯应设行专用的灯架或灯座，灯架或底座的高度及形式与灯具的工作要求相适应。

(3)保证水密：探照灯安装时，应在其底部或底座间垫以厚度不小于5mm的橡皮，以保证水密。对于在室内用连杆控制的探照灯，其连杆的安装亦应保证水密及操纵灵活。

(4)高压标志：气体放电型投光灯的高压触发装置应安装在带有“高压危险”标记的金属箱内，金属箱内应尽量装在人员不易触及的地方。

(5)符合规范：航行信号灯的安装位置、高度及要求，应符合有关信号设备规范的规定。

3. 照明附具的安装

(1)通断一致：暗式照明开关的安装，其扳柄方向应一致，扳柄向上为“接通”，扳柄向下为“断开”。

(2)双极切断：潮湿和有爆炸危险的场所，其照明开关应能切断所有绝缘极。

(3)插座方向：防水插座及开关插座的安装，其插口不应朝上，并尽量避免向左，壁式安装的非水密插座的电源孔应为水平方向，接地孔在电源孔上方。

(4)窗口安装：可开启的舷窗下方不得安装非水密电气设备。

(5)线盒铭牌：分路接线盒外应设有与系统图、布置图代号或名称相一致的明显耐久铭牌，铭牌的材料应为滞燃。

(6)禁用附件：机舱所处花钢板以下及封闭的燃油和滑油分油机室内，不应安装插座。油漆间、蓄电池室、消防控制站、行李舱、粮食舱、冷藏舱等的照明开关不应设在室内。行李舱、粮食舱、冷藏舱的开关应装有照明指示。

(7)照明附具的安装高度参照表3-1的规定(高度为地面至设备下沿)。

4. 日用电器的安装

(1)壁扇和顶扇的安装位置，应保证在转动时，不受阻碍且不致影响人身安全。壁扇安装高度一般为距地面1.8m，顶扇的安装高度一般为其转动时的最低点距地面不小于2.0m。

(2)电取暖器必须固定安装，安装场所不应有可燃物体及尘埃积聚。电取暖器如安装在可燃材料附近时，二者应离开适当距离或采取绝热隔垫的防护措施。

照明附具的安装高度

表 3-1

附具名称	安装高度	附　注
室内开关及走道暗式开关	距地面 1.4m	靠近开门的一侧安装
室内水密开关及走道防水开关	距地面 1.5m	靠近开门的一侧安装
台灯插座	距台面 0.15m	在台面左侧避开窗口
台式电话插座	距台面 0.15m	避开窗口
台扇插座	距台面 0.15m	
壁扇插座	距地面 1.8m	
室内防水插座,开关插座	距地面 1.3m	
落地暗式插座	距地面 0.3m	避开窗口
高低压插座箱	距地面 1.3 m	

三、船舶航行讯号灯具及安装

船舶除了照明用灯外,还有其他一些特种灯具,是为了船舶在夜间航行时需要表明船舶位置、船舶性质、工作状态、拖带情况和船舶之间联络信号等。必须按照有关船舶避碰规则配置各种航行灯、信号灯和莫氏信号灯等灯具,以保证夜航的安全。

1. 航行灯

又称“号灯”。一切航行于公海(包括能与公海连通的水域、江河、湖泊)的船舶必须严格按照《国际海上避碰规则》和我国《海轮信号设备规范》所规定的数量和类型设置各种航行灯。航行灯用于表示夜间本船的航行方向和本船的大小。它是由驾驶室内的航行灯控制器来控制的。航行灯包括:桅灯、舷灯、尾灯及桅顶灯。

(1)桅灯:白光,装于前桅及后桅的前方,当船长小于 45.75m 时,只在主桅上设桅灯。当有前、后桅灯时,两具桅灯前后相距不小于 13.71m,高低相距不小于 4.57m。最低一盏桅灯必须高出水面 6.1m。灯光向前照射,水平照射角度从船首向左右各 112.5°。

(2)左舷灯:红光,装于左舷舷侧。灯光向左前方照射,照射角度从船首向左舷 112.5°。

(3)右舷灯:绿光,装于右舷舷侧。灯光向右前方照射,照射角度从船首向右舷 112.5°。

红、绿舷灯一般安装在驾驶甲板两侧舷边。舷灯内侧有一道向前伸出 0.91m 的挡板,1982 年《国际海上避碰规则》规定挡板为黑色,而在此以前,挡板的颜色与舷灯一致。

(4)尾灯:白光,装在后桅或上层建筑或尾旗杆的后方。灯光向尾照射,照射角度自尾向左右各 67.5°。

在小型船舶上一般是一座灯具一盏灯。现代较大的船舶则采用两盏灯联装的航行灯,一旦一盏灯损坏,另一盏备用灯可以马上启明。

(5)桅顶灯,也称“锚灯”。白光,装于桅杆顶端。水平照射角度 360°,环照。

航行灯控制器必须采用两路电源供电,各路航行灯要有故障报警和指示装置,并采用双灯丝灯泡,以便在故障时能迅速地作出判断,并能及时地进行切换。常见的晶闸管航行灯控制器原理电路如图 3-28 所示,其工作原理如下:

合上电源开关 QS、SA_8 及相应的各路航行灯开关,在正常情况下航行灯 $EL_1 \sim EL_7$ 及工作

指示灯 $EL_8 \sim EL_{14}$ 发光，报警电路三极管 V_8 得到正电源，由于 $R_1 \sim R_7$ 上有大电流流过，产生大于 1V 的电压，使二极管 $V_1 \sim V_7$ 两端反相截止，V_8 基极高于 1.4V，V_8 饱和导通，其集电极电位小于 1V，V_9 截止不能导通，无报警声。

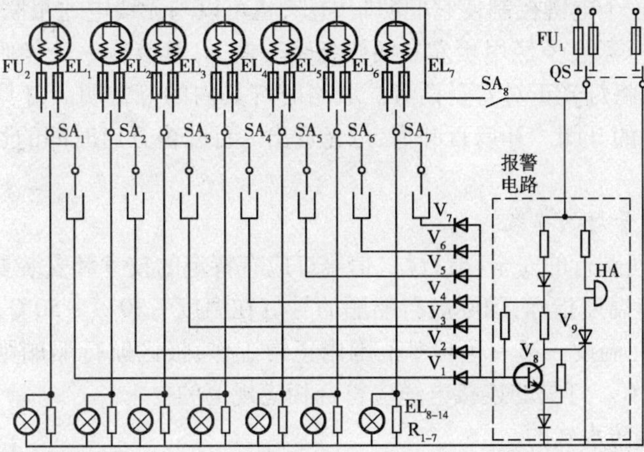

图 3-28　晶闸管航行灯控制器原理图

某一路灯丝断路后(例如第二路)，第二路主电路不通，R_2 两端几乎没电流，EL_2 指示灯熄灭，V_2 阴极接地，使得二极管 V_2 导通，三极管 V_8 基极电位小于 1V，V_8 截止集电极输出高电平，触发晶闸管 V_9 控制极，使其导通，电流流过扬声器 HA，发出报警声，值班人员根据熄灭的指示灯，将双灯丝控制开关切换到另一位置，航行灯继续工作。

2. 信号灯

船舶在夜间航行时，为了表明船舶火灾、失控、转弯、通过狭窄水道的状态，进行船舶之间联系，必须安装各种信号灯具。为了保证信号灯工作的可靠性，必须采用两路独立的电源供电，并且信号灯控制器上应有表明信号灯工作状态正常与否的指示灯。信号灯全都为 360°环照灯，安装在雷达桅两侧或独立的信号灯杆两侧，有白光、红光和绿光，用于表示船舶的作业状态。例如船舶夜间在黄浦江苏州河口掉头，必须按规定在同一垂线上开启红、绿、白信号灯各一盏。而这些规定又因地而异，所以，信号灯杆两侧通常装上红、绿、白环照灯多盏，以满足各种规定的需要。

船舶夜航时开启桅灯、尾灯及舷灯。有拖带时，开启两盏桅灯以及尾灯及舷灯。若拖带长度超过 183m 时，则要开启 3 盏桅灯。

锚泊时，关闭航行灯而开启锚灯。搁浅时，在开启锚灯同时再开启两盏红信号灯。若是白天，则升挂三个黑球。

船舶失控时，在夜间应开启航行灯并同时开启两盏红信号灯，白天则悬挂两个黑球。

拖网渔船作业时，在夜间，除开启航行灯外还开启一白一绿信号灯；在白天是悬挂黑色双锥体。

3. 闪光信号灯

船舶与陆岸或其他的船舶进行通讯联络可以采用无线电报、高频无线电话、悬挂信号旗以及手旗通讯等方法，在夜间还可以用长短的灯光来“通话”。国际通用的莫尔斯电码以“·

—”表示字母“A”,以“—...”表示字母“B”,......以长短的灯光组合便能表示各个字母,从而组成语句或代号。用来发出莫尔斯信号灯光的常用灯具有两种:

(1)莫尔斯信号灯,白光,360°环照。在桅杆上悬挂信号旗的横桁左右两端各设置一盏。两盏莫尔斯信号灯用一个电键控制使它们明暗同步,也可以与无线电通报联动。

(2)闪光信号灯,一般在罗经甲板左右两侧各装一盏,灯具装在一个能俯仰和旋转的底座上。进行灯语联络时,将灯光正对着受话者。联络时灯具内的灯常明。灯具前盖是一个百叶窗,由手柄控制百叶窗的开闭。开启百叶窗,灯光透出。百叶窗开启时间的长短就是灯光明亮的长短。

4.船舶航行灯、信号灯的安装

为了保证船舶夜间航行的安全,航行灯、信号灯应有特定的技术和安装要求:

(1)应适应的环境温度指标:国际航行船舶的号灯在温度 -30 ~ +50℃范围内正常工作;国内航行船舶的号灯在温度 -25 ~ +40℃范围内正常工作;极区航行船舶则应特殊考虑。号灯的温度不得超过50℃。灯具的连接电缆应符合相应规范的要求。

(2)电气号灯应是防水式的。

(3)电气号灯的绝缘电阻,在常态时应为100MΩ,湿态时应为5MΩ。其绝缘强度在电源电压100V以下时,应能承受50Hz、500V交流电,历时1 min;在电源电压100V或100V以上时,应能承受50Hz、2000V交流电,历时1 min;其结果均击穿与闪烁现象。

(4)号灯应采用耐海水腐蚀的材料制成,若用钢制材料,则应涂以有效的保护层。经常启闭的零件,不得采用铝合金。号灯灯壳内部宜涂以无光黑漆,外部涂以灰漆。

(5)灯壳外部应有铭牌,内容包括灯名、能见距离、灯泡(或灯芯)规格、电源电压、厂名、厂号及出厂日期;小型号灯因条件不许可时,可用制造厂标志代替铭牌。

(6)航行灯、信号灯的安装位置、高度及具体要求,应符合规范的规定。

(7)信号灯的电键的安装位置,应设在驾驶室两翼的前沿,如果装有三只的话,另一只应设在驾驶室的前沿。其安装高度应便于操纵,一般为距甲板1m左右。

第四节　各类电气设备安装的安装工艺

一、电机的安装

(1)发电机组的安装,其转轴应与船舶首尾线平行。其他卧式电机的转轴也尽量与首尾线平行。立式电机的转轴应与船舶水线平面垂直。

(2)电机的安装应留有测量转速、观察火花、维护换向器和碳刷架的空间。机组应有共同底座。

(3)电机的联轴器及皮带轮或链轮传动部分,必须装有可拆卸的护罩。

二、主配电板及应急配电板的安装

(1)配电板面板前通道的宽度应至少为800mm,后通道的宽度至少为600mm,如配电板的结构形式为可在前面和侧面进行检修,维护和更换部件时,允许后面不设通道。

(2)配电板前后应铺有防滑和耐油的绝缘地毯或经绝缘处理的木格栅。

(3)配电板的上方不应装有油、水及蒸汽管,如不能避免时,则应采取有效的防护措施,油柜及其他液体容器,不得在上述区域安装。

(4)安装在单底机舱内的落地式主配电板的底座应为具有水密性能的封闭式底座。即底座本身及与船底壳板之间的焊接、引入电缆的电缆管与底座的焊接,均应具有水密性能,以防油水在底座内积聚。

(5)配电板后面通道的入口处,应配置带锁的门。当海船配电板长度超过 4m 时,配电板后面通道的两端应设门。

三、控制设备及分配电设备的安装

(1)启动箱及分配箱的安装高度,其上沿距甲板或花钢板一般为 1900mm 左右,同一区域内安装的设备,其箱体的上沿应尽量对齐。

(2)落地安装的电气设备,如控制屏等应尽量安装固定在甲板上的角钢底座上,其底座高度一般为 100 ~ 200mm。

(3)电机的启动箱(组合启动屏除外)、主令控制器或控制按钮盒应尽量安装在电机附近,以便操作、检修和观察。

(4)立式安装的主令控制器或操纵台(器),应设经防蚀处理过的钢质底座,底座及底座内的穿甲板层的电缆管与甲板间焊接应具水密性能,并应在设备与底座之间垫以厚度不小于 5mm 的橡皮,以保证水密及减振。

(5)主令控制器的安装,应考虑其手柄操作的方便,手柄转轴至操作平台的高度一般为 1m 左右。

(6)启动箱及分配箱上方不应装有油、水及蒸气管的法兰接头,如不可避免,必须采取相应的措施。

四、蓄电池的安装

(1)蓄电池应安装在专用舱室或箱柜内,在机舱内若条件不许可,则可敞开安装在通风良好的地方。放置蓄电池箱、柜及敞开安装的蓄电池场所附近,不应有排气管、蒸汽管等各种热源或产生火花的设备。

(2)蓄电池的安装应便于检测、维护和更换。保证空气流通,若蓄电池为上下安装,中间应留有不小于 300mm 的空间。若为并排安装的蓄电池,其间的空隙应用不吸潮、耐电解液腐蚀的绝缘材料楔隔、衬垫和固定。蓄电池的底部应以厚度不小于 2mm 的青铅皮或其他耐腐蚀材料制成的托栅加以衬垫。蓄电池下应安置托盘,托盘的四周边净高度不小于 45mm,以防电解液漏出腐蚀船体结构。对于敞开安装的蓄电池,其上部还应设有大于电瓶组尺寸的挡板,以防下落物件或搁置物件损坏电瓶或造成短路。

(3)蓄电池(封闭式的除外)不得安放在居住舱室内。

(4)蓄电池的一般高度为电池液孔塞至甲板不大于 1.4m,否则应设有踏板以便操作。

(5)蓄电池箱、柜应有独立的通风装置,其出风口设在上方,进风口设在下方,进出通风口一般设在箱、柜的对角线的两端,在结构上,应设有挡板式弯头,以防止水、火星或其他进入。

(6)酸性蓄电池和碱性蓄电池不准放在同一蓄电池舱室、箱或柜内。

(7)蓄电池接线完毕后,所有接线柱处应用凡士林等油脂涂封,以防腐蚀。

五、船内通讯、信号设备的安装

(1)音响及灯光信号设备。音响及灯光信号设备应安装在易于听到和观察之处,并应设有必要的识别标记,电铃(警钟)的安装,不得使铃锤罩朝上,以免水及尘埃积聚。

(2)火警按钮盒。火警按钮盒应安装在较醒目之处,安装高度一般为:船员舱室内为1.5m,其余舱室或室外为1.7m。配有击锤时,其击锤应设在火警按钮右侧。

(3)壁式自动电话和声力电话。壁式自动电话、声力电话,应安装在方便之处,台式自动电话安放在工作台右侧。室外安装的电话、广播站或对讲分站,如设备本身防护等级未达到IP56,则应安装在防水式的金属箱内。

(4)主机传令钟的安装,应使其操纵手柄的倒顺车方向为:

①在驾驶室,应与航行方向一致。

②在机舱,应尽量与主机操纵手柄方向一致。

如主机有两台以上,则传令钟的排列与主机排列相对应。

(5)主机转速表、舵角指示仪表的安装位置及高度应便于观察。

(6)应急报警装置的控制器,包括通用报警器、应急停止按钮、开关等,均应涂上红色,并设有标明其用途的明显耐久的铭牌。

第五节　船舶电气设备的接地

船舶电气设备或电缆的接地就是把设备或电缆的金属外壳与船体的金属结构之间进行可靠的电气连接。其目的之一是保证船舶电气系统的正常工作;另一个目的在于保证船舶上的操作人员与设备的安全,减少设备的电气干扰,提高设备工作的稳定性。

一、接地的种类与用途

常用的接地方式有:工作接地、保护接零、保护接地和屏蔽接地。

1. 保护接地

一般是用在交流三相三线制,直流二线绝缘制的船舶上,为了防止电气设备外壳偶然带电而造成触电事故,把高于安全电压的电气设备和电缆的金属外壳和地可靠连接(船壳与大面积的水相接触,所以“地”就是船壳)。如电动机、变压器、互感器等外壳及互感器次级一端都用导线与地相接。一般接地电阻不超过4Ω。电动机采用保护接地后,虽然它的某相绕组绝缘损坏而碰壳,但当人触及带电的外壳时,因人体电阻比接地极电阻大得多,几乎没有电流通过人体,所以能保证人身安全,如图3-29所示。船上电气设备和电缆虽直接固定在船体金属结构上,也还需用专门导体接地。一般工作电压不超过24V的用电设备不一定要保护接地。

2. 保护接零

一般使用在交流三相四线制中性点直接接地和直流二线负极接地制的船舶中,把用电设备的金属外壳用专门线与电源的零线相接。

保护接零的保护作用比保护接地更为完善。低压系统电气设备采用保护接零后，如有电气设备发生单相碰壳故障时，形成一个单相短路回路。由于短路电流极大，使熔丝快速熔断，保护装置动作，从而迅速地切断了电源，防止了触电事故的发生。例如电动机的 L_1 相绕组碰壳，则因这一相短路立即使 L_1 相热过载继电器动作，因而能自动切断电源，避免触电的危险。见图 3-30。

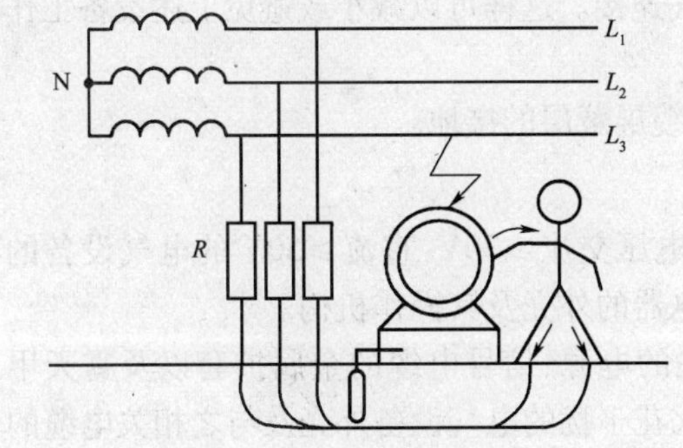

图 3-29 保护接地原理图

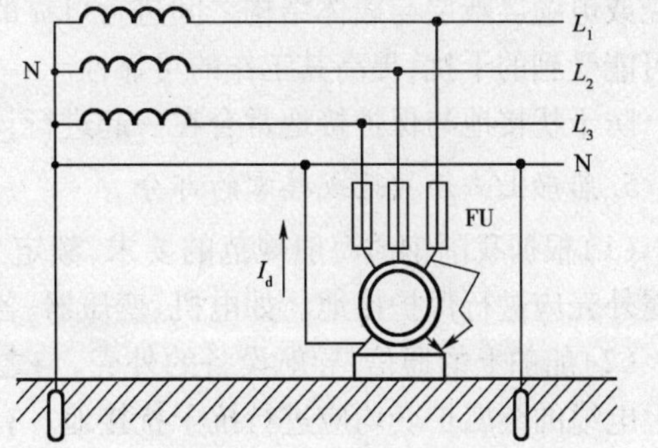

图 3-30 保护接零原理图

单相用电器应使用三脚插头和三眼插座。正确的接线法应把用电器外壳用导线接在接地脚上，并通过插座与零线相接。绝不容许直接在用电器的连接线上接中线，这样会造成不应有的触电危险。从图 3-31 可以看出因接法错误而引起触电危险。

必须指出，在同一电力网中，不容许一部分设备保护接地，而另一部分设备保护接零。这是因为保护接地设备有某相（例如 L_3 相）碰壳时，有电流从 L_3 相经外壳，两个接地电阻回到电源零线，因为两个接地电阻共 8Ω 左右，故电流不太大，不一定立即使过载保护装置动作，所以两个设备的外壳之间在短时内可能存在相电压，而两设备外壳各对地间可能存在二分之一的相电压，显然是很危险的。如图 3-32 所示。

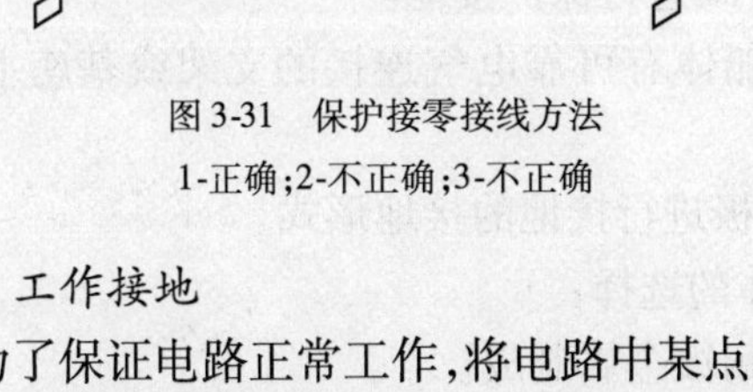

图 3-31 保护接零接线方法

1-正确；2-不正确；3-不正确

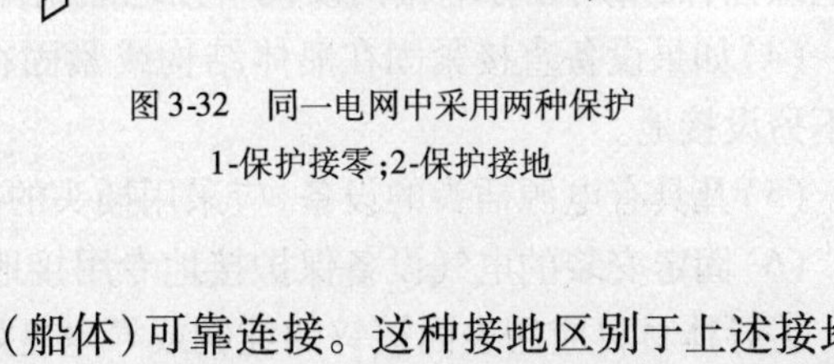

图 3-32 同一电网中采用两种保护

1-保护接零；2-保护接地

3. 工作接地

为了保证电路正常工作，将电路中某点与地（船体）可靠连接。这种接地区别于上述接地的是：工作接地在正常情况下，接地线中有电流通过。在直流一线利用船体作回路的单线系统和交流利用船体作为中性线回路的三线系统中都采用工作接地。船舶在广阔的海洋上航行时，位置较高的桅杆或上层建筑很容易遭受到雷击，必须有防雷接地。船舶在航行作业时，因物体间的摩擦而引起静电荷的积聚形成火花放电,还需有防静电接地。

工作接地点位置的选择应考虑便于检修、维护。工作接地不能与保护接地共用接地导体和螺钉,而且不得将设备的紧固螺钉作为工作接地的接地螺钉。

4. 屏蔽(防干扰)接地

抗干扰接地是指将船舶上的无线电通信设备、助航设备及其配电箱、电源线、信号线等的外壳或电缆屏蔽层与船体结构之间进行可靠的电气连接。这样可以减小或避免上述设备工作时可能受到的干扰,提高其工作的可靠性。

防干扰接地与保护接地常合在一起进行,如电缆屏蔽层的接地。

5. 船舶上必须接地或接零的部分

(1)根据我国钢质海船规范的要求,额定工作电压交流≥30V、直流≥50V 的电气设备的金属外壳应进行保护接地。如电机、变压器、各种电器的外壳及其操作机构。

(2)船舶上的通信、导航设备的外壳,与之有关的电源、信号电缆的金属护套以及露天甲板上电缆的金属护套均应进行抗干扰接地。有电火花干扰的电气设备外壳及与之相关电缆的金属护套均应进行抗干扰接地。

(3)装有设备的钢质或木质桅杆应采用可靠接地的避雷针来进行防雷保护。对于油船上可能产生静电的装置,也应进行可靠的防静电接地。

(4)电焊用变压器、电压及电流互感器的二次线圈、局部照明变压器的二次线圈。

(5)移动和手持电动工具外壳。

二、电气设备的接地

(1)电气设备的保护接地应接到船体永久结构或与船体相焊接的基座或支架上。安装在铝质轻围壁上的设备的接地,应连接到船体的钢质部分。接地点应不易受到机械损伤和油水浸渍。专用接地接线柱(板)不应固定在上层连续甲板以下的船壳板上。

(2)电气设备的保护接地一般应设有专门的接地导体,专用接地导体可以是电缆中的接地导体或单独固定的接地。

(3)凡设备上设有保护接地接线端子的,应在设备附近,选择适当位置设保护接地螺栓,选用合适的专用接地导体进行保护接地。参见图 3-11a)、图 3-12。对于照明器具,若在设计时已考虑用电缆中的芯线作为接地导体时,在保证可靠的电气连续性下,设备附近可不设保护接地螺栓,而采用在分电箱内设集中接地汇流排的方式进行保护接地。

(4)如果设备直接紧固在船体结构或紧固在与船体有可靠电气连接的支架或基座上,可以不另设接地。

(5)凡具有电源插头的设备,应采用插头的接地极进行接地的接地形式。

(6)固定安装的电气设备保护接地专用接地导体的选择:

①导体材料应用表面镀锌的纯铜或导电良好的耐蚀金属制成。

②专用接地导体一般应采用多股软线,并在两端设有接头。

③纯铜专用接地导体的截面积应符合表 3-2 之规定,如环境空气对铜起腐蚀作用,则可采用其他材料,其电导不应小于纯铜导体的电导。

纯铜专用接地导体的截面积(单位:mm^2)　　表3-2

接地导体的形式	相关的载流导体的截面积 S	铜接地导体最小截面积 Q
电缆的接地导体	≤16	$Q=S$ 但不小于1.5
	>16	$Q=0.5S$ 但不小于16
单独固定的接地导体	≤2.5	$Q=S$ 但不小于1.5
	>2.5~120	$Q=0.5S$ 但不小于4
	>120	$Q=70$

(7)可携式电气设备保护接地用铜导体的截面积:

①电源线截面积小于或等于16mm^2时,应与电源线截面积相等。

②电源线截面积大于16mm^2时,应为电源线截面积的1/2,且不小于16mm^2。

(8)接地接线柱(板)的选择:

①专用接地接线柱或接地板的导电能力,至少应相当于专用接地导体的导电能力,且有足够的机械强度。

②一般来说,电缆保护接地的接线柱螺纹的直径不应小于M4,设备保护接地的接线柱螺纹的直径不应小于M6。

三、电气设备的接地工艺要求

(1)所有的接地接触面应刮去油漆及锈斑,露出原质,并应光洁、平贴,以保证有良好的接触。接触电阻不大于0.02Ω。

(2)利用底脚接地的设备,应在设备底脚与支架(或基座)之间垫以厚度不小于0.5mm、大小略等于接触面的锡箔或镀锌铜片。如果是专用接地导体利用设备底脚接触连接,则锡箔或镀锌铜片应分别垫在专用接地导体的两侧。

(3)接在接地接线柱的专用接地导体,其铜接头的两侧,应垫镀锡铜垫圈。

(4)所有接地装置的紧固应牢靠,并均应设有弹簧垫圈或锁紧螺母,以防松动。

(5)采用设备底脚接地时,有4个或4个以上底脚的设备,应取对角两脚接地:2个或3个底脚的设备,任选一脚接地。

四、电气设备的接地方法

1.专用接地导线的连接方法

应用:用于接地要求较高、接地难于处理或安装在绝缘座上设备的接地,在进行接地线的选择和处理时,要注意接地线的强度和保护。

方法:与船体结构的连接一般是通过接地柱或接地板来进行过渡;而与设备的连接是在加垫锡箔垫后通过紧固螺栓来完成的。如图3-33和图3-34所示。

2.木封板上用长条铜皮进行接地

应用:绝缘封板上安装设备时可采用此方法来接地。

方法:长条铜皮一端与设备底脚相连,并要加上锡箔垫,另一端与船体结构相连,如图3-35所示。

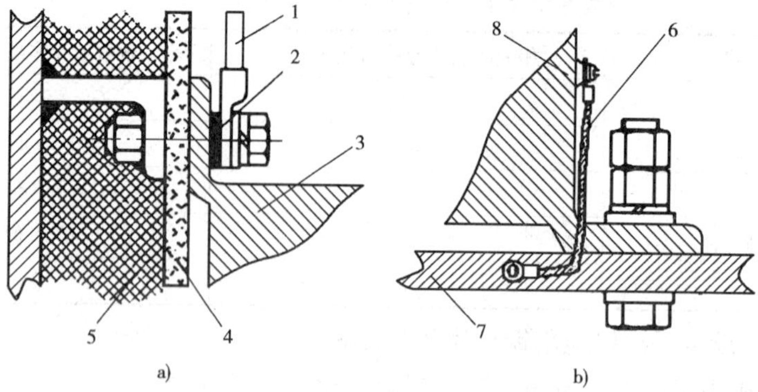

图 3-33　专用接地线与设备的连接

a)通过螺栓连接;b)通过接地柱连接

1、6-接地线;2-锡箔垫;3、8-设备;4-木封板;5-绝缘层;7-机座

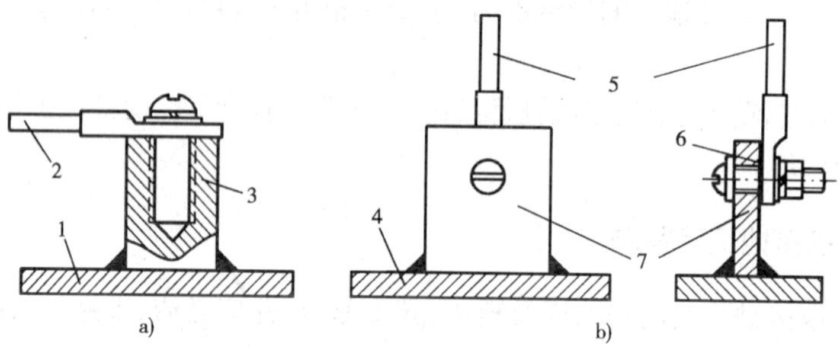

图 3-34　专用接地线与船体结构的连接

a)通过接地柱连接;b)通过接地板连接

1、4-船体结构;2、5-接地线;3-接地柱;6-锡箔垫;7-接地板

3. 利用设备底脚与底座间的接触面来接地

应用:适于支架焊到船体结构上的电气设备的安装。

方法:采用锡箔垫来完成接地,如图 3-36 所示。

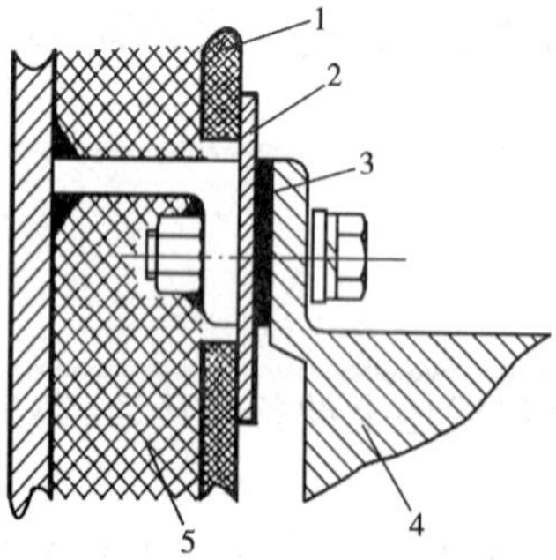

图 3-35　木封板上的接地

1-木封板;2-接地铜皮;3-锡箔垫;4-设备;5-绝缘层

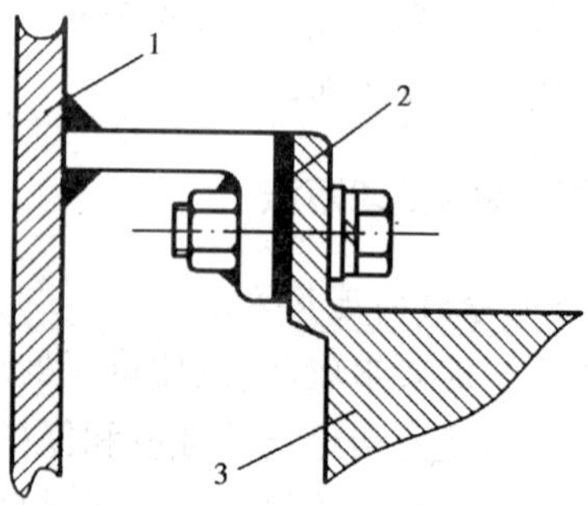

图 3-36　接触面直接接地

1-船体结构;2-锡箔垫;3-设备

4. 利用固定螺钉来接地

应用:适于设备与船体舱壁之间有绝缘隔板,或设备与不能用电焊焊接的金属舱壁之间的接地。

方法:以紧固螺钉为接地线,若其中一端不能焊接到舱壁上时,螺钉的两端均应垫上锡箔垫,以确保可靠接地。如图 3-37 所示。

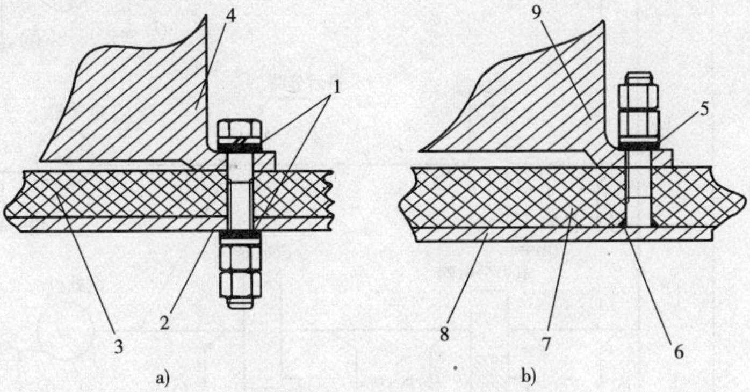

图 3-37　利用紧固螺钉来接地

a)通过螺栓接地;b)通过焊接螺钉接地

1、5-锡箔垫;2-不可焊金属舱壁;3、7-绝缘板;4、9-设备;6-焊接;8-船体结构

5. 减振器的接地

应用:适于有减振器的设备的接地。

方法:利用减振弹簧本身或接地跨接铜皮等来完成接地,在连接处要加上锡箔垫,如图 3-38所示。

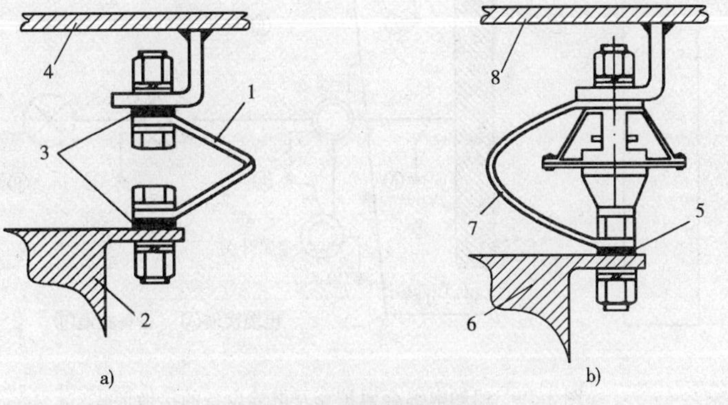

图 3-38　减振器的接地

a)弹簧减振器接地;b)平板式减振器接地

1-减振弹簧;2、6-设备;3、5-锡箔垫;4、8-船体结构;7-接地跨接片

五、电缆金属护套的接地

除工作电压不超过 50V 及具有单点接地要求的电缆外,其他电缆的金属护套应采取两端都可靠接地的措施,但最后分支电路之电缆金属护套,允许在近电源一端可靠接地。电缆金属护套及电气设备的接地形式见图 3-39。

所有电缆的金属护套,在其全长上(特别是在电缆经过电缆分配箱或连接设备时)应保证电气上的连续性。

1. 电缆金属护套的接地形式

(1)用金属夹箍进行接地。

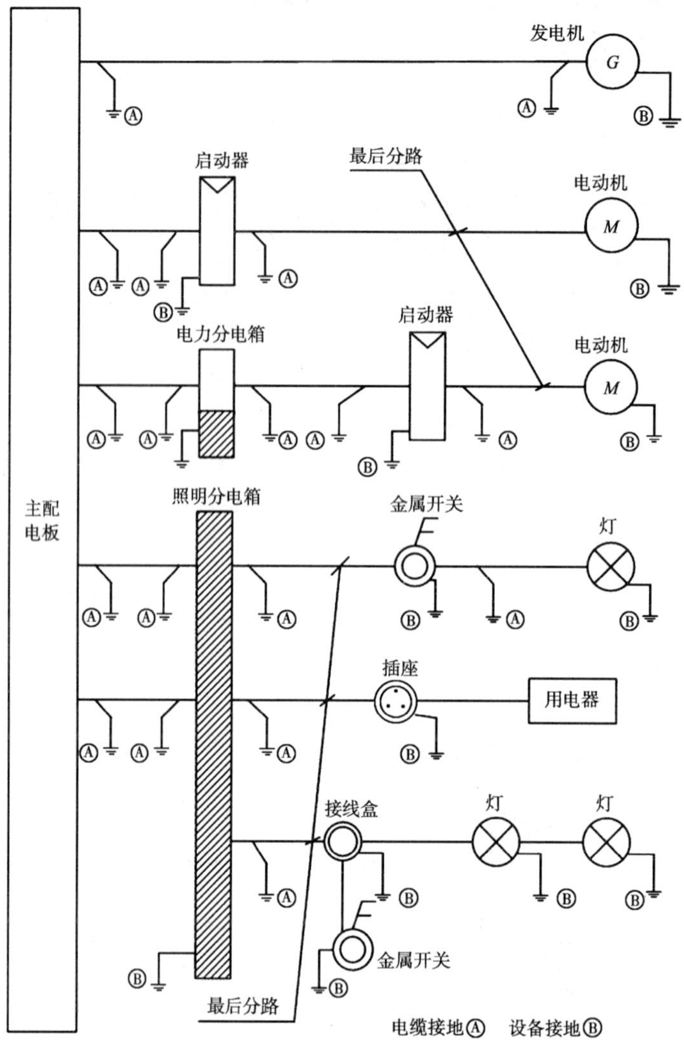

图 3-39 船舶电缆金属护套及电气设备的接地形式

应用:用于铠装电缆敷设时的接地。可以是多根电缆,也可单根电缆。

方法:接地时在铠装电缆与金属夹箍之间包绕几层锡箔,如图 3-40 所示。

(2)用金属护套编成辫子进行接地。

应用:用于单根小型铠装电缆的接地。

方法:将护套编织层拆开,不要使之断线,再编织成辫子,如图 3-41 所示。

(3)用填料函螺母压紧方法进行接地。

应用:用于单根铠装电缆穿过填料函时的接地。

方法:电缆引入时使金属护套翻折,接地方法如图 3-42 所示。

(4)用电缆夹板压紧方法进行接地。

应用:用于单根或多根电缆敷设时的接地。

方法:在卡线板与电缆之间及电缆束层间加锡箔,如图 3-43 所示。

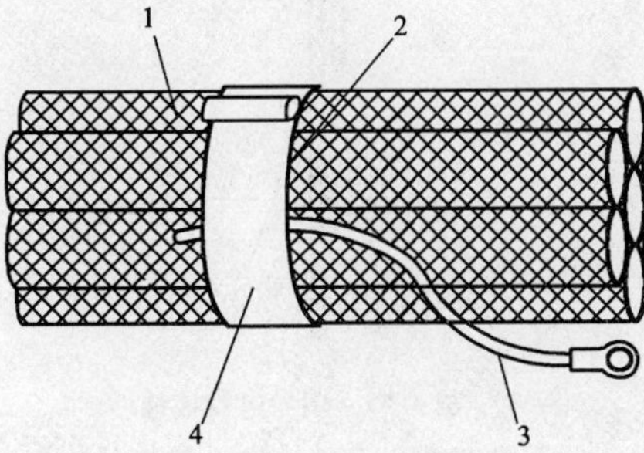

图 3-40　金属夹箍接地

1-电缆;2-锡箔;3-接地线;4-金属夹箍

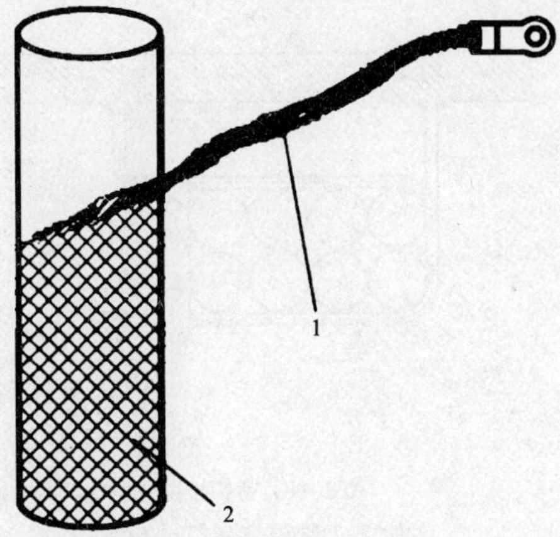

图 3-41　护套编成辫子接地

1-电缆金属护套;2-电缆

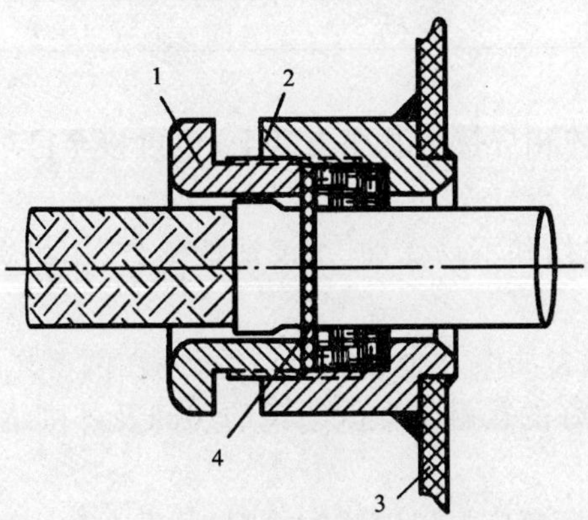

图 3-42　填料函螺母压紧接地

1-填料函螺母;2-底座;3-填料;4-金属接地部分

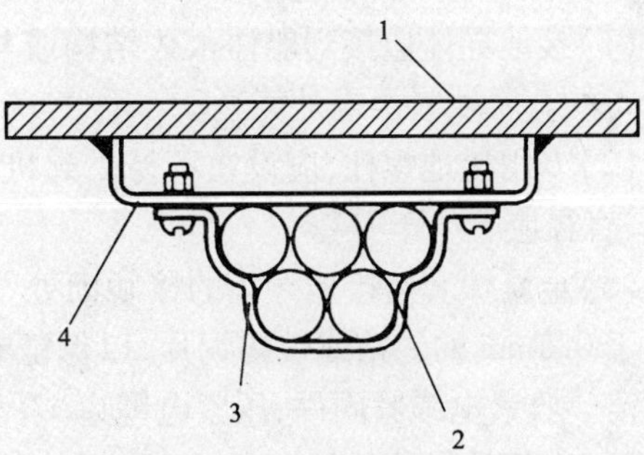

图 3-43　卡线板压紧接地

1-舱壁;2-锡箔;3-卡线板;4-支架

(5)用紧钩进行电缆接地。

应用:用于单根或多根电缆敷设时的接地。

方法:在电缆束层间加锡箔以保证中间的电缆可靠接地。采用此方法时电缆的敷设与接地处理均较为方便,接地方法如图 3-44 所示。

(6)用导电胶胶接接地导体的接地。

应用:用于单根或多根电缆敷设时的接地。

方法:在电缆上直接涂上导电胶,再将接地导体捆扎在涂有导电胶的电缆上,采用此方法时电缆的接地易于施行,但在船舶振动较大部位不能采用此方法,以防接地松动。接地方法如图 3-45 所示。

2. 电缆接地导体截面积

接地导体应由纯铜或其他抗腐蚀材料制成,其他材料的接地导体的电导应不小于纯铜导体的电导。接地导体的截面积应符合表 3-3 的规定,成束电缆如采用公共接地导体接地,则该接地导体的截面积应按该束电缆中最大载流导体的截面积选择。

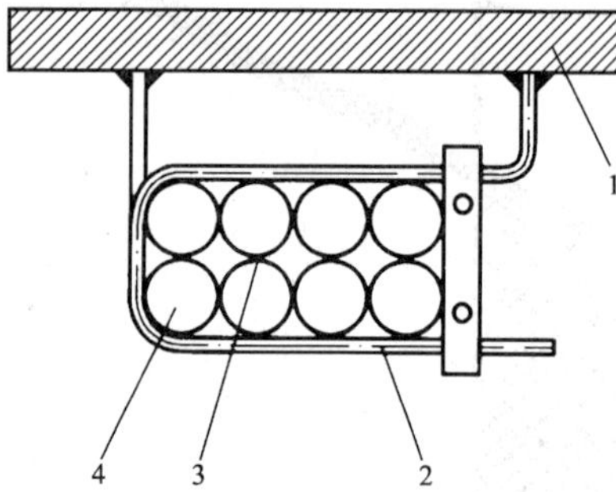

图3-44　紧钩接地
1-舱壁;2-紧钩;3-锡箔;4-电缆

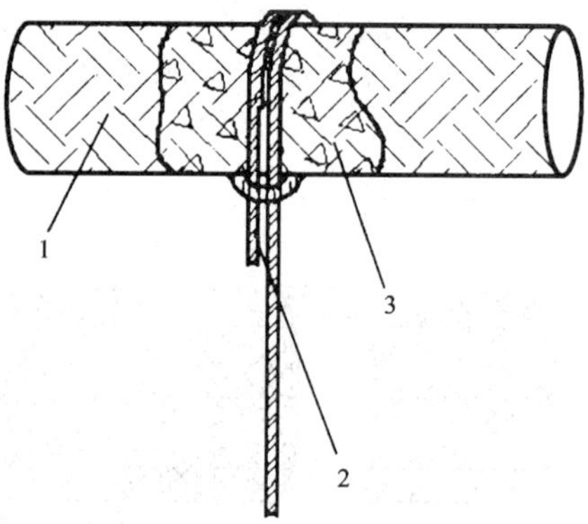

图3-45　用导电胶接地
1-电缆;2-接地导体;3-导电胶

船舶电缆金属护套接地导体截面积　　表3-3

电缆导体截面积	专用接地铜导体截面积	电缆导体截面积	专用接地铜导体截面积
≤25	≥1.5	>25	≥4

3. 电缆金属护套接地工艺

(1)接地导体应接到船体永久结构或与船体相焊接的基座支架上;也可接至已可靠接地的设备的金属填料函或外壳上。

(2)专用接地螺柱,应设在不易受到机械损伤和不易受油、水浸渍的地方,用耐腐蚀材料制成,直径应不小于M4。

(3)金属护套与接地导体的接触面处,应除去油漆及金属氧化层等,并在两者之间,垫以不小于0.5mm的锡箔或镀锡铜片,以保证有良好的接触。在电缆束的层间及外围绕包3~5层锡箔。收紧电缆紧固件,压紧电缆束。

(4)对接地导体与接地螺柱连接的一端,其两侧应垫以镀锡铜垫圈,并设有防止松脱的弹簧垫圈或螺母。

(5)接地装置紧固后,应随即在接地处周围涂防锈漆,以防止生锈。

(6)在采用导电胶时,也应进行预清理,使应接地部位粘接可靠;在导电胶固化后,应检测其接触电阻、机械强度及耐温等级等是否符合相关要求。

第六节　油船电气设备安装工艺

对于运载闭杯闪点小于60℃的原油和石油产品的船舶,由于安全方面的特殊需要,其电气设备的安装有特殊的要求。

一、油船配电系统

油船上只允许采用直流双线绝缘系统、交流单相双线绝缘系统、交流三相三线绝缘系统。不同电压的电网不能有电气上的连接。

发电机电路、供电及配电电路均不应接地,也不应使用以船体作回路的系统。但下列情况例外:

仪表互感器次级绕组接地；

抑止无线电干扰的电容器接地；

绝缘电阻检测装置的接地。

二、油船电气设备安装工艺的一般要求

(1)在任何危险区域处所,原则上不应安装电气设备。若无法避免,则仅允许安装有相应等级防爆证书的电气设备。

(2)危险区域处所禁止安装插座。

(3)在危险区域或处所使用的可携式照明器具是:

①带有独立蓄电池的本质安全型、增压型、隔爆型照明器具;

②空气驱动型照明器具。

(4)油船上的开关和保护装置应能分断全部的极或相,而且应在安全的区域或场所内,设备、开关和保护装置应有清晰而耐久的标志。

(5)安装在露天甲板安全区域内的插座,应与开关联锁,使开关在接通位置时插头不能插入和拨出,且开关应能分断电路所有的极或相。

(6)油船上禁止采用可换熔体式熔断器。

三、危险区域或处所的划分及其电气设备的安装

1. 危险区域或处所

(1)货油舱。

(2)毗邻货油舱的水平隔离空舱、围壁通道、走道、双层底箱形龙骨、管道等处。

(3)货油舱泵。

(4)直接在货油舱上方或垂直隔离空舱上方而不用气密甲板分隔,且无适当机械通风的封闭处所和贮放输油软管的舱室。

(5)离任何货油舱门或危险气体、油蒸气出口,(如货油舱口、货油装卸连接接头安装处、观察孔、洗舱开口、测量管口、油泵舱入口及其通道隔离空舱入口、泵舱通风机出口、输油软管接口)至少3m以内的露天甲板上的半封闭处所、货油舱透气口和呼吸阀出口的周围和上面半径为10m以及从该处向下垂直至甲板为止的圆柱体区域。

(6)所有货油舱(包括所有货油舱范围内的压载舱)上的露天甲板区域且宽度为全船宽、前后向首尾各延伸3m、离甲板高度为2.4m以内区域以及有开口直接通向上述任何处所的封闭或半封闭处所。

(7)除隔离空舱以外的其他货油舱毗邻而且在货油舱顶板下面的处所(例如围壁通道、走道、货舱)。

2. 危险区域或处所电气设备的安装

在危险区域或处所安装的防爆电气设备必须符合表3-4所示的级别。

例如:II类本质安全型iaA级 T_5 组写为:ia Ⅱ AT_5

II类隔爆型A级 T_3 组写为:d Ⅱ AT_5

(1)在1类区域(货油舱)可安装的设备为ia级本质安全型设备。

(2)在2类区域中可安装的设备为:

①ia级本质安全型设备;

②隔爆型或空气驱动型灯具;

③电测深装置的传感器,传感器应为全封闭型且应放在一个离开货油舱舱壁的坚固气密围井内。传感器接出的电缆应离开油舱壁敷在厚壁镀锌钢管内,该电缆管离开油舱壁距离不小于50mm,从传感器到上甲板面之间的筒子,其接头应为气密,在电缆进入隔离空舱处,管内须以填料封隔;

④可安装仅用于船体外壳保护的外加电流阴极防蚀系统,若电缆必须穿过空舱,到此项电缆自上甲板以下部分应敷在有气密接头的镀锌钢管中。

危险区域或处所的防爆电气设备类别、级别、温度组别 表3-4

设备型式	类别级别	温度组别	备注
本质安全型"i"	IIA	T_3	分ia、ib二个等级
隔爆型"d"	IIA	T_3	
增安型"e"	Ⅱ	T_3	
正压型"p"	Ⅱ	T_3	含空气驱动型灯具

(3)在3类区域中可安装的设备为:

①ia级本质安全型设备;

②ib级的本质安全型设备;

③隔爆型灯具,介于其灯点至少应分成两个独立分路,各分路均应设有接通指示灯,其照明分电箱或灯开关应安装在非危险处所,便于识别,灯具开关和保护电器均应有适当的识别标志,电缆必须穿管敷设;

④除泵舱照明电缆外,在泵舱入口走道处可敷设路过电缆。但此电缆需敷设在气密接头的镀锌钢管内,电缆管与壁板间距离不小于50mm。

(4)在4类区域中可安装的设备为:

①本质安全型设备;

②空气驱动型、隔爆型、增安型、正压型灯具;

③路过电缆。

(5)在5类区域中可安装的设备为:

①适用于露天甲板的合格防爆电气设备;

②过路电缆,但在这些区域内,不应设置电缆膨胀接头。

(6)在6类区域中可安装的设备为:

①合格的防爆电气设备,在必要时应适用于露天甲板;

②过路电缆,但必须穿管敷设,电缆管距甲板高度不小于200mm,且管子接头应密封。

(7)在7类区域中可安装的设备为:

①ia级本质安全型设备;

②经船级社认可后,可敷设过路电缆。

四、扩大危险区域或处所的划分及其电气设备的安装

全部露天甲板区域、货油舱以前、位于主甲板上的(或)以下有开口直接开向主甲板的处

所均为扩大危险区域或处所。

在本区域或处所内的具体规定为：

(1)采用防爆电气设备；

(2)采用在工作时不会产生火花和电弧，或故障时能自动脱开且不会产生不容许的表面温度的电气设备；

(3)在爆炸危险存在的短暂期间(如装卸油、洗舱、排气等)不使用的电气设备允许为非防爆型，但应在控制中心站进行切断。

五、其他处所电气设备及附加要求

除上述的危险处所以外的地方均称为其他处所。

(1)厨房电灶应为全封闭式，电缆、电灶应固定安装。

(2)厨房内的其他用电设备的电缆应固定安装，且使用满足规定的接插件。

Ⅱ类电气设备的组别区分见表3-5。

Ⅱ类电气设备的组别　　表3-5

组　　别	最大安全间隙(MESG)mm	最小点燃电流比(MICR)
IIA	0.9	0.8
IIB	0.5≤MESG<0.9	0.45≤MICR<0.9
IIC	≤0.5	≤0.45

Ⅱ类电气设备允许最高表面温度的组别区分见表3-6。

Ⅱ类电气设备允许最高表面温度组别　　表3-6

温度组别	允许最高表面温度(℃)	温度组别	允许最高表面温度(℃)
T_1	450	T_4	135
T_2	300	T_5	100
T_3	200	T_6	85

六、防爆电气设备的基本要求

防爆电气设备的等级按规格书及相应规范选定，一般说来，本质安全型和和隔爆型合格防爆电气设备的级别和组别至少应为ⅡAT_3，增安型和正压型合格的防爆电气设备的组别至少应为T_3，本质安全型电气设备的等级至少应为ia，此外，合格防爆电气设备还应考虑船用环境条件及存在的化学腐蚀的情况。

七、防爆电气设备的安装

(1)检查防爆电气设备，其防爆型式应符合规定要求，并具有防爆合格证方能上船安装；

(2)设备安装前仔细阅读有关产品说明书，按照说明书所规定的要求和方法安装；

(3)安装时不必动的部件，严禁无故拆装；

(4)电气设备安装必须可靠紧固，并应有防止松脱措施；

(5)防爆电气设备的进线装置应具有防松和防止电缆拔脱的措施；

(6)防爆电气设备的防爆面处理：设备安装时，船厂一般只拆动其静止部分，故需对拆动部分的间隙负责。安装完毕后必要时用塞规检查其间隙,应符合产品说明书中规定的技术条件。拆装时,严禁敲打隔爆面,避免隔爆面上受到任何损伤;

(7)对多余进线孔的处理:如有多余的进线孔,则应在密封垫前加2mm厚的圆金属垫片,将进线孔封闭;

(8)螺纹隔爆结构:防爆电气设备如采用螺纹隔爆结构,螺纹最少结合牙数为6牙,拧入深度不小于8mm;

(9)防爆接线盒内壁和可能产生火花部分的金属外壳内壁,涂有耐弧漆,如拆装时偶有损伤应加以修复;

(10)若安装增强安全型接线盒时,盒内须充填硅橡胶填料;

(11)照明灯具铭牌上应清楚地标明允许使用灯管的最大功率;

(12)随附在设备(包括照明灯具)上的填料函或其他密封装置严禁拆除或拆换。

思考与练习 SIKAOYULIANXI

1. 船舶电气设备安装的总原则是什么?

2. 简要说明船舶电气设备安装的基本原则。

3. 船舶电气设备的安装可分为哪几个安装阶段?各阶段有什么特点?

4. 船舶电气设备安装时有哪些基本安装形式?各有什么特点?

5. 船舶电气设备的安装紧固有哪些要求?

6. 船舶常用照明灯具有哪些?各有什么特点?

7. 简要说明高压水银灯的工作原理。

8. 简要说明图3-27超高压汞氙灯电路的工作原理。电路中的C_1、C_2和C_4分别起何作用?T_1与T_2二者从结构上来说有何区别?

9. 碘钨灯和超高压汞氙灯的灯管应如何摆放,其允许角度偏差分别是多少?

10. 船舶照明附件的安装应注意哪些问题?

11. 试分析图3-28晶闸管航行灯控制器的工作原理。

12. 船用蓄电池的安装应满足哪些要求?

13. 船舶电气设备的接地分为哪些种类?各有什么特点?

14. 船舶上哪些设备或装置必须进行接地?

15. 简要说明电气设备接地的工艺要求。

16. 船舶电气设备的接地方法有哪些?

17. 船舶电缆金属护套的接地形式有哪些?

18. 简要说明油船电气设备安装工艺的一般要求。

19. 简要说明防爆电气设备的安装工艺。

第四章　船用电缆及其敷设工艺

● **学习目标**

知识目标

1. 掌握船用电缆的构造；
2. 掌握电缆紧固的基本形式；
3. 掌握船用电缆的选择步骤；
4. 熟悉船用电缆的表示方法；
5. 熟悉电缆拉敷的工艺要求；
6. 熟悉热缩材料在船舶上的应用；
7. 了解防火、水密隔堵工艺；
8. 了解油船电缆敷设的特殊工艺。

能力目标

1. 初步具备正确选择船用电缆的能力；
2. 具备船舶电缆拉敷的基本能力；
3. 具备紧固船用电缆的基本能力。

第一节　船 用 电 缆

将大量不同型号、规格的电缆按设计要求安装到船上是船舶电气安装工程的主要内容之一。

随着我国造船事业的蓬勃发展及船舶自动化程度的不断提高，船用电缆的品种及规格也越来越多，为了能较正确的选择使用，必须对各种电缆的结构和性能有所了解，这样才能避免用错或选用不当而造成不良结果。

一、船舶电缆的构造和性能

船用电缆主要由导电芯线、电气绝缘层和防护套三部分组成，其构造如图4-1所示。

1. 导电芯线

(1)作用与结构。电缆的导电芯线是传导电能的路径。它一般由多股软铜线绞合而成，一般由不少于7根0.26~2.47mm的圆形铜丝绞合而成，其表面大多进行镀锡处理，能防止芯线的腐蚀和氧化，并增强其导电性能。

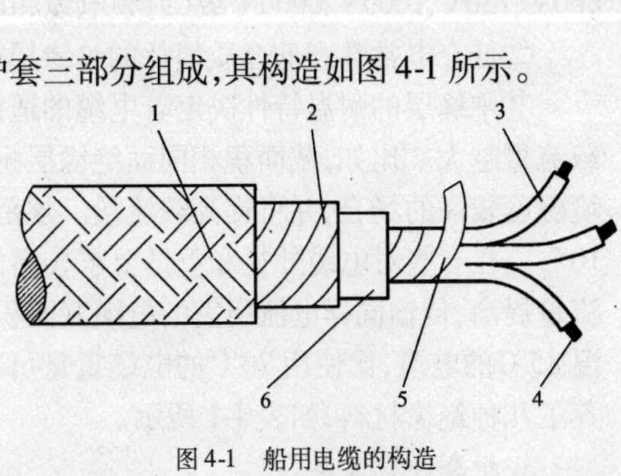

图4-1　船用电缆的构造

1-护套和铠装层；2、5-胶带；3-芯线绝缘；4-芯线；6-绝缘层

(2)芯线分类：

①按芯线数量来分类，可分为单芯电缆、双芯电缆、三芯电缆和多芯电缆。导电芯线的横

截面积越大,其载流量就越大。

②按芯线柔软程度来分类:可分为一般结构、软结构和特软结构三种,用来满足不同场合的工作需要。

一般结构适于固定敷设的电缆。软结构适于一般性移动设备的电缆。特软结构适于移动频繁或使用中经常发生回转设备的电缆。横截面积相同的导电芯线,组成它的股数越多,电缆就越软。

(3)芯线的强度:

①跨越舱室较多的大长度电缆的导电芯线截面积应不小于0.75mm^2。

②只有同一舱室的电子设备之间才可以采用0.3mm^{2}以下的电缆。因其强度较低,所以在敷设时要注意防护。

2. 电气绝缘层

(1)绝缘层的作用。绝缘层的作用是隔离各导电芯线,以防止芯线对地或相线间短路。

(2)常用绝缘材料及性能:

①丁苯—天然橡皮:天然橡皮与丁苯橡皮混合而成,长期允许工作温度为+70℃。适合于各种普通规格的电缆,应用较为广泛。

②丁基绝缘橡皮:具有良好的耐老化、耐潮湿、耐海水及酸碱腐蚀等性能,其长期允许工作温度为+80℃。

③乙丙绝缘橡皮:具有良好的耐老化性能,绝缘性能优良,其长期允许工作温度为+80℃。

④聚氯乙烯:具有良好的防潮性能,其电气性能优良、机械强度高、重量轻、工艺简单、价格比较便宜。普通型聚氯乙烯的长期允许工作温度为+65℃,耐热型的长期允许工作温度为+80℃。

⑤硅橡皮:电气性能优良、耐温性能优异,长期允许工作温度为+180℃。适用于电机引线或特种电缆。

(3)材料的选择与应用:

①绝缘层的耐压决定着电缆的额定电压,故其耐压值应不小于线路的额定电压。要延长电缆的使用寿命,就应该提高绝缘层的性能,并注意保护,所选用的电缆额定电压绝不能低于线路电压。电缆电压等级一般有交流250V(或直流500V)、500V(或直流1000V)及交流660V、750V、1000V、6000V级(射频电缆和电子设备用线除外)。

②低介电常数和低介质损耗的绝缘层可用于高频电缆。

③绝缘层的耐温特性决定着电缆的适用条件和载流量。在同样条件下,耐温等级越高,则载流量越大。比如,截面积相同而绝缘层耐温特性不同的两种电缆,耐温高的电缆可适用于环境温度较高的场合,并可提高载流量。规范规定,所选用绝缘材料耐温等级至少比环境温度高10℃。在有些对电缆外径和重量要求较高的船上,可选用耐温等级较高的电缆。这样由于载流量提高,传输同样电流所需的电缆截面积就可以减小,重量也可以因此而减轻。例如使用耐温85℃的电缆,比使用70℃的电缆重量可减轻20%左右。国际电工委员会为加强标准化,推荐了几种绝缘材料,如表4-1所示。

3. 护套和铠装层

(1)作用:

①护套的作用主要是为保护电缆免受油水、化学物质腐蚀和机械损伤。

②钢丝编织的铠装层主要能使电缆更好地防止机械损伤；铜丝编织的铠装层除能起一定的机械损伤保护外，主要起屏蔽作用。

绝缘材料及其允许温度　　表 4-1

标　号	绝缘材料的标准类型	允许温度
60A	天然橡胶复合物（一般型）	60℃
60B	合成橡胶复合物（一般型）	60℃
60C	聚氯乙烯复合物（一般型）	60℃
60D	橡胶—氯丁橡胶混合绝缘	60℃
75A	天然橡胶复合物（耐热型）	75℃
75B	合成橡胶复合物（耐热型）	75℃
75C	聚氯乙烯复合物（耐热型）	75℃
80A	丁基漆胶复合物（特种耐热型）	80℃
80B	漆布绝缘	80℃
85A	石棉—清漆—漆布绝缘	85℃
95A	无机绝缘	95℃
95B	硅橡胶复合物	95℃

（2）常用护套和铠装层材料的性能：

①氯丁橡皮。氯丁橡皮是非燃性橡胶材料，具有较高的机械强度，并且有良好的耐大气日光老化及耐腐蚀性能，但耐油性能较差。适于油雾较少的场合或舱外敷设。

②硫化丁聚物。硫化丁聚物是丁腈橡胶与聚氯乙烯的复合物。具有弹性较好、机械强度高、耐磨、耐油、耐水、耐老化且阻燃的特性，适于油雾较多的机舱内敷设。

③聚氯乙烯塑料。聚氯乙烯塑料具有优良的耐化学腐蚀和耐油、耐潮性能，具有较高的机械强度，并且重量轻、工艺简单、价格便宜。适于大多数场合的电缆敷设。

④氯硫化聚乙烯。氯硫化聚乙烯具较高的气候适应性好、耐潮、耐化学腐蚀性能，还具有着色稳定性好、热稳定性好、质地细密、重量轻、极柔软等特点。适于大多数场合的电缆敷设。

⑤铠装层。船用铠装电缆主要是指外层套有金属编织物的电缆，分钢丝编织和铜丝编织二大类。有钢丝编织护套和铜丝编织护套两种。一般在其外层加有镀层，以防止被腐蚀，并有利于电缆外壳的接地。

（3）材料的选择与应用：

①护套应具有耐潮、耐油、耐寒、阻燃及耐老化等性能。

②机舱等油、水较多的场所应选用橡皮或塑料且具有钢丝编织的护套。

③卫生间等经常冲水的场所应选用聚氯乙烯塑料护套或氯丁橡皮护套。

④冷藏舱室应选用铅护套或氯丁橡皮护套，不宜用塑料护套。

⑤无线电通信等舱室应选用氯丁橡皮并具有铜丝编织的护套。

⑥蓄电池、油漆间等有腐蚀性气体的场所应选用聚氯乙烯塑料护套。

二、船用电缆的型号

根据不同电网性质、用途和敷设环境,必须选择不同型号的电缆,电线电缆型号采用代表一定意义的汉语拼音字母和阿拉伯数字并列组成。船用电力电缆产品型号的组成及含义如下。

1. 船用电缆产品的表示方法

表示方法。产品用型号、规格、标准编号表示,其组成如下:

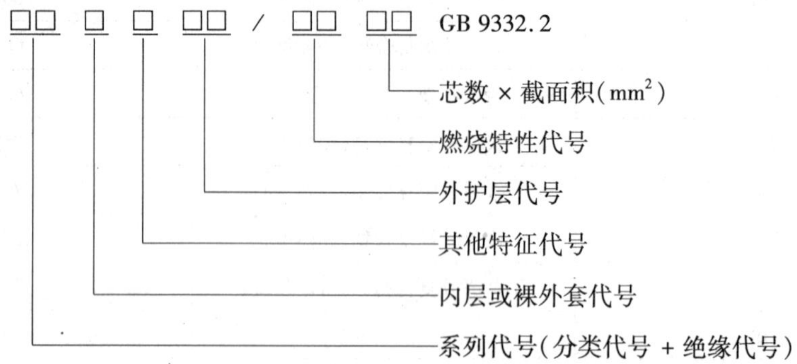

2. 船用电缆产品型号中字母代号的意义

(1)系列代号。系列代号包括电缆分类代号和芯线绝缘代号,其代号意义见表4-2。

系列代号的意义 表4-2

分类代号		绝缘代号	
代号	意义	代号	意义
C	船用电力电缆	E	乙丙绝缘
CK	船用控制电缆	J(JY)	交联聚乙烯
CH	船用通信电缆	V	聚氯乙烯
J	舰船用电力电缆	X	天然丁苯橡胶
JK	舰船用控制电缆		
JH	舰船用通信电缆		

(2)护层代号。护层有内套、铠装层、外套三类,其代号意义见表4-3。

护层代号的意义 表4-3

内套代号		铠装代号		外套代号	
代号	意义	代号	意义	代号	意义
F	氯丁橡胶	0	无铠装	0	无外护套
H	氯磺化聚乙烯	2	镀锌双钢带	2	聚氯乙烯
V	聚氯乙烯	3	镀锌细钢带	5	热固性聚烯烃
PF	热塑性聚烯烃	8	镀锡铜丝编织	6	热塑性聚烯烃
PJ	热固性聚烯烃	9	镀锌钢丝编织		
		S	纤维丝编织		

(3)特性代号。特性代号包括在火焰条件下的燃烧特性代号和其他特性代号,见表4-4。

特性代号的意义　　表 4-4

其他特性代号		火焰条件下的燃烧特性代号	
代　号	意　义	代　号	意　义
R	软(电缆和电线)	D	单根燃烧
P	分屏蔽	S	成束燃烧
P2	铜带屏蔽	N	耐火(单根燃烧)
PS	纤维总屏蔽	A	有烟、有酸、有毒
ZP	总屏蔽	B	低烟、低酸、低毒
SZP	双总屏蔽	C	无卤、低烟、低毒

3. 举例

(1)乙丙绝缘氯丁内套裸钢丝编织铠装船用控制电缆,19 芯;1.5mm²;燃烧特性 DA 型。其标记为:

CKEF90/DA19 ×1.5 GB9332.2

(2)乙丙绝缘氯丁内套船用电力电缆,3 芯;4mm²;燃烧特性 DA 型。其标记为:

CEF/DA3 ×4 GB9332.2

目前我国的船舶工业正在迅速地走向国际市场,同时也引进了不少进口电缆。每个国家都有各自不同的电缆型号、规格及种类,因此,在使用时应特别引起重视。

三、船舶常用电缆

1. 船舶电力电缆及控制电缆

船舶电力电缆及控制电缆结构如图 4-2 所示。主要用于船舶上交流 500V 及以下或直流 1000V 及以下的电力、照明和一般控制装置,是船上用得最多的一种电缆。二芯以上的电缆芯线上有数字编号,有利于接线及校对。

(1)电力电缆的性能特点及使用条件:

①橡皮绝缘的导电芯线是镀锡的。

②用镀锌钢丝编织时,编织密度≥65%;用镀锌铜丝编织时;编织密度≥80%。

③电缆外径偏差不超过标称值的 +10%。

④电缆能承受交流 50Hz2000V 的试验电压时间≥5min。

⑤电缆应进行耐寒、耐油、耐燃烧及耐老化试验。

⑥电缆绝缘线芯的绝缘电阻应符合有关规定。

⑦适于固定敷设或移动电气设备的连接。

⑧环境适用温度:一般电缆≥ -12℃;塑料电缆≥ -15℃。

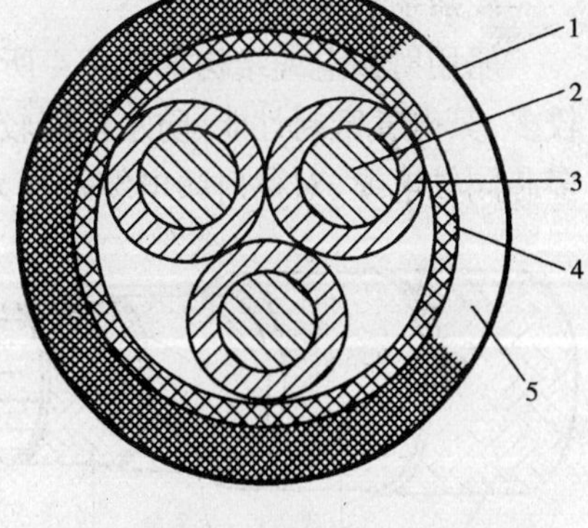

图 4-2　船舶电力电缆及控制电缆的结构
1-镀层金属网;2-铜绞线芯;3-橡皮绝缘层;4-玻璃布带;5-橡皮或聚氯乙烯护套

(2)常用电力电缆及控制电缆的种类。船舶常用电力电缆及控制电缆的种类繁多,现仅列举出常用的一些类别:

①船用橡皮绝缘氯丁护套电缆:适用于无油雾大多数场合,宜固定敷设。

②船用橡皮绝缘氯丁护套钢丝编织电缆:适用于无油雾大多数场合,能有效防止一定机械外力,宜固定敷设。

③船用丁基橡皮绝缘硫化丁聚护套电缆:适用于有油雾场合,宜固定敷设。

④船用丁基橡皮绝缘耐热氯丁聚护套铜丝编织电缆:适用于有一定干扰的场所,并且应采用固定敷设的方式。

⑤船用聚氯乙烯绝缘聚氯乙烯护套镀锡铜丝编织屏蔽控制电缆:适用于相对湿度100%及额定电压不大于110V的电路中使用,具有耐油、耐燃、耐热、耐寒等性能,并富于柔软性。由于聚氯乙烯价格较低,所以该电缆的成本也较低。

⑥船用橡皮绝缘氯丁护套特软电缆:适用于船舶上频繁移动、回转或摆动的电气设备传输电能时使用。能经受住扭转角为(2.8°~2.9°)/cm的7500次的弯曲扭转试验,电缆芯线的绝缘电阻不小于100MΩ/km。

⑦舰用橡皮绝缘橡皮套密封电缆:适用于水下舰艇上固定敷设之用,其纵向密封性能、抗压性能及抗拉性能很好,允许在海水中工作。

⑧船用橡皮绝缘裸铅包电缆:密封性能良好,但柔性较差,目前应用较少。

2. 船舶通信电缆

船舶通信电缆的结构如图4-3所示。主要用于船舶内部通信信号的传输。其主要类别有橡皮绝缘通讯电缆、船用对绞式电话电缆、船用聚(氯)乙烯绝缘信号电缆等。采用双层屏蔽,提高了电缆的抗干扰能力。而电话电缆常采用双芯对绞式的结构,其目的是用来防止串音干扰,其原因是双芯线所感应到的干扰信号相同,属共模信号,能得到放大电路的有效抑制。从而提高通信信号的质量和语音的清晰度。

船舶通信电缆的电气绝缘性能优异,抗干扰性能好,但其机械强度稍差,芯线较细,只适合于小型电子设备的固定敷设,且在敷设时电缆要有较大的弯曲半径。

3. 船舶射频电缆

船用射频电缆结构如图4-4所示。用于高频电子设备中传输信号或电能。露天敷设用得较多,其电气密封性能、防水性能较好,化学性能稳定,并能耐受高、低温。它有单芯同轴电缆、多芯同轴电缆、对称射频电缆及强力射频电缆等多种类别。

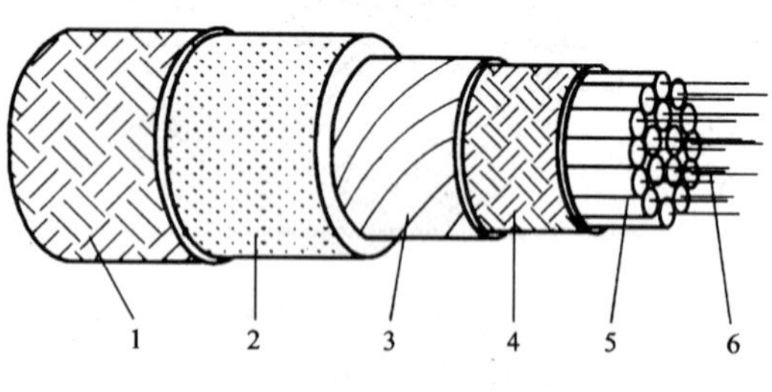

图4-3 船用聚乙烯绝缘通信电缆结构

1-镀锡铜丝总编织;2-聚乙烯护套;3-橡皮带绕包;4-镀锡铜丝编织;5-聚氯乙烯绝缘层;6-镀锡钢线芯

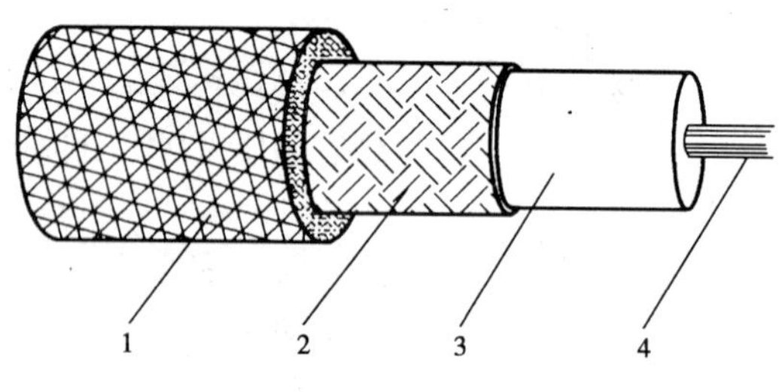

图4-4 同轴射频电缆

1-聚乙烯护套;2-铜丝编织;3-实芯聚乙烯绝缘;4-内导体

四、船用电缆的选用

船舶控制的自动化程度越高,其上所用电缆的数量就越多。由于电缆承受着输送电力、传递信号和控制各种运行的繁重任务，所以如何经济合理地选择船用电缆是十分重要的。船用电缆的选择必须严格按规定进行，这样才能有利于船舶的航行安全。

1. 船用电缆的选择步骤

(1)按电缆的用途、敷设位置、工作条件来确定电缆型号。

①按用途选择。按电缆的用途一般可分为动力照明网络和弱电控制网络两大类。在选用电缆时应按要求分别选用船舶电力电缆和船用通信电缆，特别在弱电控制网络中，一般对屏蔽要求较高，更不能随意选择。

②按敷设位置选择。敷设在不同位置的电缆，由于工作环境的不同，也应该选择不同型号的电缆。

一般来说，机炉舱场所由于油水较多，并且容易受到机械损伤，应选用耐油性能较好同时有金属编织外护套的电缆。

盥洗室、厕所和浴室等经常要冲水的部位，应选用密闭性较好的塑料外护套电缆或耐氧化的铜丝壳电缆。

一般舱室由于环境条件较好，原则上，现有的各种护套电缆均可使用。

室外一般选用塑料外护套电缆或铜丝壳电缆。电缆敷在有阳光直接照射的场所要考虑护套的耐热老化性能。一般说露天场所不宜使用硫化丁聚物护套电缆。

冷藏室由于环境温度较低，且有大量冷凝水，最好能使用带铜丝编织的橡皮护套电缆，或用塑料护套电缆。

弱电舱室应采用铜丝编织电缆，以防止无线电干扰。

在有易爆气体的舱室，如蓄电池室、油漆间等，应选用塑料外护套电缆。

③按使用方式选择。电缆的使用方式有固定敷设和移动使用两种，对移动使用电缆，应根据使用情况选择相应的软电缆，以保证电缆的使用寿命。

(2)根据用电设备的工作制度、电源种类、电缆芯数和实际负载电流，按电缆允许的载流量选择电缆截面。

设备工作制度主要是指该设备是连续工作或间歇工作或短时工作。连续工作的设备有发电机、照明变压器等，由于长期处于工作状态，所以电缆的发热系数较大。间歇工作的设备有起货机、舵机等。虽然工作时间较长，但由于是间歇工作，故电缆的发热系数比长期工作的电缆系数要小。短期工作的设备有火警、警铃等。由于平时较少使用，即使使用，其时间也较短，故电缆的发热系数可忽略不计。

电源种类是指电缆中流过的是直流电源还是交流电源。

电缆芯数是决定电缆允许载流量的重要因素。一般来说，电缆芯数越多，每根芯线的允许载流量就越小。

实际负载电流是指考虑了负载系数和同时工作系数后的负载电流。

以上这些都是选择电缆截面的重要因素。

(3)具体选择方法：

①发电机至总配电板的连接电缆，依据发电机的额定电流来选择。

②电动机的连接电缆，应按电动机的额定电流来选择。

③分配电板的连接电缆，应考虑负荷系数及同时工作系数，但要有一定的余量。

④单芯或双芯电缆的截面应大于$1mm^2$,多芯电缆每芯的截面应大于$0.8mm^2$,以满足机械强度的要求。

⑤为了敷设方便,截面大于$25mm^2$的电缆宜采用单芯电缆;截面大于$120mm^2$时,则宜采用两根较小截面电缆并联的方式来代替。

⑥三相交流线制中,原则上采用三芯电缆。若截面较大时,可采用单芯电缆或多根三芯电缆并联使用的方式。但不宜采用有金属护套的电缆,以防止涡流发热。

⑦进入蓄电池室的连接电缆应采用单芯电缆,以有利于接线。

⑧选择多芯电缆时,应留有备用芯线。一般实用电缆为2~4芯时,备用1根;实用电缆为5~17芯时,备用1~3根;实用电缆为18~48芯时,备用3~5根。

⑨通信电缆不能与控制电缆、电力电缆等共用一根多芯电缆,以防止相互干扰。

2. 电缆截面的修正

电缆的标称载流量是电缆在标准环境温度下确定的。由于电缆所处环境温度、工作条件的差异及电缆穿管、捆扎等的影响,电缆的实际温度往往很高,如果电缆仍按其标称载流量工作,则会导致电缆过热而不能正常工作,故应对所选用电缆的截面积进行适当的修正。

(1)根据周围环境温度的修正:

①一般电缆由于环境温度低于45℃,所取电流值可适当增加。

②有些电缆承受负荷变化较大,线路经过各舱室(如机舱、锅炉舱等)的室间环境温度不同,加之各种管系,尤其是蒸汽管路的平行交叉,则所取电流值较标准要略有下降。

(2)穿管电缆截面的修正:

①船舶电缆穿管子时,其长度小于1.3m时,电流值无须修正。

②若超过1.3m时,则电缆散热条件明显恶化,此时,必须降低电缆的电流允许值,一般选用时以实际值的125%来计算,即修正系数为1.25。

(3)成束电缆敷设时电缆截面的修正。

当电缆长度超过3m,根数在6根以上,同时一起敷设的称为成束电缆。随着船舶电气化程度不断提高,电缆用量不断增加,电缆成束敷设的形式已被广泛地采用。几十根以到上百根电缆紧密靠在一起,必然使电缆的发热和散热大为复杂化,自成系统的单根电缆载流量计算理论已无法推算成束后的载流量。通常是用将单根电缆载流量乘以一个小于1的修正系数来解决。按国际电工委员会1977年规定,电缆束内电缆载流量为单根敷设时的85%,即修正系数为0.85。

成束电缆的载流量不仅与电缆芯数和截面有关,而且与束的外形尺寸以及负载的分布有关。电缆束越接近圆形或方形,散热越差,因此将电缆束敷设成边长为1:3的扁平形为宜,较大负荷的电缆排在电缆束的外层对散热有利。若大负载电缆全部集中在电缆束的中央,则会造成最恶劣的工作状态。

由于成束以后电缆的载流量与单根电缆的载流量几乎无关,因此,在选择电缆截面时必须加以修正。

(4)根据用电设备允许的电压降,校验所选用的电缆截面是否恰当。

当电缆在正常工作条件下,承载最大电流时,以主配电板或应急配电板的汇流排到任何安装点的电压降,不应超过额定电压的6%。如蓄电池供电,其电压不超过50V者,可增至10%,

凡超过以上指标的，则应对电缆截面进行重新选择，加以调换。

第二节　电缆敷设的准备

一、电缆备料工艺

在电缆仓库内，将电缆表内的每一根电缆，按长度、规格顺序要求卷入电缆备料筒内（图 4-5），这项工作称为电缆备料。

电缆备料一般在电缆仓库里进行。仓库里应有平整的木质地板，可供电缆在地板上拖拉，电缆筒存放在梯形架上（图 4-6），可由吊车吊放。备料时把电缆从电缆筒里拉出头来，在地板上量好长度，截断做好电缆标记及停止记号，然后卷入电缆备料筒内。

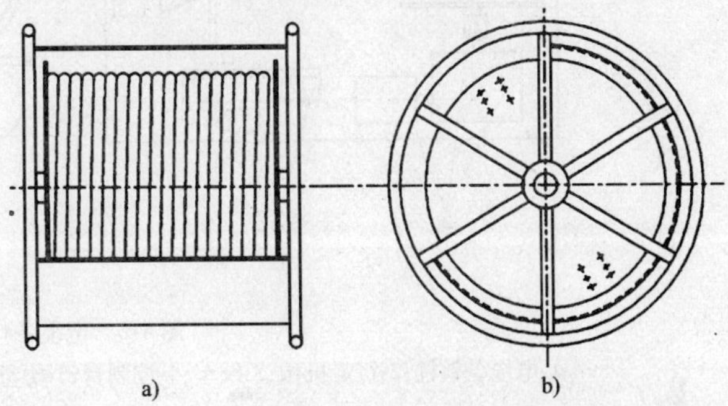

图 4-5　电缆备料筒

电缆上的标记要字迹清晰，不易脱落。如存放期较长，标记可用铜片制成，再用钢印字码在铜皮上冲出相应的电缆牌号。如存放期较短，则可采用在白色塑料带上用塑料墨水书写的方式来做标记，然后用黑胶带将其绑在每一根电缆的两头。

电缆备料筒最好用电动绞车卷动，由脚踏开关控制，如图 4-7 所示。

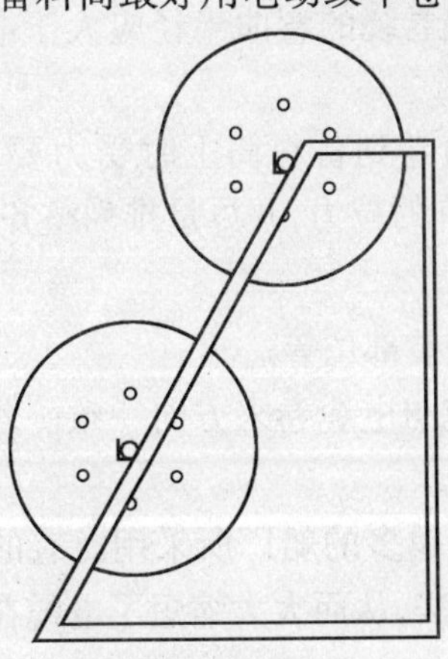

图 4-6　梯形架

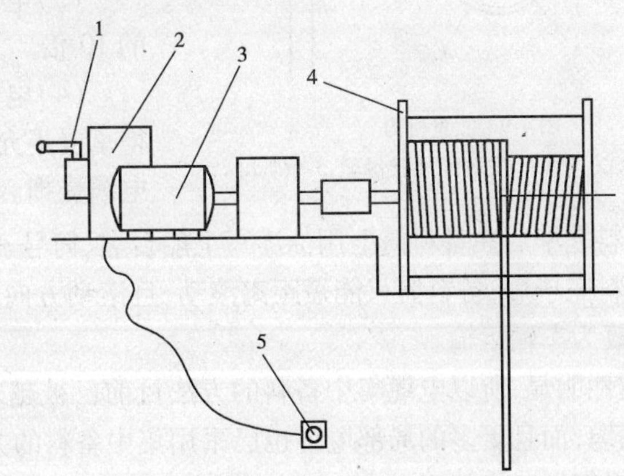

图 4-7　电缆筒电动绞车

1-倒顺开关；2-控制箱；3-电动机、减速机构、离合器；4-电缆备料筒；5-脚踏开关

为了减轻劳动强度，也可用电缆备料车来进行备料（图 4-8）。电缆备料车可沿轨道来回移动，以便挑选不同规格的电缆。电缆备料筒的转速可以调节，以适应不同规格电缆的要求。电缆备料车上装有电缆长度丈量装置（图 4-9），并用数字显示，操作人员可根据表上的长度要求，将电缆截断。电缆备料以先穿后备的原则卷入电缆备料筒内，首尾不能颠倒，同时在二根电缆的首尾之间应用纱绳连接，防止松动。这种备料方法相当方便，可以大大提高备料的工作

效率。

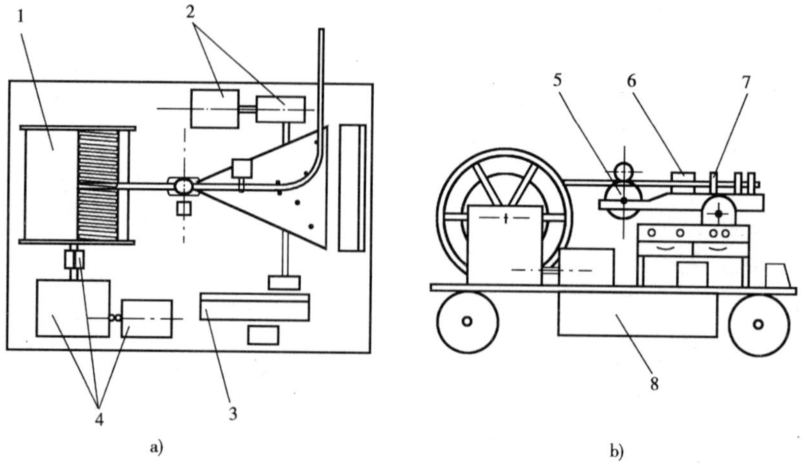

图4-8　电缆备料车

1-电缆备料桶;2-行走机构;3-绞车;4-控制台;5-丈量机构;6-截断机构;7-转向导柱;8-压载

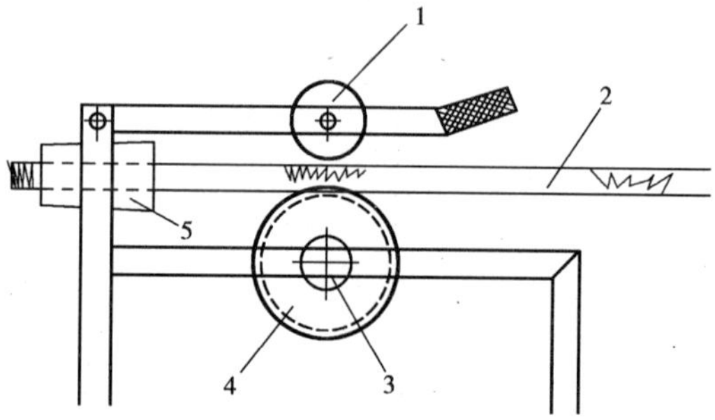

图4-9　丈量机构

1-压紧轮;2-电缆;3-发送机;4-接触轮;5-喇叭口

电缆备料应注意以下几个方面:

(1)需长期存放的电缆,在其两端须用沥青封头,以防潮气浸入而降低电气绝缘。

(2)为了避免电缆护套受损,在备料过程中不要将电缆沿着地面拖拉(木质地板除外)。

(3)电缆卷绕的弯曲半径应大于电缆直径的10倍。

(4)电缆卷到备料筒上时受力要均匀,不得承受不允许的拉力,并尽量排列整齐,以避免电缆受损。

(5)备料完毕后在备料筒上用油漆写上船台名、筒号、安装部位等。

(6)备料完毕后,备料筒只能短距离滚动,且滚动方向应与电缆卷入方向一致。若需长距离移动,应改为车辆运输。

因优越性明显,所以电缆集中备料的方法目前已被越来越多的船厂所采用。有的单位不仅是主干电缆,而且更多的局部电缆也已采用集中备料的方法,从而大大缩短了电缆在船上安装的周期,提高了工作效率。

二、电缆敷设的准备工作

(1)准备"电气综合放样图(即电装图)"、"电气设备布置图"、"电气焊装图"、"电缆清册"等有关电缆敷设的施工用图纸及技术文件。

(2)根据主干电缆表册,进行电缆切割备料。

(3)发电机到配电板,首侧推电机的电源线及到启动电阻箱或变压器的电缆,这些线径大,长度相对较短,不预裁备料,采用现场敷设的办法。

其他电缆要根据表册，按所划分的区域进行切割备料。事先应做好电缆的临时标牌，标牌上注明电缆代号、规格，每根电缆首尾各一块。每根电缆切割时，随即将临时标牌包扎于该电缆的起、终两端，按照电缆表册规定的长度，做好电缆穿过舱壁或甲板的停止标记。预裁备料时，注意先裁后敷的原则，既可保证敷设美观，又做到了尽量避免敷设时交叉的现象。

(4)电缆的切口应保证不因受潮而影响绝缘，必要时应妥为包扎封口。

(5)按照表册规定的拉敷地点及拉敷顺序，分区将电缆依次卷入电缆盘备用。注意须将电缆表册中各区域内排在前面的大截面电缆最后预裁，可以优先敷设，从而尽量减小电缆相互摩擦而损伤电缆护套的可能性。

三、定位与开孔补强

1. 定位

按照施工图纸将预先配制的托架、电缆框、电缆筒、填料函等进行实船定位，划出其开孔位置及尺寸。

2. 在船体构件上开孔

为了合理地布置电缆，充分利用舱内的空间，电缆线路难免要穿过船体构件，这无疑影响船体的结构强度。为保证船舶的安全性，要求在船体构件上不开孔、少开孔、开小孔、不开直角孔；如必须开大孔且又影响到船体构件的强度时，则应采取相应的补强措施，以达到船体构件的原强度。

(1)开孔原则。开孔一般为圆形或腰圆形，如开孔为其他形状则至少应有圆角，安装电缆框、电缆筒或电缆管时，孔的大小应与所选定的电缆框、电缆筒或电缆管相称，不宜过大。

(2)在横梁、肋骨及纵桁上开孔(图4-10)：

①开孔高度 h 一般不得超过横梁肋骨或纵桁高度 H 的1/4(25%)，宽度 l_1 不得超过骨材间距 L 的3/5(60%)，开孔的左右边缘尽量做到与切口边缘等距离。

②开孔位置应靠近甲板，即开孔下缘至纵桁面板的距离 H_1 应不小于纵桁腹板高度 H 的2/5(40%)。

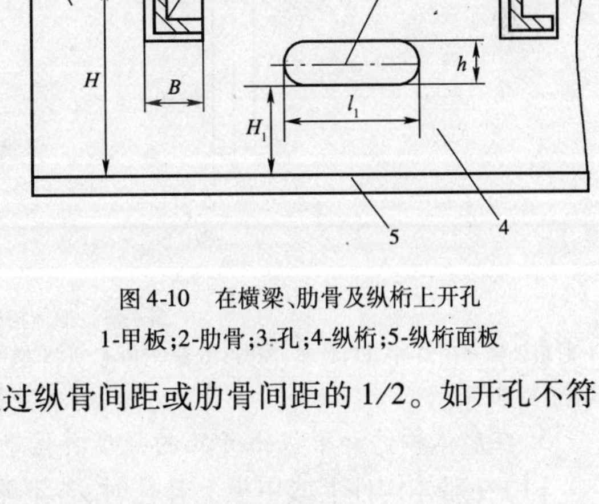

图4-10　在横梁、肋骨及纵桁上开孔

1-甲板；2-肋骨；3-孔；4-纵桁；5-纵桁面板

③开孔应分散，不能同时密集在邻近的纵骨间距或肋距之内，如需开两个以上的开孔时，应沿水平方向布置，但所有孔的宽度之和不得超过纵骨间距或肋骨间距的1/2。如开孔不符合上述规定，应予以强度补偿。

(3)在甲板上开孔：

①开孔的形状一般应为腰圆形或圆形，其长轴应尽量沿船艏线方向布置且开孔的长宽比不小于2，以保证在相同的开孔面积情况下，尽量减小沿船宽方向的开孔宽度。

②在船中1/2船长的区域内的强力甲板上开孔，沿船宽方向的开孔尺寸不得超过货舱口至舷边距离的6%，其他处甲板上开孔，开孔宽度不得超过舱口边线至船边距离的9%，圆形开孔不得超过上述距离的6%。

(4)禁止开孔的部位。船体结构的如图4-11所示的部位一般是禁止开孔的,图中影线区为禁开孔区域。

①船体横向构件(如横梁、纵桁),其结构上原有开孔处下部,及端衬板上禁止开孔,如图4-11a)、4-11b)所示。

②纵强度构件,如纵骨、纵制荡舱壁、纵通桁材等,其上面禁止开孔。

③平板龙骨上部的肋板上禁止开孔。

④支柱端部构架,禁止开孔的部位,如图4-11c)、图4-11d)所示。

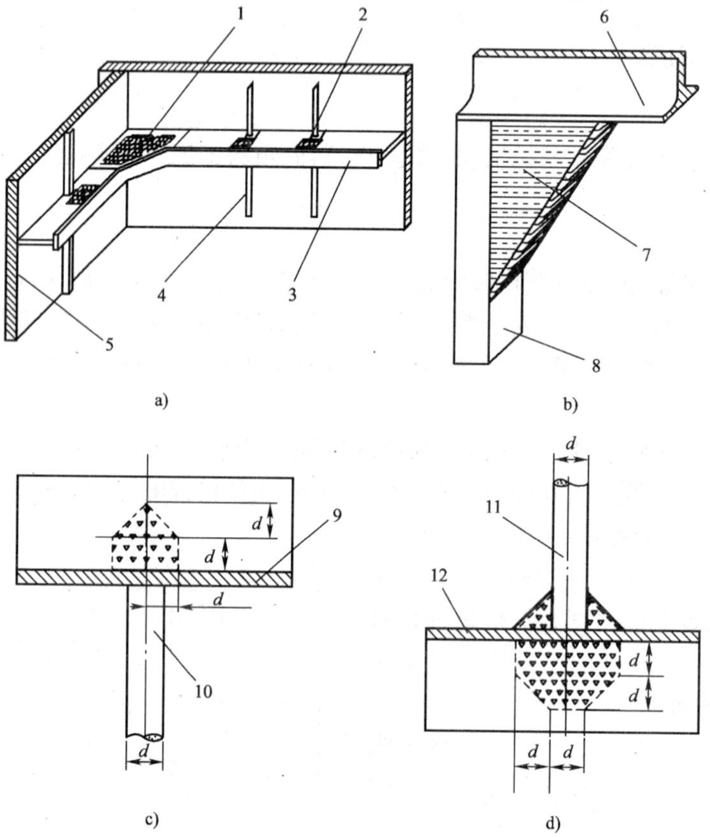

图4-11 船体构件上禁止开孔区域

1-肘板处禁开孔;2-桁开口处禁开孔;3、6-纵桁;4-肋骨;5-舱壁;7-肘板及拆边处禁开孔;8-扶强材上禁开孔;9、12-柱;10-下部构件;11-梁

3. 在船体构件和甲板上开孔的强度补偿

(1)在船体构件上或甲板上开孔时,若不能符合上述开孔原则,则必须在征得船体主管部门同意后方可实施,且开孔尺寸不超过规定的极限值。

(2)必须在开孔处设置补强框或补强复板应符合下列要求:

①钢板厚度≥被开孔的船体构件或甲板的厚度;

②补强框(垂直于腰圆孔平面)的高度≥所开腰圆孔的宽度;

③补强复板(沿腰圆孔短轴)的有效宽度之和≥所开腰圆孔的宽度。

(3)补强框和补强复板材料的强度应不低于被开孔的船体构件或甲板的材料强度。

(4)补强框应单面连续焊接,补强复板应在其内、外圈连续焊接。

(5)开孔处所用的电缆管、电缆框或电缆筒等若能满足上述要求,则可不再另设补强框或补强复板。

四、电缆紧固件和贯穿件的选用

船用电缆的正确的敷设是通过电缆完整件的合理选用来实现的。电缆紧固件及贯穿件的种类规格很多,对其进行合理的选用,不仅会减少材料的消耗,还会减少返工的工作量,并能避免大材小用的现象。

1. 电缆紧固件的选用

电缆紧固件的种类和规格很多,其选择取决于各船厂生产使用紧固件的情况和习惯,对于它的大小规格的选择应根据电缆束的截面积及电缆根数来确定。其规格大小应选择恰当,如选得太大,就会造成材料浪费;选得太小,就无法敷设电缆,造成返工,且影响生产周期。

由于电缆支架和扁钢安装和紧固方法简单,在施工中具有明显的优越性,故被大量采用,下面仅介绍扁钢支架、紧钩及电缆支架等经常使用的电缆紧固件的选用。

(1)扁钢电缆支架的选用:

①电缆敷设层数应不超过两层,以利于电缆的散热,并能防止电缆因其自身的重力超过支架或扎带的载荷而造成脱落。其应用如图 4-12 所示。

②扁钢电缆支架宽度的选择依据是:在其上面敷设的电缆的外露部分的宽度要小于电缆的半径。

③电缆扎带的选用:

A. 不锈钢扎带:其特点是强度高、耐腐蚀,但价格较高,适用于室外及潮湿场所。

B. 镀锌扎带:其特点是强度较高、耐腐蚀、价格较低,整个船舶各种场合的电缆敷设均可使用。

C. 尼龙扎带:其特点是施工方便、耐腐蚀,但强度一般、不耐老化而且价格较高,故不宜用于高温及露天场所。

(2)紧钩的选用:

①允许敷设多层电缆,提高紧钩的利用率。如图 4-13 所示。

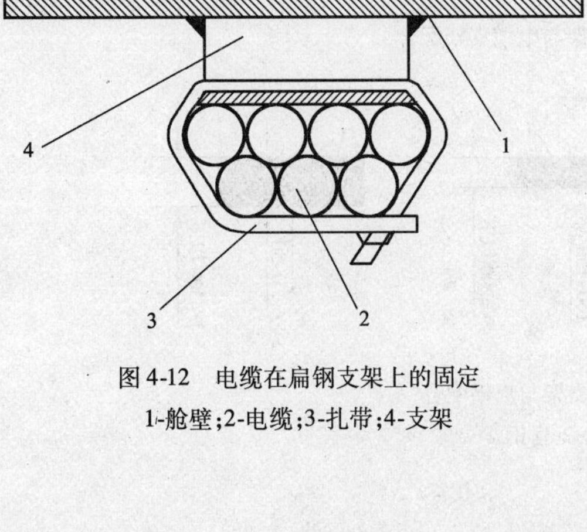

图 4-12　电缆在扁钢支架上的固定

1-舱壁;2-电缆;3-扎带;4-支架

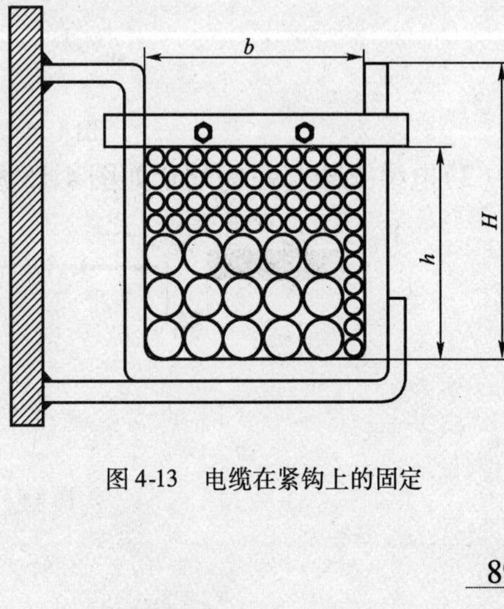

图 4-13　电缆在紧钩上的固定

②紧钩的使用,使电缆的拉放变得较为方便,尤其是紧钩的开口向上时更能显示其优越性,因为可以省去临时挂钩。

③紧钩规格的确定可按下式来确定

$$H > h = \frac{D_1^2 + D_2^2 + \cdots}{b}$$

式中: H——紧钩的高度,m;

h——敷设电缆的实际高度,m;

$D_1, D_2, \cdots$——各电缆的直径,m;

b——紧钩内边的宽度;m。

(3)E 型组合电缆支架的选用:

①采用该支架时,电缆敷设、紧固及增添较为容易,其宽度不要大于200mm。

②敷设电缆层数不要超过两层,厚度不要超过50mm,否则应选双层支架,层间距应大于100mm。若一束电缆超过3层,应按85%载流量选用电缆。

③该支架的宽度最大可达600mm,适合用于大型船舶电缆的敷设。

2. 电缆贯穿件的选用

(1)填料函的选用要与电缆的外径相适应,以保证水密要求。

(2)电缆框、电缆筒及电缆围板等的选用要考虑穿线方便,且每根电缆之间及电缆与舱壁之间的间隙要大于20mm,以便于进行密封。

(3)电缆管的弯头数量不要超过两个,否则会给穿线带来困难。

(4)水平敷设的电缆管一般应设置排水孔。

(5)电缆管截面积的选用:电缆管的内截面积≥2.5×电缆截面积总和。

3. 紧固件与紧固件的配合

(1)电缆支架与电缆支架配合间距如图4-14所示。

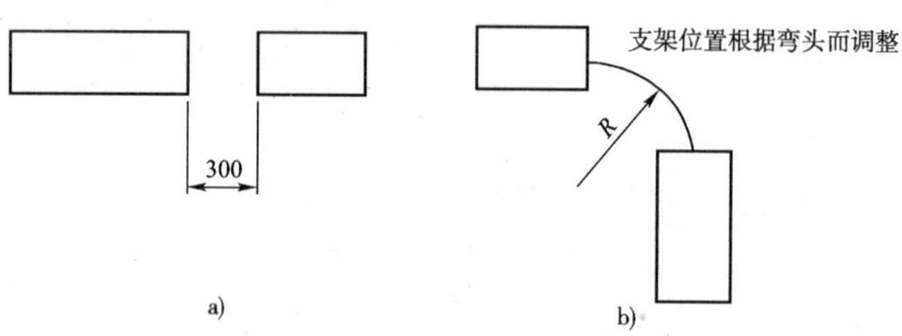

图4-14 电缆支架与电缆支架配合

(2)电缆支架与扁钢配合如图4-15所示。

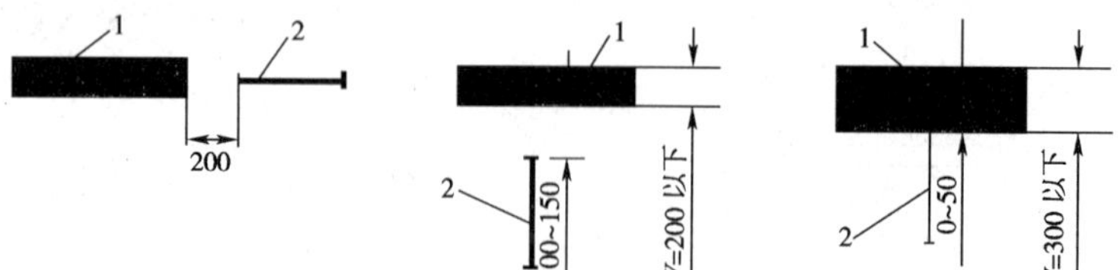

图4-15 电缆支架与扁钢配合

1-支架;2-扁钢

(3)扁钢与扁钢配合如图 4-16 所示。

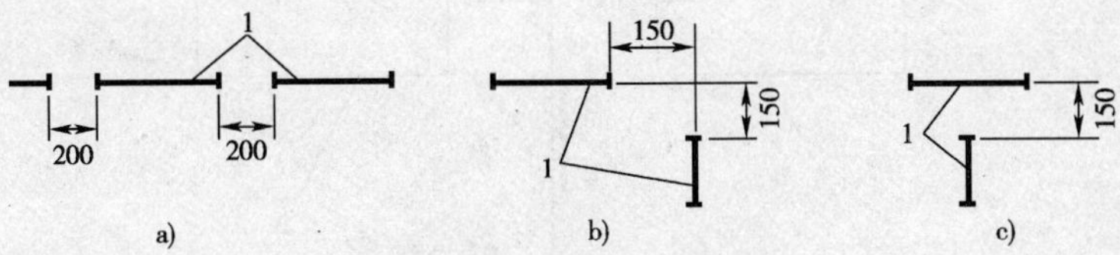

图 4-16　扁钢与扁钢配合

1-支架

(4)支架脚高度调整如图 4-17 所示。

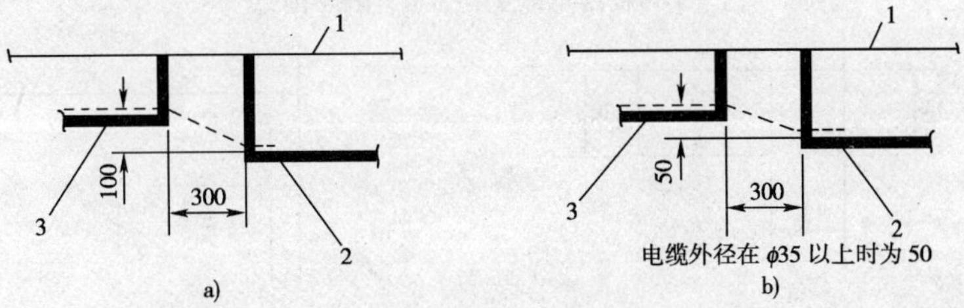

图 4-17　支架脚高度调整

1-甲板;2-高支架;3-低支架

4. 紧固件与贯穿件的配合

(1)电缆支架与电缆贯穿件配合如图 4-18 所示。

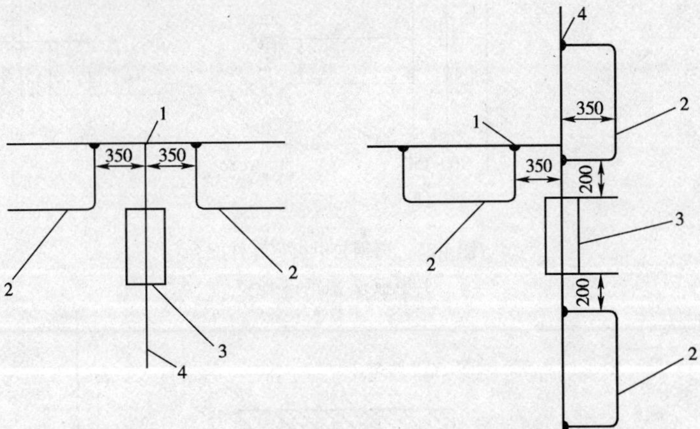

图 4-18　电缆支架与电缆贯穿件配合

1-甲板;2-电缆支架;3-贯穿件;4-围壁

(2)电缆支架与填料函配合如图 4-19 所示。

(3)扁钢与填料函配合如图 4-20 所示。

(4)扁钢与甲板贯穿件配合如图 4-21 所示。

(5)紧固件与绝缘层配合如图 4-22 所示,紧固件不能埋在绝缘层内。

(6)紧固件与穿线管配合如图 4-23 所示。

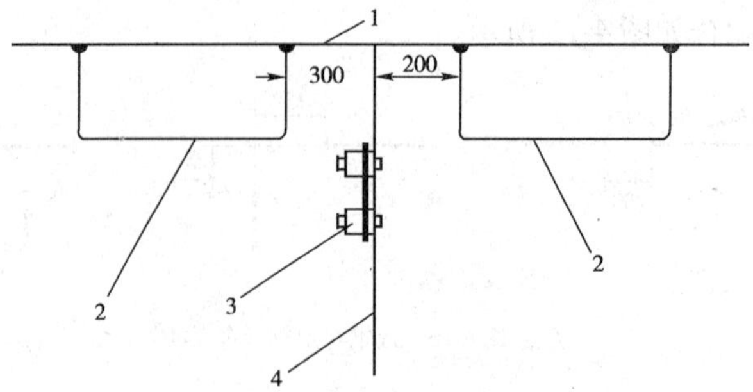

图 4-19　电缆支架与填料函配合

1-甲板;2-电缆支架;3-填料函;4-围壁

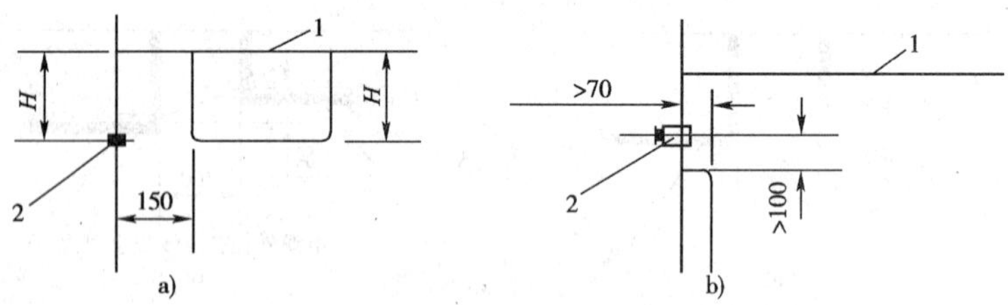

图 4-20　扁钢与填料函配合

1-甲板;2-填料函

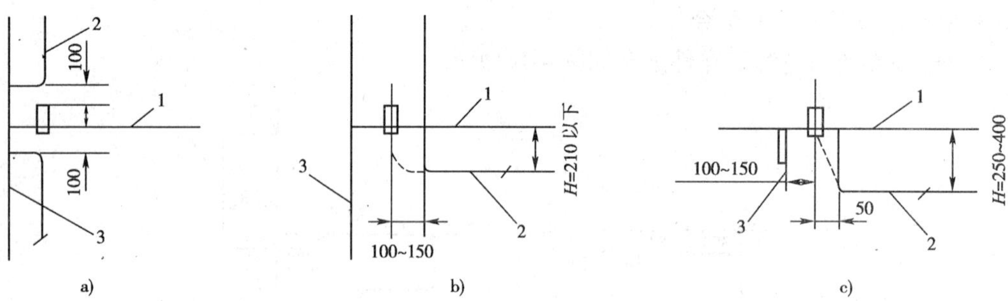

图 4-21　扁钢与甲板贯穿件配合

1-甲板;2-扁钢;3-舱壁

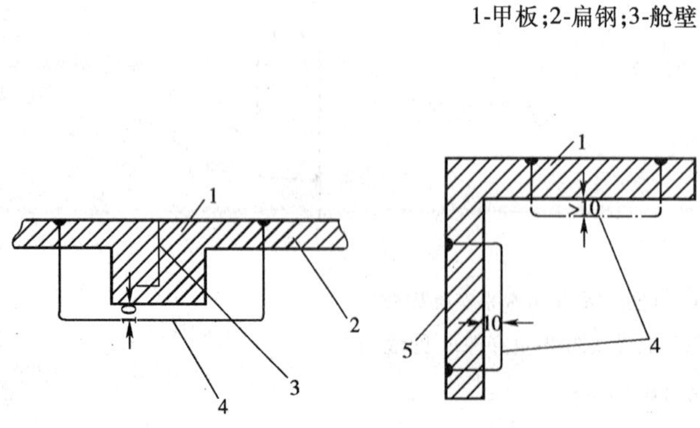

图 4-22　紧固件与绝缘层配合

1-甲板;2-绝缘层;3-肋骨;4-紧固件;5-围壁

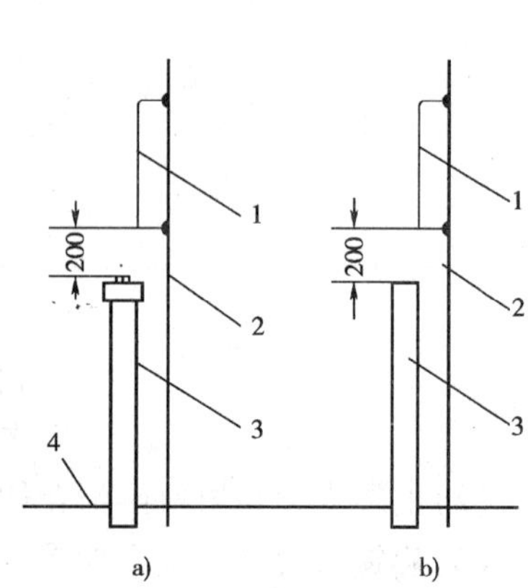

图 4-23　紧固件与穿线管配合

1-紧固件;2-围壁;3-非水密穿线管;4-甲板

五、紧固件、组装件及安装件的焊接

(1)紧固件、组装件及安装件的焊接应牢靠,能保证电缆紧固和使用时不致脱焊。

(2)紧固件、组装件及安装件的底脚不应直接焊接在上层连续甲板以下的船壳板上,如不可避免,需采用覆板或其他措施。

(3)电缆贯穿件均需与舱壁或甲板垂直安装。

(4)对开孔处兼作强度补偿的电缆贯穿件,应沿其四周双面连续焊接,以保证强度,如开孔不需作强度补偿及无特殊要求时,其设置的电缆贯穿件允许采用间断焊接。

(5)对于有防火和水密要求的电缆贯穿件,应采用沿其四周双面连续焊接,保证水密,焊接完毕清除焊渣,并应检查焊缝的水密性。

(6)所有焊接好的紧固件、组装件及安装件应清除焊渣,并涂以防锈漆。

(7)电缆框的灌注孔上方与甲板间应留有足够的空间,以便灌注操作。

(8)电缆筒安装在设备底座内时(如配电板、集控台等)电缆筒伸出甲板不小甲板敷料的厚度。

第三节　船用电缆的拉放

一、电缆敷设线路的选择

船舶主干电缆的电缆走向一般分为三个路线。第一路是机舱通往上层建筑的驾驶室方向,第二路是机舱通往船艏方向,第三路是机舱通往船艉方向。每个方向电缆的拉敷原则上分为左右两束。在具体拉敷时,应按自上而下、由主干到局部或由大型设备到小型设备的顺序来进行,以减轻劳动强度。

机舱通往上层建筑的驾驶室方向的电缆拉敷时,一般是沿着隔舱壁行走;上层建筑甲板处的主干电缆一般均敷设在内走道里。

现行设计的多数船舶上均设有专用的电缆舱,其内部不但可以敷设电缆,而且还可以安装一些不经常操作的配电装置,给安装、使用及维修带来了很大方便。

局部电缆的布置在不增加电缆长度的情况下,可以随主干电缆一起行走,能降低电缆紧固件及电缆贯穿件的消耗,减小拉敷的工作量。而公共场所及生活区的电缆布置,为了美观而尽量采用暗线敷设。

二、电缆拉放方法

1. 单向拉线法

方法:电缆的首端从拉放点开始,沿着紧固件一个方向拉线,尾端停止在拉放点附近。

应用:中小型船舶的主干及局部电缆,贯穿几层甲板的主干电缆组,其拉放点在最上一层甲板。

特点:可不停顿地连续拉线。当电缆较粗且又较长时,其劳动强度较大、对电缆最外一层护套的磨损也较大。

2. 双向拉线法

方法:电缆首端从拉入点开始,向一个方向拉放。到达中间停止标志处,将另一段电缆从电缆筒上拉出来,绕成“8”字形,然后将电缆尾端向与首端相反的方向拉放。

应用:大中型船上较长的纵向主干电缆及军用船上的消磁电缆。

特点:可减少电缆在拉放中的磨损。但拉放中途有停顿,且拉放点附近绕成“8”字形的电缆不容易出现打结和不平整现象。

3. 内场备料上船拉线法

方法:电缆在车间内场已备料完毕,运到船上后按电缆加线册拉线。

应用:大中型船舶上的局部电缆及一般电气设备较多的舱室。

特点:拉线速度快,电缆占用场地小,但内场工作量大。但因丈量误差,电缆有一定数量的浪费。

4. 船上切割拉线法

方法:把所需的各种规格电缆吊运上船,按电缆加线册边切割边拉线。

应用:小型舱室的居住舱室内的局部电缆。

特点:能减小内场工作量,电缆因长度准确而利用率很高;但拉线速度慢,电缆占用场地大。

5. 混合拉线法

方法:较长或用得较少的电缆在内场备好料后运到船上,而使用频繁的各规格的电缆在船上现场切割。

应用:各种情况下的电缆拉放。

特点:集中了上述两种情况的优点。

三、电缆拉放顺序

(1)按照不同的区域,由机舱→居住区→露天甲板的顺序。

(2)按照不同的线路,可分为两种情况。一种情况是由主干线→局部线的顺序,它适于主船体大合拢后,才能进行电缆拉敷的建造工艺。另一种情况是由局部线→主干线的顺序,适于分段预安装建造工艺;在预安装时大多局部电缆已基本上拉敷完毕,到大合拢后,再进行主干电缆的安装。

(3)按照电缆的状况,由尺寸长、外径大的电缆→尺寸短、外径小的电缆的顺序。

(4)按照不同的装置,由大型设备→小型设备的顺序。

四、拉放前的检查

(1)电缆拉放前,应检查线路上所有支承件和贯通件有无遗漏,有无锐边和毛刺,焊接是否牢靠。

(2)电缆拉放前,应仔细核对电缆的编号、型号、规格与图纸或电缆表册是否相符并检查电缆保证完好。

五、拉放的工艺要求

(1)电缆拉放时,应使电缆沿着已烧焊支承件、贯通件的敷设线路方向连续均匀地移动,特别注意不要强力硬拖，以免损伤电缆。

(2)在电缆通道转弯处应留有适当的转弯半径。

(3)对于主干电缆，应按照电缆的“停止标记”把电缆停在规定的舱壁或甲板处。

(4)不同护套的电缆混合拉放时，应特别注意防止电缆相互摩擦而损伤电缆护套。

(5)每根电缆拉放完毕后，均需把电缆理齐，校对长度，并把多余电缆卷起挂在设备附近，不得将电缆随地乱抛。

(6)所有电缆拉放完毕后，应再次校对电缆的型号、规格、进入设备的长度、总长度、起终点的设备名称和位置，如发现错误，请作好记录反馈到设计部门。校对无误后，方可紧固，如采用绑扎法紧固电缆，建议可在拉放好一束电缆后，经复核整理后即用扎带紧固，然后再拉放第二束。

(7)局部电缆一般在主干电缆拉放完毕后进行。可参照二次电缆清册，按设备布置图和电气系统图，根据实际情况现场进行切割和拉放，并在两端做好临时标记。

第四节　船用电缆的敷设

一、电缆敷设的基本要求

电缆的敷设时，应满足下列的基本要求：

(1)电缆敷设的线路应尽可能平直和易于检修。

①主干电缆暗式敷设时，敷设线路上的封闭板须便于开启。

②不应将电缆埋设在隔热或隔音绝缘层内。

(2)电缆敷设应防止机械损伤。

①电缆敷设应尽实际可能远离机械损伤源。

②电缆敷设的弯曲半径不应小于电缆外径的6倍。

③货舱、储藏舱、甲板上、装货处、舱底花钢板下等易受机械损伤的场所，敷设电缆应用电缆管或可拆的金属电缆护罩加以保护。在露天甲板上的电缆管或扩罩与甲板之间的距离不应小于200mm，在室内甲板上则不应低于100mm，货舱和甲板上的电缆护罩厚度不应小于3mm，并有防腐蚀措施。

④敷设电缆要避免跨越任何结构的伸缩接头部分，若确实不可避免时，则应将电缆弯成具长度足以适合该接头的伸长的环形伸缩弯头，该环形弯头的内径至少为该电缆(或该束最粗电缆)外径的12倍。

⑤电缆穿过甲板时，必须用金属电缆管或电缆筒保护。

⑥尽量避免在可动或可拆的场所敷设电缆，以免移动或拆装时损伤电缆。不可避免时，敷设在可动场所的电缆应留有足够的移动余量，敷设在可拆场所的电缆采用插座形式连接。

⑦电缆穿过非水密金属舱壁和船体构件时，一般应设置电缆框或衬套。

(3)电缆敷设应尽量远离热源，不可避免时，用隔热材料包扎。

①电缆距蒸汽管、排气管及其法兰(包括电缆与之平行，交叉两种情况)、电阻器、锅炉等热源的空间净距离不小于100mm。

②用于重要设备或应急设备的电缆，应尽量远离厨房、洗衣间、机器处所及其舱棚，以及其

他有高度失火危险处所,但对必须向这些场所中设备供电的电缆除外,这些电缆还应尽量远离舱壁走线,以排除相邻处所失火可能造成舱壁高温而使其受损。

(4)电缆敷设应防止潮气凝结和油、水的影响。

①在潮湿舱壁敷设电缆时,电缆与舱壁之间至少应有20mm的间距。

②在易受油、水浸渍的处所,如舱底花钢板下等处敷设电缆时,应将电缆敷设在电缆管内。电缆管贴近花钢板安装,如有可能其两端都应高于花钢板,并用适当方式封闭,封闭材料应为滞燃或不燃(在有防火要求的场合)和无腐蚀性材料且不致损伤电缆。电缆管可选用船用金属管或镀锌钢管,一般在不易受到机械损伤的场所,可优先选用金属软管;在可能受到机械损伤的场所,须选用镀锌钢管加以保护,同时应设置填料函,并用热缩套管进行封堵。

(5)电缆不应喷涂可能对其护套或其防火性能有不良影响的材料涂覆或油漆。

(6)敷设于船壳板、甲板上的电缆与船壳板、甲板的间距不小于20mm,在双层底及滑油、燃油柜上敷设的电缆与其间距不小于50mm。

(7)穿过舱壁或甲板的电缆。

①穿过舱壁或甲板的电缆,不应影响舱壁和甲板原有的防护性能,应设有保证原有的防护性能的贯穿件。

②位于电缆框(筒)电缆应平直,不应交叉,且不易过松。

③位于电缆框(筒)的电缆距离框(筒)壁不应小于10mm,电缆之间应有一定间隙。

④位于电缆框(筒)的电缆外表应洁净,尤其忌油污,如有油污,可用无水酒精洗净。

⑤对于耐火电缆框(筒),贯穿电缆总截面积一般不超过贯穿件内截面积的30%,对于普通电缆框(筒),贯穿电缆总截面积一般不超过贯穿件内截面积的40%。

(8)电缆严禁穿越油舱,一般也不应穿越水舱,不可避免时,应用经防腐蚀处理的单根无缝钢管敷设,管子及其舱壁的焊接均应保证水密。

(9)下列电缆应尽量避免在一起敷设。

①原则上动力电缆与信号电缆分路或分束敷设,间距至少为50mm。

②对要求两路供电的主要设备,如操舵装置的电缆应尽最大可能在水下及垂直方向远距离敷设。

③导体最高工作温度不同的电缆不应敷设在一起,如此种成束敷设不可避免,则任何一根电缆的工作温度不应达到高于该种温度定额最低的电缆所允许的温度。

④与本质安全电路有关的电缆应与非本质安全电路的其他电缆分开敷设,间距至少为50mm。

(10)应避免在易燃、易爆和有腐蚀气体影响的场所(如:油漆间、蓄电池室等)敷设路过电缆。上述场所内必不可少的电缆的敷设应满足该场所的相应要求。

(11)电缆走线固定在铝质结构上,可使用铝材代替钢材。

(12)电缆托架和电缆管路通常不得作其他用途,如支承水管、油管或蒸气管,特殊情况破例予以考虑。

二、敷设工艺

(1)电缆敷设的厚度一般大约为50~80mm,具体要求如下:

①外径不大于17mm的电缆,每束最多为6根,成束绑扎成三角形。

②外径不大于25mm的电缆,每束最多为3根,成束绑扎成三角形。

③外径50mm以上的电缆,采用单根绑扎方式。

(2)穿管电缆的敷设:

①管子内壁应光滑无毛刺,端部无锐边和缺口,管子内外表面应有防蚀护层。

②管子弯曲半径及内截面选择,应保证电缆易于穿放。

③管子弯曲半径不应小于电缆弯曲半径允许值(不小于电缆外径的6倍),其弯曲内半径不应小于管子外径的2倍。

④穿管系数(电缆外径截面积的总和与管子内截面积之比)不应大于0.4,一般可用电缆束束径计算,取管子的内径不小于电缆束最大束径的1.6倍,单根电缆敷设时,电缆管内径为电缆外径的1.5~2倍。单根或成束电缆在管内垂直敷设时,其垂直高度应考虑电缆自重对电缆接头的影响。

⑤管子通过船体伸缩接头或管子因过长而有断裂可能时,应设置伸缩接头。

⑥管子在连接处应保证机械和电气上的连续性,并可靠接地。

⑦管子布置应使水不能在内部积聚,必要时花钢板以下的在管子最低处设放水旋塞。

⑧长距离穿管敷设电缆时,应适当设有拉线箱。

(3)单芯电缆的敷设:

①交流电路的单芯电缆应尽量选用无金属护套的电缆,应为非磁性材料。必须选用时其金属护套应为非磁性材料。

②不论交流或直流电路均应尽量不选用单芯电缆,如必须选用而电流又超过20A时,应采取(3)~(10)中所列工艺措施。

③为防止由于短路导致的电动力作用,单芯电缆应牢靠地固定,支承件的强度应承受预期短路电流。

④同一交流电路不同相或同一直流电路不同极之单芯电缆应靠紧敷设。

⑤交流单芯电缆穿管时各相电缆应在同一管子内穿过。

⑥交流单芯电缆紧固件应尽量采用非磁性材料,如采用钢质紧固件时,同一电路各相电缆应紧固在同一紧固件内。

⑦交流单芯电缆应尽量远离钢质舱壁或构件敷设,当电缆的额定输送电流大于250A时,电缆与钢质舱壁或构件的距离不小于50mm。

⑧交流单芯电缆穿过钢质舱壁或构件时,同一电路各相电缆必须穿在同一电缆框、电缆筒内,三相电缆按品字形排列,电缆相互间不应有任何磁性材料。

⑨交流三相电路的单芯电缆截面等于或大于150mm²而敷设长度均超过30米时,为使三相阻抗尽量平衡,各相电缆应按品字形排列敷设。

⑩若线路中每相有几根单芯电缆并联时,所有电缆应有相同长度和截面,另外属于同相的电缆应尽量同其他相的电缆交叉敷设,以避免电流负载分配不均匀,正确的排列应为:

L1　L2　L3 或者 L1　L2　L3 或者 L3　L1　L2 或者 L2　L3　L1
L3　L2　L1　　　L3　L2　L1　　　L2　L1　L3　　　L1　L3　L2

⑪动力三相交流电缆进设备时(如变压器等),不允许拆开单芯进线填料函。

(4)冷藏场所的电缆敷设:

①与冷藏场所无关的电缆,原则上不要穿过冷藏场所敷设。

②冷藏场所内的电缆应全部明线敷设,并在周围设置护罩,以防机械损伤。

③固定电缆的金属支承件均应镀锌或其他防蚀材料。

④如电缆必须穿过冷藏场所的热绝缘层,则电缆应敷设在金属管内垂直穿过,管子两端应设置水密填料函,但设置电缆管要考虑对冷藏室的绝热性能的影响。

(5)邻近无线电设备的电缆敷设:

①无线电区域及无线电助航系统的电缆,应采用屏蔽电缆或具有金属护套的电缆进行屏蔽,也可敷设在金属管或金属罩壳内。

②电缆金属扩套、金属管或罩壳至少应在两端可靠接地。

③与无线电台无关的电缆,不应穿过无线电区域,必须穿过时,应敷设在的金属管或金属罩壳内,金属管或金属罩壳应在穿过无线电室的两端可靠接地。

④单芯电缆禁止穿过无线电室。

⑤无线电台至蓄电池室的电缆敷设长度应尽量地短。

⑥罗经及通导设备四周的电缆敷设必须满足各设备的具体技术要求,保证线路通断电时产生的磁场不会对这些设备产生不良影响。

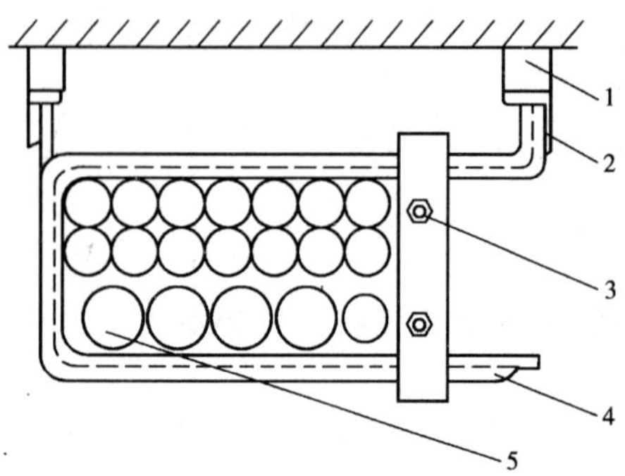

图4-24　紧钩与锁配合紧固电缆

1-底脚;2-角钢;3-螺栓螺母;4-U形紧钩;5-电缆

三、电缆紧固的形式

(1)紧钩与锁配合进行紧固,如图4-24所示。

(2)桥形板上用电缆夹子(骑马)紧固,如图4-25所示。

(3)扁钢上用尼龙扎带(或金属扎带)紧固,如图4-26所示。尼龙扎带如图4-27所示。

(4)电缆支架上用尼龙扎带(或金属扎带)紧固,如图4-28所示。

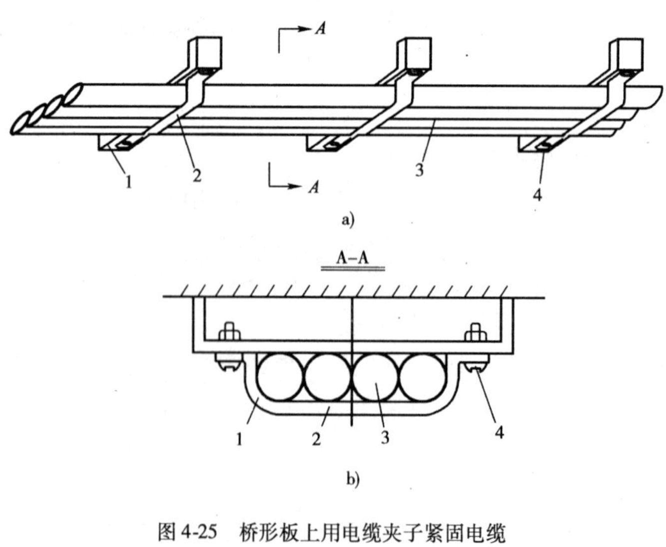

图4-25　桥形板上用电缆夹子紧固电缆

1-桥形板;2-电缆卡子;3-电缆;4-螺栓

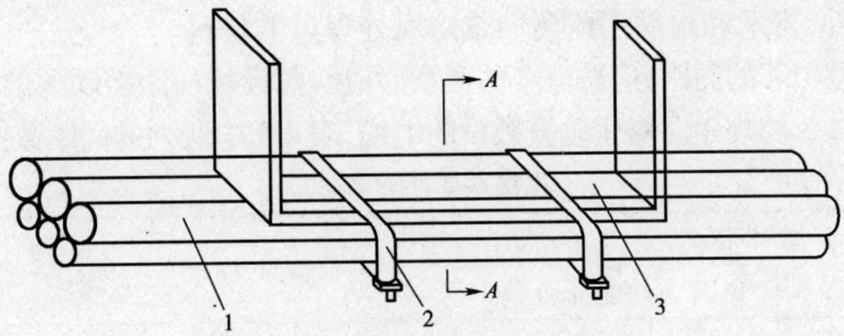

图 4-26　扁钢上用扎带紧固电缆

1-电缆;2-尼龙扎带;3-扁钢

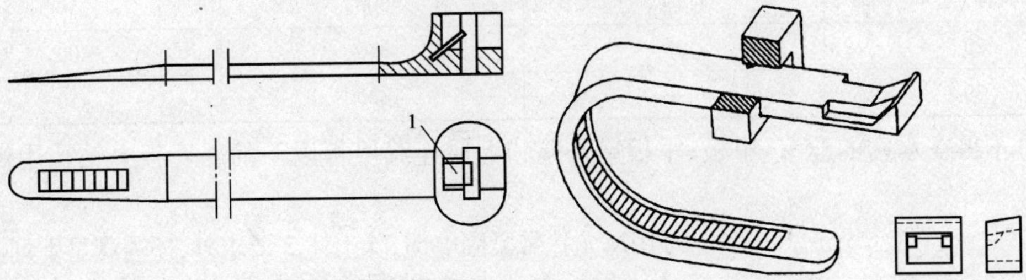

a)　　b)

图 4-27　尼龙扎带

a)带不锈钢倒牙的尼龙扎带;b)带尼龙倒牙的尼龙扎带

1-不锈钢倒牙

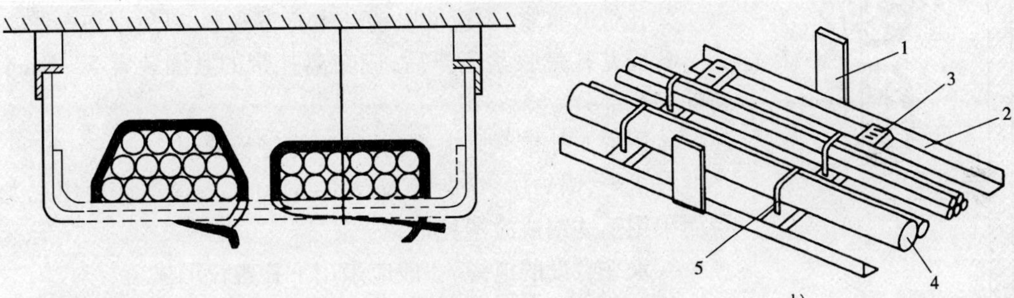

a)　　b)

图 4-28　电缆支架上用扎带紧固电缆

a)用尼龙扎带紧固;b)用金属扎带紧固

1-支脚;2-角钢;3-电缆支架;4-电缆;5-金属扎带

四、电缆的紧固工艺

(1)电缆除用于可携式设备以及敷设在管道、电缆槽等外,均应有效地加以支撑和紧固,紧固后不应有松动。不应使电缆受到有害的损伤,紧固后的电缆应平直整齐,相邻紧固件之间的电缆应无凸起或下垂现象。

(2)电缆紧固件应坚固,接触电缆的表面应无毛刺和缺口,所有电缆的紧固件及其附件均有足够强度,保证安全牢固性。具体使用要求如下:

舱室内:每隔 2 只尼龙扎带,用一只不锈钢或涂塑金属扎带;

露天敷设的:一律采用不锈钢或涂塑金扎带。

(3)电缆紧固件、支承和附件用耐腐蚀或防腐处理过的材料。

(4)电缆紧固件相邻的间距,应按电缆的类型、外径、敷设场所距振动源的远近适当选择,其距离一般应符合表4-5的规定。对于垂直敷设的电缆,表4-5中所列的间距数值可增加25%。

电缆紧固件的间距

表4-5

电缆外径		非铠装(mm)	铠装电缆(mm)
超过(mm)	不超过(mm)		
—	8	200	250
8	13	250	300
13	20	300	350
20	30	350	400
30	—	400	450

(5)不得在水密的舱室、甲板、甲板室外壁和上层连续甲板以下的船壳板上钻孔用螺钉紧固电缆。

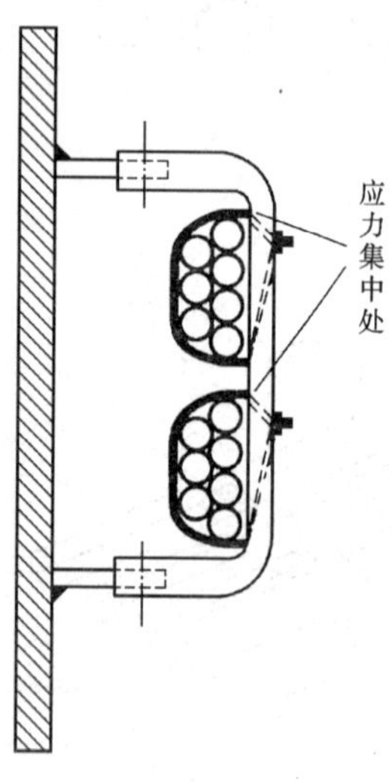

图4-29 支架纵向安装的缺点

(6)用尼龙扎带紧固电缆,除上述2要求外,还需满足下列要求。

①在扁钢上用扎带紧固电缆,应使最底层的所有电缆与扁钢都有接触,并尽量使最底层电缆宽度略大于扁钢宽度,以免扁钢边角损伤扎带。故一般说来,20mm×4mm的扁钢支架用来固定1~3根电缆;40mm×4mm的扁钢支架用来固定4~6根电缆。

②扎带的收紧,不应使电缆产生有害变形,以免损伤电缆。

③尼龙扎带收紧完毕后,应在离扎带的紧固装置5~6mm处切除多余部分。

④用尼龙扎带紧固电缆,扎带不得接长使用。

⑤机舱、锅炉房、烟囱等高温工作场所,一律不许使用尼龙扎带而采用不锈钢或涂塑扎带。

⑥水平敷设的电缆,一般应采用下托敷设形式。

⑦水平敷设电缆,采用U形支架应尽量避免纵向安装,以防扎带局部应力集中,容易断裂,如图4-29所示。

第五节 防火、水密隔堵工艺

电缆穿过水密舱室、水密甲板,进入水密设备或有防火、防鼠等要求的场合,均需要进行电缆密封隔堵工作。由于贯穿件的形式、船体结构性能及使用需求不同,密封隔堵的工艺也随之有异。下面介绍几种常用的密封工艺。

一、填入式密封工艺

它是利用黏性填料填入密封件内,使填料紧紧粘在密封件内壁和电缆护套上来达到密封的目的。为了提高该方法的密封性能,在向填料函内填塞填料时,应加以一定的压力。填入式环氧树脂填料在填料盒中密封的情况如图4-30所示。

1. 密封工艺

(1)核对通过填料盒的电缆的型号、规格、数量，并准备好所需的甲、乙组填料及填料盒零件。

(2)对填料盒壳体的内壁和每根电缆的表面，涂以环氧胶水。配方：环氧树脂与硬固剂按1:0.8 混合，并用适量丙酮稀释。经一定时间后即自行固化，填料应随配随用。

(3)将电缆进行分层整理，在填料盒的靠近电缆处，用填料、石棉绳等材料加以封闭，并在电缆的层之间用厚度不小于20mm 的衬条隔开，衬条应与电缆框相接触。

(4)估计所需填料数量，将甲、乙两组填料充分混合均匀，随即将填料填入填料盒中。在填充过程中，应施加一定的压力，使每一根电缆周围均保证有填料，填料应填塞紧密且无缝隙。

(5)填料沿电缆轴线的填塞厚度应不小于50mm，电缆与填料盒内壁之间的填料厚度不宜小于20mm。

(6)填塞好的填料盒在20℃～30℃温度条件下，应至少保持静置24 小时，以保证填料盒充分硬固。在此期间里，不得拉动电缆。

(7)填料盒两端的电缆应与填料盒基本上处于同一水平位置，并应保证有不小于400mm 的直线段，以方便施工并能避免填料因电缆弯曲而受到挤压。

2. 技术要求

(1)填料盒填料在充分硬固后，其与填料盒壳体和电缆之间均应牢固黏结、没有缝隙。硬固后的填料，可用刀具轻易地凿开，并且有可重新补充黏合的性能。

(2)填料应为滞燃、自熄和无腐蚀性的。

(3)在常温下，填料盒应能承受压强为9.8N/mm^{2}的水密性试验1 小时无漏水现象。

(4)填料盒应能承受温度为90℃，时间为20 个周期的交变温度试验。每一周期8 小时加热，16 小时自然冷却至常温。

(5)填料盒应能承受温度为－25℃，时间为8 小时的低温试验。

(6)填料盒应进行耐冲击和震动试验，并能满足有关的参数要求。

二、机械压紧法密封工艺

利用机械压力，使填料函压缩后紧贴在密封件内壁和电缆护套上，从而满足密封要求。

1. 设备填料函的密封

设备填料函的密封情况如图4-31 所示。设备填料函的填料为橡皮圈。在电缆引入设备前，依次将压紧螺母、钢质垫圈、橡皮圈等套入电缆。为了防止橡皮圈在密封中的轴向移动，可用黏性塑料带把橡皮圈与电缆缠绕在一起。在电缆引入设备时，将上述密封件一起推入填料函底部，旋紧螺母，压紧橡皮圈，直至电缆无轴向移动为止。要求压紧螺母不得全部旋入，留出2～3 圈螺纹作为以后恢复性能时用。对于向上及水平方向的填料函，为了不使水积在电缆与压紧螺母的空隙内，须用填料填塞成半圆形。

2. 组合式橡胶块填料盒的密封

(1)密封工艺：

①按照施工图纸，校对通过填料盒所有电缆的型号、规格和数量，并准备好所需的橡胶块及其他相应的填料盒零件。

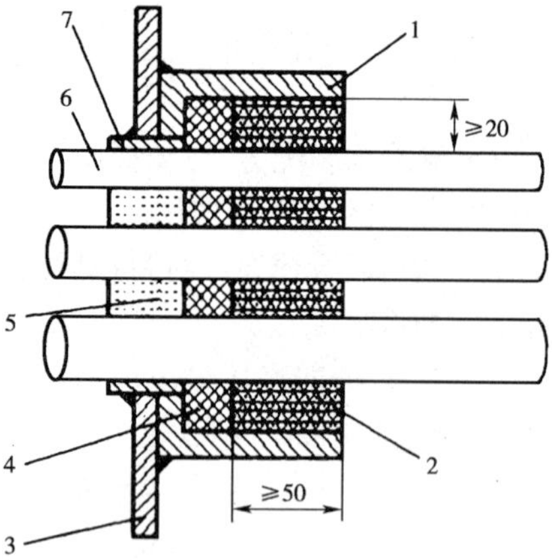

图 4-30 填料盒的密封

1-填料盒壳体;2-填料;3-隔舱壁;4-衬条;5-石棉绳;6-电缆;7-电缆框

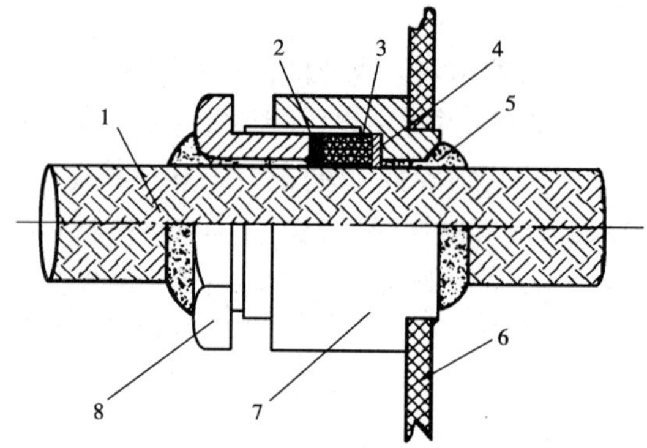

图 4-31 设备填料函的密封

1-电缆;2、4-垫圈;3-橡皮圈;5-填料;6-设备壳体;7-函体;8-压紧螺母

②仔细测量每根电缆的外径,并以实测数据为准,核对按所选橡胶块的孔径与实测电缆外径的间隙,使之满足相关规定。

③按照设计所规定的电缆穿线及橡胶块排列图,将电缆进行分层隔开,然后填入相应的橡胶块。填入橡胶块应自下而上分层进行。

④在填入橡胶块时,应在填料盒壳体的左右侧表面上涂以少量的润滑剂。以减少橡胶块与壳体间的摩擦;还应在橡胶块的内表面上涂上少量硫化硅橡胶,以有利于电缆的水密性能。

⑤在最上一层电缆的橡胶块填充完毕后,即可填入压块,并收紧压紧螺栓,直至可填入辅助橡胶块时为止。

⑥在水密隔舱的两侧分别填入辅助橡胶块和前后夹板,并用螺栓、螺母紧固。然后再适当放松压紧螺栓,以减少对电缆的压力。

⑦填料盒两端的电缆应与填料盒基本上处于同一水平位置,并应保证有一定距离的直线段,如表 4-6 所示,以方便施工并能保证橡胶块受力均匀。如图 4-32 所示。

填料函两侧的直线段 表 4-6

电缆外径 D_{max}	≤30	≤40	≤50	>50
直线段 l	≥400	≥600	≥800	≥1000

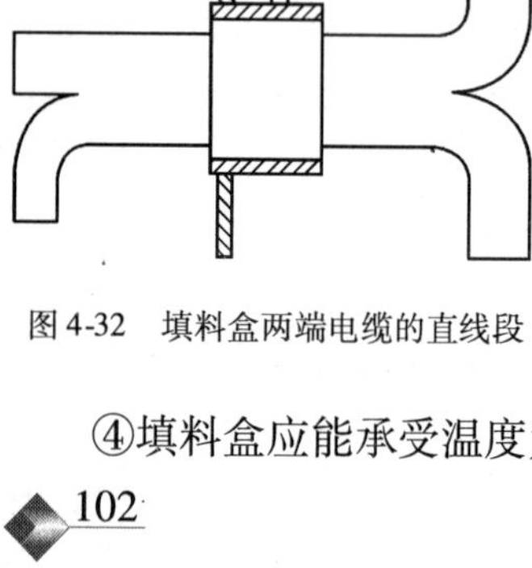

图 4-32 填料盒两端电缆的直线段

(2)技术要求:

①填料盒填料在充分硬固后,其与填料盒壳体和电缆之间均应牢固黏结、没有缝隙。硬固后的填料,可用刀具轻易地凿开,并且有可重新补充黏合的性能。

②填料应为滞燃、自熄和无腐蚀性的。

③在常温下,填料盒应能承受压强为 9.8N/mm^2 的水密性试验 1h 无漏水现象。

④填料盒应能承受温度为 90℃,时间为 20 个周期的交变温度试验。每一周期 8h 加热,

16h 自然冷却至常温。

⑤填料盒应能承受温度为 −25℃，时间为 8h 的低温试验。

⑥填料盒应进行耐冲击和震动试验，并能满足有关的参数要求。

三、灌注式密封工艺

它是将具有一定浓度的液体填料，直接或通过浇灌装备灌入密封件内，利用填料自然干燥或发泡膨胀的特性，使之充满密封件的空间，从而达到密封的目的。此法宜于成束电缆穿过舱壁及甲板时的密封。其密封方法如图 4-33 所示。

1. 密封工艺

(1)按照设计图纸，校对通过填料盒的所有电缆的型号、规格和数量，并准备好所需的填料原料及填料盒零件。

(2)对电缆进行分层整理，并将挡板按电缆束的大小和形状，在现场进行开孔。

(3)插入挡板，并在内外两块挡板之间塞石棉绳、石膏粉等填充料加以封闭，以免在灌注填料时，液态填料从填料盒中泄漏出来。

(4)按填料配方，将所需原料依次倒入容器中并搅拌均匀，随即倒入填料盒中。填料应充满填料盒壳体的空间且无缝隙。

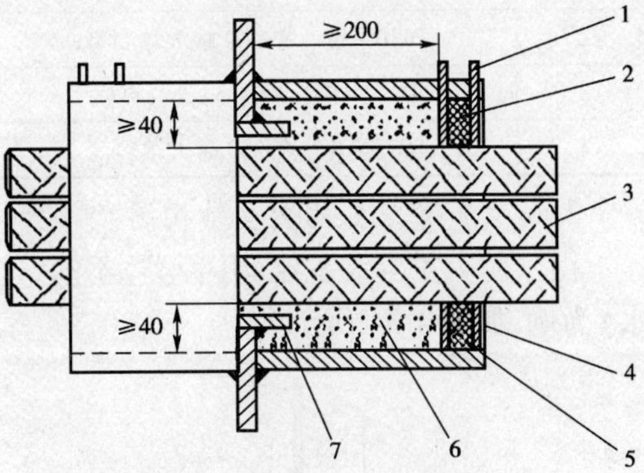

图 4-33　填料盒的灌注法密封

1-外挡板；2-填充料；3-电缆；4-角钢；5-内挡板；6-填料；7-电缆框

(5)填料沿电缆轴向的灌注厚度应大于 200mm，填料盒内壁与电缆之间的填料厚度应不小于 40mm，电缆与电缆之间也应保持有适当厚度的填料。

(6)灌注好的填料盒应在 20～30℃的温度下保持静置的时间要大于 72h，以保证填料充分固化。在静置期间里，不得拉动电缆。

(7)填料盒两端的电缆应与填料盒基本上处于同一水平位置，并保持有不小于 500mm 的直线段，以方便施工及使填料不致因电缆弯曲而受到强力挤压。

2. 技术要求

(1)在电缆盒填料充分凝结后，其与电缆壳体和电缆之间均应牢固黏结，没有缝隙；填料表面光洁平滑且富有弹性，可用刀具轻易地撬开，并有可重新补充黏合的性能。

(2)填料应为滞燃、自熄和无腐蚀性的。

(3)填料应能耐海水腐蚀，在其完全凝结时，浸入海水 12h；应不发生溶解现象。

(4)在常温下，填料盒应能承受压强为 9.8N/mm^2。

(5)填料盒应能承受温度为 90℃，时间为 20 个周期的交变温度试验。每一周期 8h 加热，16h 自然冷却至常温。

(6)填料盒应能承受温度为 −25℃，时间为 8h 的低温试验。

(7)填料盒应进行耐冲击和振动试验，并能满足有关的参数要求。

四、船舶电缆耐火隔堵工艺

电缆贯穿舱壁和甲板具有防火要求时,需采用电缆耐火隔堵工艺和相应装置,包括耐火填料函、耐火填料框、耐火填料管等,并采用相应隔堵工艺。

1. 防火贯穿装置及适用场合

防火贯穿装置的结构形式及适用场合如表 4-7 所示。

防火贯穿装置的结构形式表(样例)　　表 4-7

序号	名　称	耐火等级	防水性能	电缆根数	安装场合
1	DFD－Ⅱ　A—60 组合式耐火填料函	A60,A30,A15	水密	多根	舱壁、甲板
2	DHD－Ⅱ　A—60 耐火填料管	A60,A30,A15	水密	单根	舱壁、甲板
3	DMT－W　A—0 耐火填料框	A—0	非水密	多根	舱壁、甲板
4	DMT－W　A—60 耐火填料筒	A60,A30,A15	水密	单根	舱壁、甲板

2. 防火贯穿装置的典型结构图

由于防火贯穿装置结构(种类)不同,这里不一一列举,只以填料函(防水)和填料框(非防水)为例,如图 4-34 所示。

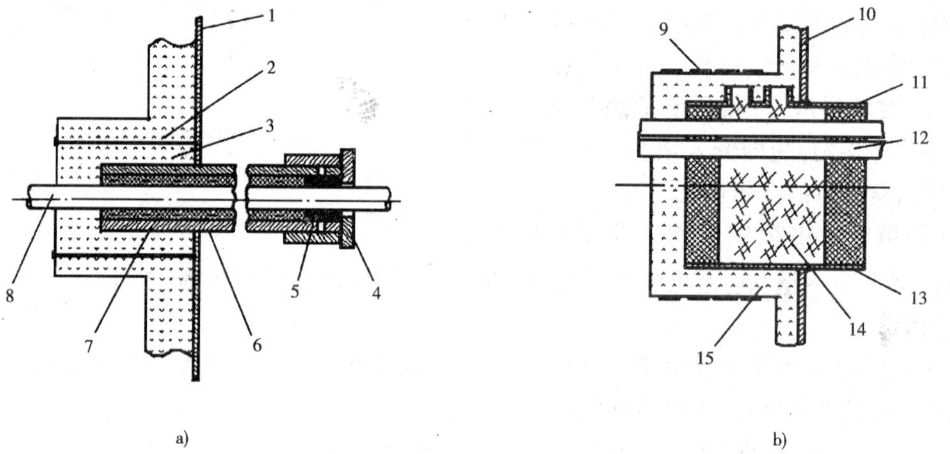

图 4-34　典型贯穿件的密封

a) DFD－Ⅱ A—60 耐火填料函;b) DMT－W(KVM) A—60 级耐火电缆框

1、10-舱壁;2-碰钉;3、15-硅酸铝毡;4-填料函;5-填料;6-电缆管;7-DFD 填料;8、12-电缆;9-不锈钢扎带;11-膨胀填料;13-电缆框;14-无机密封填料

3. 防火隔堵工艺要求

(1) DFD－Ⅱ级防火填料隔堵要求:

①防火船壁和甲板的电缆框,填料函要双面满焊。

②封堵前将 DFD－Ⅱ堵料揉匀,如气温过低,要将堵料适当升温(低于 40℃),待稍软后使用。

③在 A—0 级以上的船舱壁甲板封堵时应将电缆分开,电缆间距在 5～8mm 之间,电缆距贯穿内壁在 8～10mm 之间。

④封堵后的平面应略高于贯通件 2～3mm,呈弧形,以免积水(适用甲板电缆筒)。

(2) DMT－W 无机填料灌注要求:

①防水防火舱壁和甲板的电缆筒，电缆框要一面满焊。

②在灌注前应清洁电缆筒并放好电缆。

③为灌注液态堵料的需要，先将防火电缆框两端或防火电缆筒下端填充膨胀堵料(片状)。用膨胀堵料填入每根电缆之间以及与贯穿件内壁之间，大的间隙可重叠堵塞堵料与贯穿件端面相平，梳齿面必须向内放置，然后对膨胀堵料喷洒膨胀促进液，待膨胀块完全膨胀后(约30min)，方可灌注DMT－W填料。

④DMT－W型填料由A组分(粉状)与B组分(溶液)组成，施工时，将B组分倒入A组分，调配比例为6:4(重量比)，调匀后使用。

⑤灌注前要检查电缆是否已用膨胀堵料分开，电缆之间的距离在5～8mm之间，电缆距贯通件内壁在8～10mm之间，满足要求后，灌注DMT－W填料。

⑥DMT－W型填料施工的环境温度为－5～40℃，固化时间为30min左右。因此，DMT－W型填料调配好的混合液在环境温度20℃左右时，应在15min内灌完，时间过长会凝固。

⑦一般可一次或数次将电缆贯穿件灌满。灌注方法可以采用自流法或加压法均可，一般采用自流法，对电缆框(筒)如限于施工条件困难，不便采用自流法时，可采用加压法。压入空气压力保持在0.05MPa左右，压力过大易造成喷溅。

⑧DMT－W填料和PD100填料，均为无机材料，施工完毕后工具和人手均可用自来水清洗干净。

第六节　热缩材料的应用

热缩材料是高新技术产品在造船和修船舱中的应用，是一门新的工作技术，在国内外造船上已普通应用。

一、热缩材料结构特点和使用方法

1. 热缩材料结构特点

热缩材料又称高分子形状记忆材料，主要利用结晶的高分子材料通过高能射线处理或化学引发剂处理，使高分子链间产生的新连接键，形成交联的网状结构高分子。在一定温度范围内施加外力可以拉伸或扩张。如果迅速降温，使其维持形变后的状态，就可制成热收缩材料。

材料经扩张形变后，只要将外温回升到熔点以上，形变很快消除并恢复到原来状态，这就是交联高分子的“记忆效应”。

2. 热缩材料使用方法

(1)根据表4-8选择合适规格的热缩套管，通常所选热缩管收缩后的内径应小于电缆外径1mm以上，热缩管长度应大于要包覆长度的5%～10%。

(2)在要包覆的电缆部位的两端做上标记，用干净抹布去除灰尘和污物。

(3)必要时可在预热后的电缆部位均匀缠绕上一层热熔胶带(厚度约为0.3mm左右)，热熔胶带要压紧。

(4)套好热缩套管，定位后用塑料焊枪或喷灯从热缩套管的中部开始沿圆周方向加热使其均匀完全收缩，然后由中间往一端逐步加热至完全收缩，端口有热熔胶溢出，一端收缩完全后,用同样的方法加热收缩另一端,注意加热时一定要沿圆周方向移动,待完全收缩后依次向外扩展,以免产生皱折和气泡。

(5)加热火焰调至柔和、发黄为好,火焰应螺旋状前进,保证管子沿圆周方向均匀受热收缩。

(6)热缩套管收缩后,再重复加热一遍,使表面光滑平整,整个加热过程要快速移动塑料焊枪。

(7)在大、小头接连处,若尺寸相差过大或有尖锐角过渡,可在小头一端尺寸较小的热缩管,用第6条的方法先使其收缩好,再套上另一根热缩管。也用热熔胶缠绕紧,使其圆滑过渡,再套热管。

(8)若有弯角,应先从弯角处开始加热热缩管,使其先完全收缩后再向两边扩展。

(9)待热缩管完全冷却后方可进行下一步操作,最好冷却时间在15min以上。

二、船用热缩材料的性能和规格

1. 热缩材料基本性能

(1)使用条件:-50~100℃长期使用。

(2)老化寿命:20年。

(3)收缩率:径向50%,纵向<10%。

(4)收缩温度:110~140℃。

2. 船用热缩管的规格

船用热缩管一般为双壁、阻燃、内管带胶,其规格参见表4-8。(因生产厂家的不同,其规格略有差异)

热缩套管的规格　　表4-8

序　号	规　格	缩前内径	缩后内径	缩前壁厚
1	30/8	30	8	0.3
2	40/12	40	12	0.3
3	50/15	50	15	0.35
4	60/18	60	18	0.35
5	70/22	70	22	0.4
6	90/27	90	27	0.4
7	100/30	100	30	0.45
8	110/37	110	37	0.45

3. 船用热缩管的选择

根据电缆及填料函的规格选用热缩套管,可参照表4-9进行。

船用热缩管的选择　　表4-9

电缆外径	填料函内径	填料函D尺寸	安装后总外径	选用热缩套管
5-7	8	M16×1	21.9	30/8
6-12	13	M20×1	27.5	30/8
11-15	16	M27×1.5	36.9	40/12
14-18	19	M30×1.5	41.6	50/15

续上表

电缆外径	填料函内径	填料函D尺寸	安装后总外径	选用热缩套管
17－23	24	M36×1.5	47.3	50/15
22－27	28	M42×2	53.2	60/18
26－33	34	M48×2	63.5	70/22
32－41	42	M56×2	75.0	90/27
40－49	50	M64×3	80.7	100/30
48－57	58	M72×3	92.4	110/37

三、FJRD复合绝缘热缩材料

1. FJRD复合绝缘热缩材料性能

FJRD是带有一层溶层的热收缩绝缘带，在加热到外层收缩温度时，内层熔融与外层收缩层间可粘和成一体，从而使防护带电体实现密封、绝缘一体化。该产品分为普通型、户外型、阻燃型以及配套带材。

2. 使用方法

选用合适型号的FJRD带，螺旋式半重叠绕包于需绝缘和保护的导体以及绝缘体上，用工具固定带的两端，再用加热器由始端逐渐烘烤推向末端，使之收缩，粘合成一体。

四、高压开关柜母排绝缘材料

1. 产品名称、型号

(1)母排绝缘柔软阻燃型热收缩管，型号：MPG；规格：(ϕ40/16～ϕ150/60)×1000。

(2)复合绝缘热缩带，型号：FJRD；规格：50×15×任意长。

(3)母排接头保护热缩片，型号：MPP；规格：S. M. L。

(4)母排导体异型绝缘件，型号：MMPI；规格：S. M. L。

2. 用途

用于全防护型高低压开关柜中母排导体的绝缘保护，材料具有阻燃、耐电痕、耐温、不龟裂等特性。也用于高低压电气中的导体绝缘，起到增加绝缘强度、减少电器设备体积等作用。

3. 结构及特点

热缩管属于管型材料，规格不变。各种接头属于异型材，规格按需要设计、生产，热收缩带是由能够热收缩的基带内表面黏附一层复合材料制得，加热后，外层收缩，内层熔融，黏合形成一体的绝缘结构。

五、热缩材料优缺点

1. 优点

(1)技术性能完全满足船用技术要求。

(2)节省施工空间、时间，操作简便，施工简单方便。

(3)文明生产，安全可靠，运行可靠。

(4)具有阻燃、耐电痕、耐温、不龟裂。

(5)体积小,质量轻,可在狭窄部位和困难施工部位作业。

2. 缺点

价格贵。

六、热缩材料在修补电缆中的应用

在修船过程中,拆卸设备时可能出现部分电缆被烧坏、电缆的保护套或绝缘层被损坏甚至有的电缆被砸断、烧断,以及船舶正常航行过程中,由某些故障引起电缆烧坏和有的电缆长期工作在高温和恶劣环境下,其保护层绝缘层老化失去了保护绝缘的作用等。这些电缆有的是干线,有的是舱室线,由于施工困难,不能完全换新,只好进行修补。

1. 修补原则

(1)对于烧伤严重的电缆,采用对接修补处理。

(2)采取逐根修理。

(3)对于烧伤长度较小的电缆,采用一处对接。对于烧伤长度较大者,采取中间加一段新电缆,两处对接。

(4)对端部烧伤均做修补处理。

(5)中间部位烧伤电缆均做修补处理,无法修补者,研究另做处理。

(6)中间部位烧伤主干电缆均做修补处理,无法修补者,研究另做处理。

(7)电缆芯线较细时,信号电缆可采用冷压,交叉插对缠绕对接修补。动力线较粗时,再做研究。

2. 修补工艺

对中间部位坏了(烧坏或机械损坏)的电缆。

(1)中间部位断了的电缆。将电缆的护套部分切开,露出绝缘部分,再将绝缘部分剥去,如果采用交叉插对缠绕法,将两段电缆端部都剥去25~30mm,即露出铜芯线25~30mm。用中性去污剂和酒精将断头处清洗干净,在电缆和芯线上套上与其直径相对应的热缩管,不但要套在被处理部分,还应在两边绝缘层和护套部分套上5mm。先处理好绝缘层部分的热缩管,再将保护层包紧绝缘材料,并对护套部分进行修整,清洗干净,然后将电缆护套外的热缩管套在修补处。为了保证热缩修理部分的水密,在热缩管两端的电缆护套部分,即在热缩与电缆护套的接触部分上各缠绕15mm长的密封胶带,再套上热缩管进行热缩处理。这时密封胶熔化,将热缩管内壁和电缆护套外表面胶合在一起。若该电缆的外层是屏蔽网,可在断开处补套一段屏蔽网,待热缩处理完后,将屏蔽网相连处用细铜丝缠绕好,再与原来的屏蔽网锡焊。

(2)电缆芯线的绝缘层烧坏,而芯线完好电缆的处理办法:

①若是细芯线,可将其剪断,按上述处理工艺进行。

②可将烧坏处的芯线和绝缘部分用酒精清理干净,缠绕热缩带进行热缩处理,其工艺过程同上。

③若是粗线而未断,首先将其损坏部分处理干净,包扎热缩带进行热缩处理,其工艺过程同上。

④高频电缆,如果是绝缘层聚乙烯燃烧化了而露出芯线,则将烧化部分两边切齐,清理干净。若芯线未坏,则取一段相应的高频电缆,将其芯线抽出,割一段与烧坏的一样长的聚乙烯

护套，剖开套在芯线上，并清洗干净，再缠绕热缩带进行热缩工艺处理，然后在其上面加相应一段铜网，使铜网两边都与原电缆的铜网叠压上5mm，并用镀锡铜丝缠绕起来，包上热缩带，使其在两边铜丝外多压15mm，进行热缩工艺处理。

若是高频电缆的芯线断了，芯线是独芯的，采用绞缠和锡焊；芯线是多股的，采用交叉插对绞扭。绝缘聚乙烯处理同上。对于两边绝缘聚乙烯接头粗细不一样的，需进行修整。应该说明的是，在对接前，先套上各层需要的热缩管，清洗干净，进行热缩工艺处理。屏蔽层处理同上。

需要注意的是，在热缩处理电缆之前，首先检查电缆的芯线对地、芯线间、芯线对外皮和屏蔽的绝缘，热缩处理完后还要进行上述的绝缘检查。

3. 修补方法

(1)馏化法。要有电加热工具，再根据电缆外形制作胎具，施工过程较繁琐，也不经济。

(2)热缩材料修补法。与馏化法相比较，热缩材料修补法安全可靠，施工方便，选用相应的热缩管、带和密封胶即可。

第七节　油船电缆敷设特殊工艺

油船属于危险船舶，一旦发生火灾事故，可能会引起爆炸，造成船毁人亡，并可能殃及邻近船舶。此外如果油泄漏出来，会使江河或海洋造成严重的污染事件。所以对于油船的电气设备安装及电缆敷设，首先要考虑避免产生火花，消灭火灾苗子。为此，油船电缆敷设需要有特殊的工艺。

(1)处于有腐蚀性场所的电缆，其的金属护套或铠装外面必须加上非金属密封外扩套。

(2)除本质安全电路的电缆或另有说明者外，在危险区域或处所，不应敷设电缆。

(3)每个本质安全电路应具有各自的专用电缆，并与非本质安全回路的电缆分开敷设。(如不应在同一束，不应放在同一罩壳内)

(4)电缆或电缆管穿越分隔危险与非危险区域及处所的气密舱壁或甲板时，其布置不应破坏舱壁或甲板的气密完整性。

(5)敷设在甲板上或首尾步桥上的电缆应作保护，以防止受到机械损伤，电缆敷设时应考虑到船体结构的膨胀或移动，而且留有适当余量。

(6)电缆敷设时，应与甲板、舱壁、油舱以及各种管子离开足够的距离，在货油泵舱、水平距离空舱最小空间距离50mm，离蒸汽管的空间距离最少为100mm。电缆穿过舱壁时，与蒸汽管道法兰的距离规定如下：蒸汽管直径等于或小于75mm时，距离不小于300mm；当蒸汽管直径大于75mm时，距离不小于450mm。

(7)敷设在露天甲板危险区域的电缆必须穿管敷设，电缆管距甲板的高度不应小于200mm，并尽量远离油舱口和有爆炸性气体出口处，且管子接头应密封。

(8)除了本质安全电路的电缆或电线外，连接可移动式电气器具的移动式软电缆(电线)不应通过危险区域或处所。

(9)油船上应设有消除船体静电的接地装置，其连接电缆截面不小于$16mm^2$。

(10)油船上的桅索与船体应有可靠的电气连接，发射天线的位置均应远离易燃、易爆的蒸汽或气体的出口。

(11)货油管系应有可靠的电气接地措施,如需采用法兰接头,则应将两段管路作可靠的电气连接。

思考与练习 SIKAOYULIANXI

1. 船用电缆是由哪些部分组成的?各部分有什么作用?
2. 船用电缆的命名与代号是如何规定的?
3. 有一聚氯乙烯绝缘氯磺化聚乙烯内套镀锌钢丝编织铠装船用控制电缆,27芯,燃缘特性DB型,试写出其型号。
4. 船舶常用电缆主要有哪些类别?
5. 船用电缆的选择主要考虑哪些问题?有时电缆的截面为什么要进行修正?
6. 在船体结构上开孔时,为何要尽量避免开方孔?
7. 船用电缆有哪些拉放方法,各有什么特点?
8. 船用电缆一般应按怎样的顺序拉放?
9. 简要说明电缆拉放的工艺要求。
10. 电缆敷设的基本要求有哪些。
11. 单芯电缆的敷设有哪些工艺要求?
12. 电缆紧固的形式有哪几种?
13. 电缆孔的密封有哪些方法?各有什么特点?
14. 热缩材料的结构特点是什么?
15. 简要说明采用热缩材料使用方法。
16. 使用热缩材料有何优缺点?
17. 油船电缆的敷设有哪些特殊要求?

第五章　电缆切割与接线工艺

● **学习目标**

知识目标

1. 掌握电缆切割工艺要求、切割工具的使用和切割方法；
2. 掌握电缆芯线端头的处理工艺及芯线捆扎、接线工艺；
3. 掌握电线电缆的连接工艺要求及连接方法；
4. 了解电缆引入设备的相关知识；
5. 了解高频电缆切割、接线工艺；
6. 了解锡焊的基本工艺。

能力目标

1. 能正确、熟练使用电缆切割工具进行电缆切割；
2. 具备电缆芯线端头处理、芯线捆扎的能力；
3. 初步具备电线电缆连接的能力。

电缆切割接线的质量，最直接地关系到电气设备的使用，所以这一阶段对船舶电气安装工作来讲是最为关键的。

在着手切割接线之前，首先要根据图纸核对电缆标记、根数、芯数、截面是否符合要求。当电缆标记模糊不清时，必须耐心地核对，不能贸然切断。此外还必须核对设备内部接线柱数量与位置是否正确，如有问题应及时解决。

第一节　电缆引入设备及紧固

电缆引入设备的接线，是电气安装工作中一个非常重要的环节，其施工质量的好坏，将直接关系到电气设备使用的可靠性。它主要包括电缆引入设备、电缆的切割与处理以及设备内的接线等工艺要求和基本方法。

一、电缆引入设备的基本工艺要求

(1)引入电气设备电缆的弯曲半径应不小于电缆直径的 4 倍；进入同一电气设备的电缆弯曲半径应尽量一致；电缆束的弯曲半径，应按束中外径最大的计算。

(2)电缆引入防水设备时，在填料函前的电缆应有一段直线部分，其长度应为填料函螺母高度的 1.5 倍以上，以便于填料函螺母的拧出，如图 5-1 所示。

(3)电缆端部应设有牢固、清晰、整齐的电缆标签，并且其号码应向外。

(4)电缆引入设备时，应在进口处牢靠固定。对于有填料函的设备，可利用填料函固定；若无填料函，则应采用托线板或电缆紧固件等予以固定，以免电缆松动，使芯线受到拉力，如图

5-2 所示。

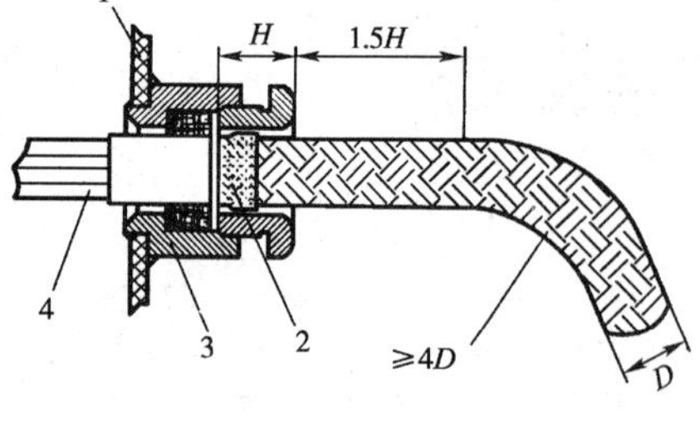

图 5-1　电缆通过填料函引入设备

1-设备壁;2-塑料带;3-填料函;4-电缆芯线

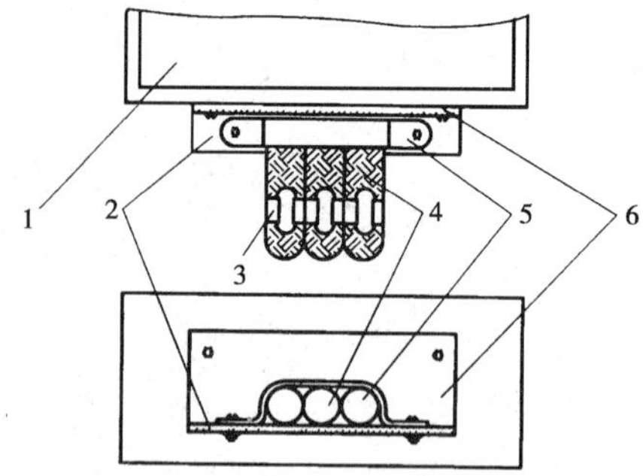

图 5-2　电缆用托线板引入设备

1-设备;2-托线板;3-电缆标签;4-电缆;5-卡线板;6-封口板

二、电缆引入设备的方法

1. 分支方法

(1)扇形分支。它用于电缆线路的方向正对着设备进线孔的场合。采用此方法时,因设备贴近舱壁安装,能节省空间,如图 5-3 所示。

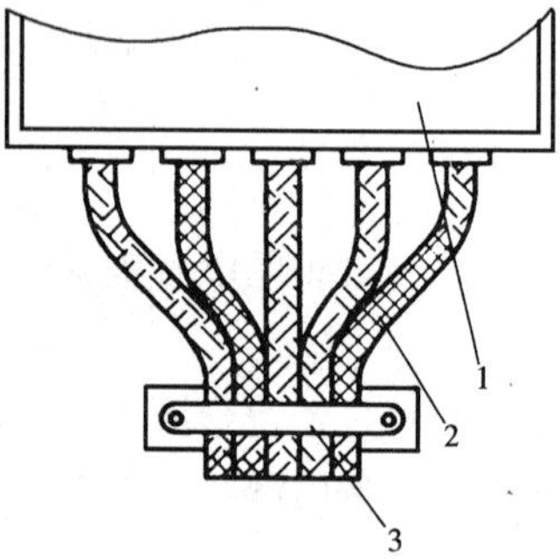

图 5-3　扇形分支

1-设备;2-电缆;3-卡线板

(2)隐扇形分支。它适于电缆线路的方向与设备进线孔的方向相反时电缆的引入。采用此方法时,要求设备与舱壁间有足够的距离,以保证电缆的弯曲半径,同时要求在设备安装前将其背面的电缆线路安装紧固好,如图 5-4 所示。

(3)混合分支。按电缆的线路方向、设备进线孔的位置等实际情况,将扇形分支和隐扇形分支混合使用,如图 5-5 所示。

2. 引入方法

(1)直接引入。电缆芯线截面较大,在短距离内弯曲比较困难时,宜采用此方法。它要求设备的进线孔与电缆线路在同一直线上,如图 5-6 所示。

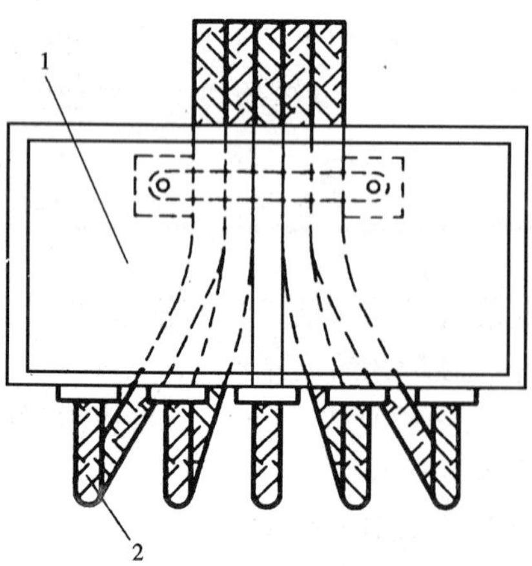

图 5-4　隐扇形分支

1-设备;2-电缆

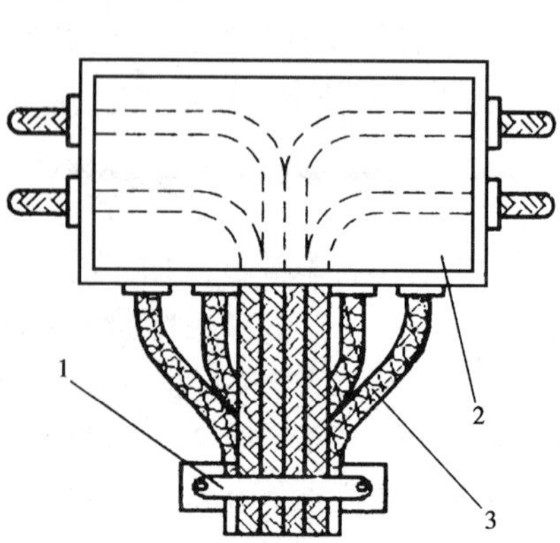

图 5-5　混合分支

1-卡线板;2-设备;3-电缆

(2)不完全S形引入。当设备的进线孔的中心线和电缆走向在与舱壁垂直的同一平面上,而两者中心线的距离小于电缆弯曲半径的两倍时,宜采用此方法,如图5-7所示。

(3)完全S形引入。当设备的进线孔的中心线和电缆走向在与舱壁垂直的同一平面上,而两者中心线的距离不小于电缆弯曲半径的两倍时,宜采用此方法,如图5-8所示。

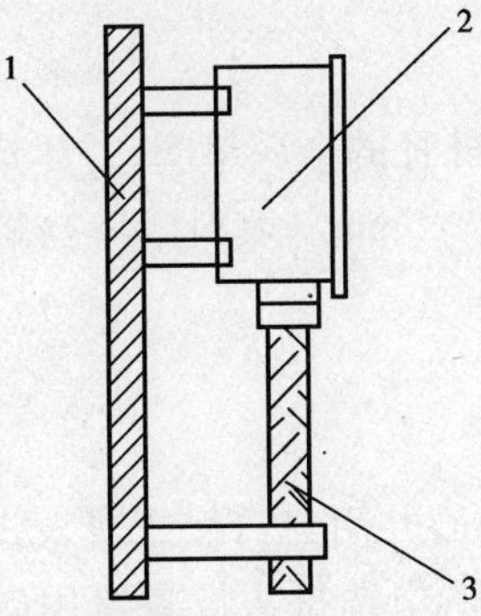

图5-6　直接引入

1-舱壁;2-设备;3-电缆

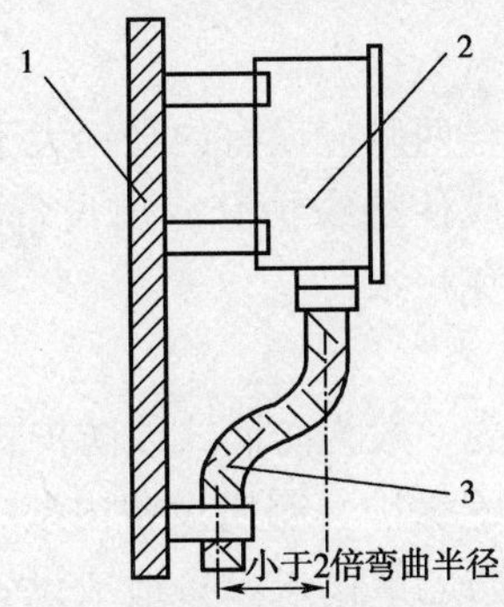

图5-7　不完全S形引入

1-舱壁;2-设备;3-电缆

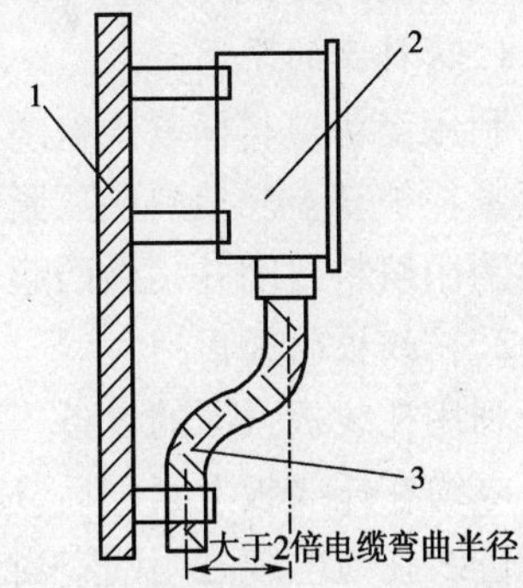

图5-8　完全S形引入

1-舱壁;2-设备;3-电缆

(4)180°转弯引入。当设备的进线孔的中心线和电缆走向在与舱壁垂直的同一平面上,电缆线路的方向与设备进线孔的方向相反,且两者中心线的距离不小于电缆弯曲半径的两倍时,宜采用此方法,如图5-9所示。

(5)斜180°转弯引入。在设备与舱壁的间距较小,且电缆线路的方向与设备进线孔方向相反的情况下,为了保证电缆的弯曲半径,宜采用此方法,如图5-10所示。

(6)90°转弯引入。当电缆中心线与设备进线孔中心线相互垂直,且在同一平面时,宜用此方法,如图5-11所示。

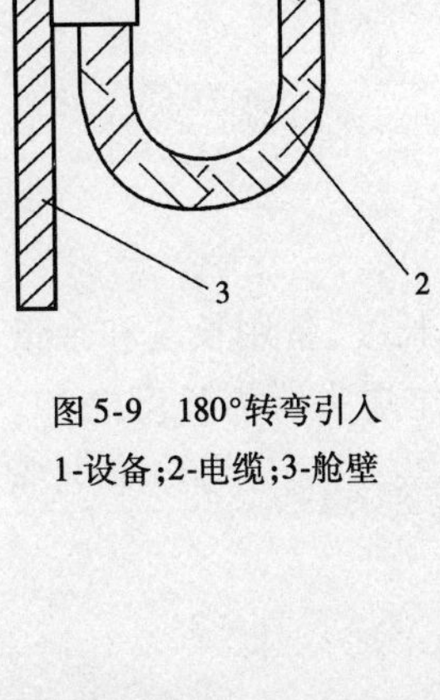

图5-9　180°转弯引入

1-设备;2-电缆;3-舱壁

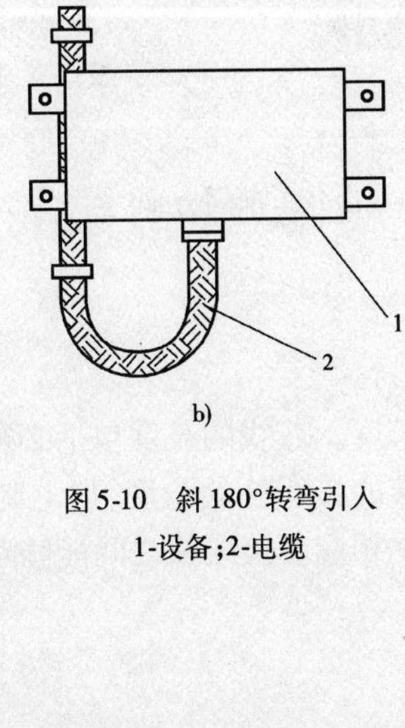

图5-10　斜180°转弯引入

1-设备;2-电缆

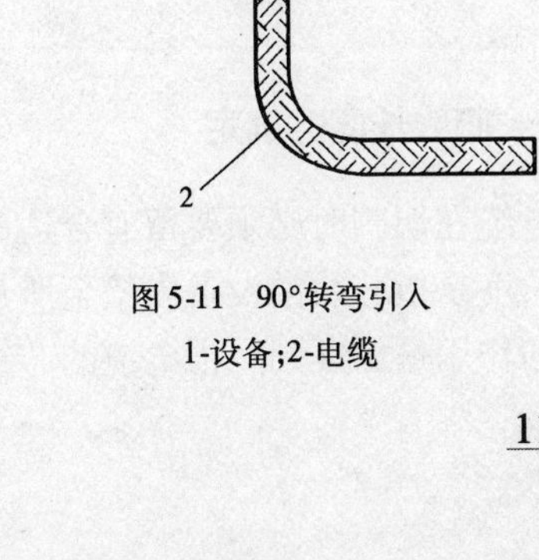

图5-11　90°转弯引入

1-设备;2-电缆

三、电缆引入设备处的紧固

引入设备的电缆,在设备进口处应进行固定。对有填料的设备,应利用填料函进行固定;如无填料函,则利用设备进线口的托线板或其他紧固件予以固定,以防止因电缆的摇动,使芯线的电缆接头受到压力。

1. 填料函的紧固形式

利用设备填料函紧固电缆,填料两侧应设有内径销大于电缆外径的金属垫圈,并尽量使填料压紧在护套上。填料函压紧后,应使绝缘护套露出设备内壁 3 ~5mm。填料函座与螺母口的周围用填料封闭并稍微凸起,以免积水。

2. 托线板的紧固形式

利用托线板紧固的设备,其外壳一般为防滴式或防护式。

电缆在托线板上紧固后,应使绝缘护套露出设备内壁 3 ~5mm,并用封口板或嵌入式填料封堵进线孔与电缆之间的空当,以防老鼠钻入设备造成设备损坏。电缆进入设备可用电缆卡子、冲孔铝皮或电缆绑带将电缆紧固在托线板上。托线板有两种形式,如图 5-12 所示。

设备开横向长孔的采用电缆卡子或冲孔铝皮紧固,如图 5-13 所示。开纵向长孔的使用电缆绑带紧固。

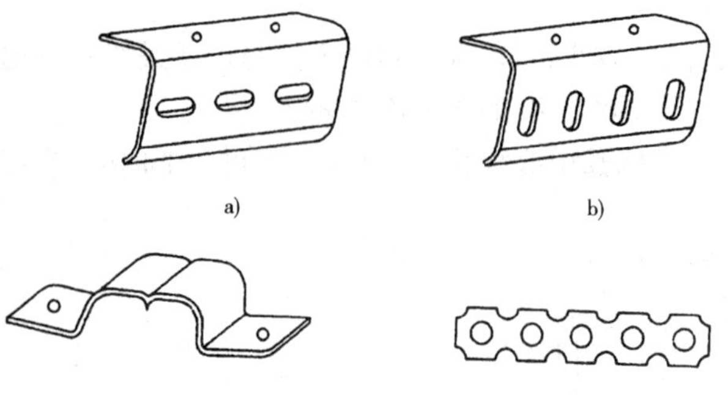

图 5-12　托线板、电缆卡子、铝皮条
a)开横向长孔的托线板;b)开纵向长孔的托线板;c)电缆卡子;d)冲孔铝皮条

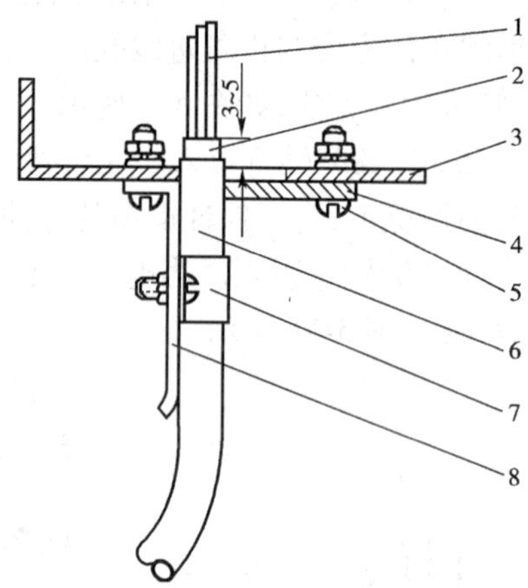

图 5-13　用电缆卡子将电缆紧固于托线板上
1-电缆芯线;2-绝缘护套;3-设备壁;4-进线封口板;5-紧固件;6-电缆;7-电缆卡子;8-托线板

第二节　电缆的切割与引入

一、芯线长度的确定

电缆在切割时必须要留有合适的长度。芯线的长度包括必须长度、备用长度和余量长度。必须长度是指芯线沿设备内壁至所连接的接线柱的长度,加上制作端头所需长度之和。备用长度的作用是保证同一根电缆的芯线在相应的接线柱之间能够互换;对于三芯电力电缆,只需保证其中任意两根能对调即可,如图 5-14 所示。

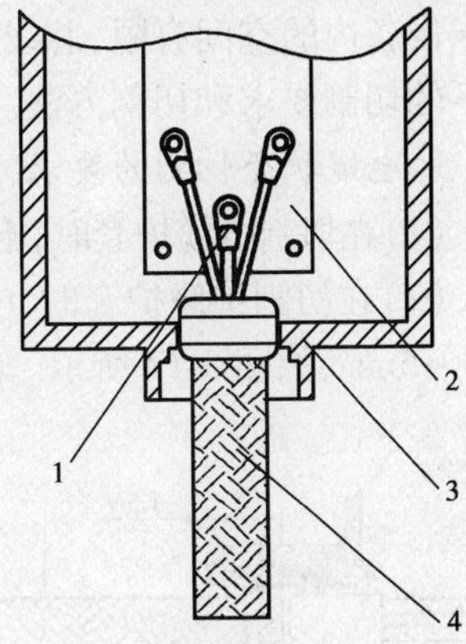

图 5-14 $6mm^2$以上电缆的引入

1-接头;2-接线板;3-设备;4-电缆

对于芯线截面小于 $4mm^2$的电缆,除留有必须长度和备用长度外,还要留有能再制作 2 ~3 个同样接头的余量长度,如图 5-15 所示。

对于芯线截面大于 $6mm^2$以上的电缆,一般是由电缆切口处到接线柱直接引线,芯线除留有必须长度和备用长度外,可不留余量长度。对于多芯电缆,在确定芯线长度时,应能保证芯线沿设备内壁可以接至的最远一个接线柱,然后再留有制作 2 ~3 个同样接头的余量长度,如图 5-16 所示。

对于引入照明灯具及附具的芯线长度,可按表 5-1 的要求来确定。

此外,芯线长度的确定,不但要考虑设备内允许安置芯线空间的大小,还要考虑芯线在设备内的布置情况,要做到整齐、对称和美观。

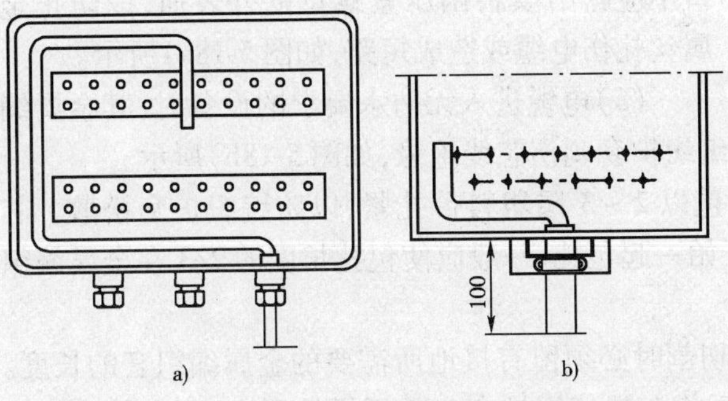

图 5-15 电缆切割长度

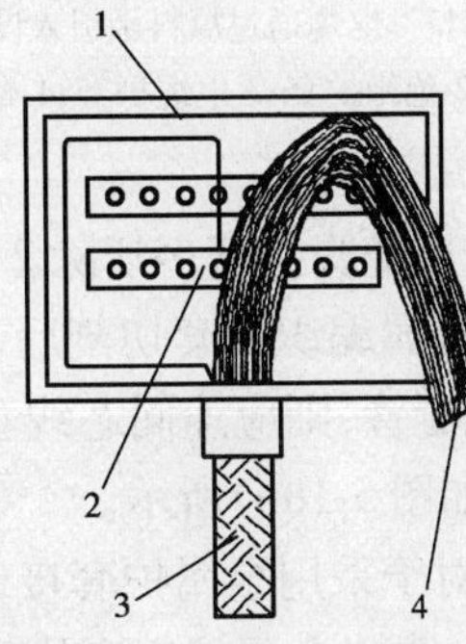

图 5-16 多芯电缆的芯线长度

1-设备;2-接线板;3-电缆;4-芯线

照明灯具及附具的芯线长度 表 5-1

设备名称	芯线长度(mm)	设备名称	芯线长度(mm)
蓬顶灯	200	防水插座	120
舱顶灯	200	胶木暗式开关	120
小型舱顶灯	150	胶木暗式插座	120
床灯	150	接线盒	120
镜灯	150	按钮盒	120
壁灯	150	警铃	120
防水开关	120	限位开关	120
防水开关插座	120	柄式开关	120

二、电缆的切割

电缆引入设备前,按引入方式及芯线长度的要求保留好足够长度的电缆后,即可将多余的电缆切除,并剥掉一定长度的电缆护套或铠装层,以避免造成设备内器件的损坏或短路。同时由于设备内的空间有限,芯线的长度必须适当,不能过长。在电缆的具体切割时,必须要了解以下的切割要求和切割方法。

1. 电缆护套切割的要求

(1)在切割电缆护套时,不得损伤芯线的绝缘,并要保证电缆引入设备时芯线有必要的长度。

(2)在切割绝缘护套时,电缆引入设备的进口处,并且靠近设备内壁一侧的绝缘护套应保留3~5mm,如图5-17所示。对内部空间较宽敞的设备(主配电板,并分电箱等),其护套可保留至接线柱附近再剥去。

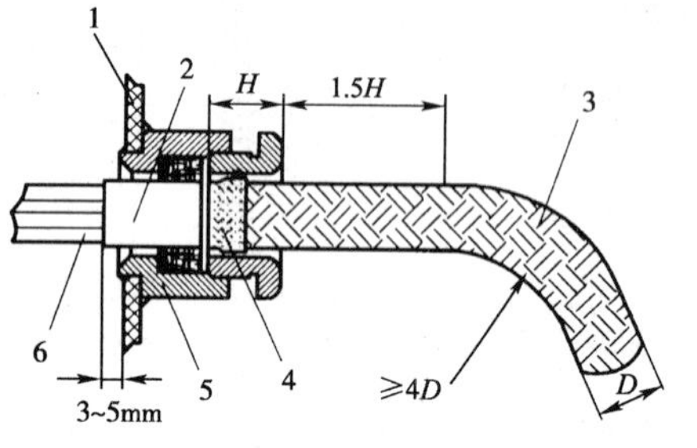

图5-17 电缆通过填料函引入设备时的切割
1-设备壁;2-绝缘护套;3-电缆护套;4-塑料带;5-填料函;6-电缆芯线

(3)对于绝缘护套在接线柱附近剥去的电缆,其金属编织护套应在电缆进入设备后,靠近内壁处切除。

(4)电缆进入防水填料函时,金属编织护套应在进入密封圈前切除,使填料压紧在电缆的绝缘护套上,以保证其密封良好;而金属编织护套的切口不应露出填料函压紧螺母的外表面,以防止金属丝扎伤电缆或造成短路,如图5-18a)所示。

(5)电缆进入无防水要求的设备时,其金属编织护套应比绝缘护套多切除2~3mm,以免编织护套刺伤芯线绝缘,如图5-18b)所示。

(6)金属编织护套切割后,应在切割处包以2~3层塑料带扎紧,以防编织护套松散。芯线如需加套管,则应连同芯线套管从根部开始一起包扎,一般应使包扎长度的2/3在金属编织护套上,如图5-18c)所示。

(7)对于采用金属护套接地的电缆,在切割时必须留有接地所需要的金属编织套的长度。在切割处,先将金属编织套拔开一缺口,然后将金属编织护套完整无损地脱出,再在其端部连接电缆接头。

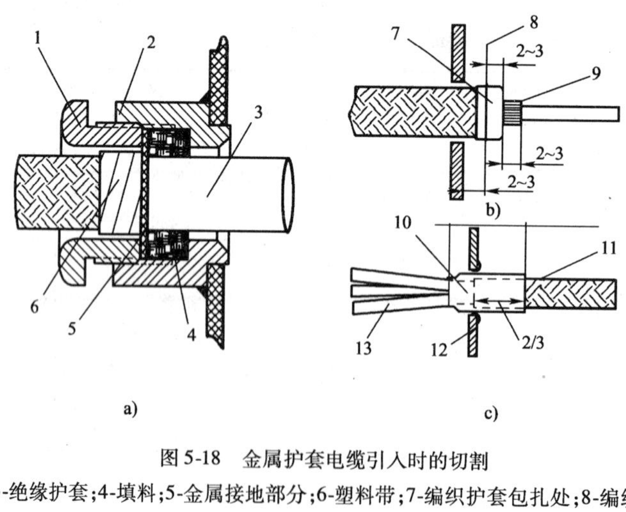

图5-18 金属护套电缆引入时的切割
1-填料函螺母;2-底座;3-绝缘护套;4-填料;5-金属接地部分;6-塑料带;7-编织护套包扎处;8-编织护套切割处;9-绝缘护套切割处;10-电缆绝缘护套;11-电缆金属护套;12-设备壁;13-塑料护管

2. 电缆切割的工具和方法

电缆切割时,所有尺寸应准确,否则会因线过长或不定,影响施工质量。

电缆的多余部分应当切除。切除时应按电缆直径的粗细选用适当的工具，当电缆的直径小于 15mm 时，可用手钳或电缆剪刀进行切割；当电缆直径大于 15mm 时，可用钢锯进行切割。

电缆切割应当由外向里进行，必须谨慎小心，不能损坏芯线绝缘。对有金属编织套的电缆，应当先用斜口钳在切割部位将金属编织套割断，然后拉掉，再用剪刀在切割部位的护套周围剪一圈，使护套前后分离。若芯线绝缘层外有一层包布，则可用旋转的方法，将分离的护套旋出；绝缘层处如无包布，则可用钢锯条自制的拉刀在护套上拉出两条平行的割缝，如图 5-19 所示，再用钢丝钳用力拉开剥下。用拉刀切割电缆护套时，最好用木板衬托，以防因电缆滑动而伤手，特别是在电缆末端附近时尤应注意，此时可以换手握住电缆上端进行切割。用拉刀切割时，应注意深度，不要割伤芯线绝缘层。用上述自制拉刀切割电缆，因制作简单，使用方便，经济实惠，故使用较为广泛。

目前，已有专用切割工具问世，可在一定程度上解决某些安全和质量问题，但适用面不广，切割深度难以调整，使用时用力强度较大，故推广面不大，如图 5-20 所示。

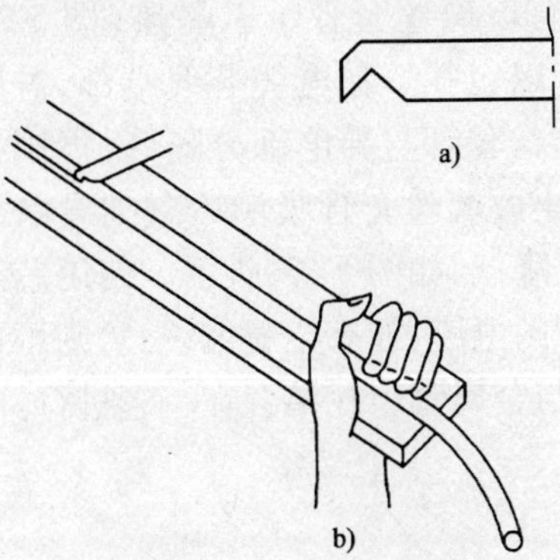

图 5-19 拉刀割塑料护套

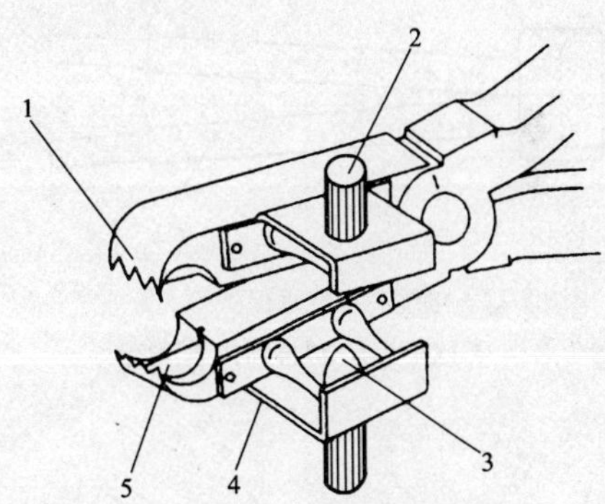

图 5-20 电缆拉刀

1-爪；2-横向割刀；3-滚珠；4-纵向割刀；5-深度调节器

对于某些由耐拉强度较差的材料做成的护套，则可在电缆端头用剪刀剪开一个口子，就可用手或钢丝钳将护套拉开，这种切割方法较为简便。

3. 电缆切割长度

电缆引入设备的弯曲半径及紧固处的长度确定后，电缆切割的部位也随之确定。电缆切割的部分一般可分在露出设备内壁 3 ~ 5mm 处，对于内部空间较宽敞的设备，如主配电板、应急配电板、集中操纵台等电缆的绝缘护套可在接线柱附近剥除，这样即可提高效率，又可保证质量，但其金属编织套则应在电缆进入设备后，靠近设备内壁处切除。

三、金属护套包扎及芯线绝缘保护

电缆切割时，金属编织套与护套一般切割在同一部分，待切割完成后，可将金属编织套用剪刀修齐离护套端头 5 ~ 8mm 处，为了防止编织套解散，可用 15 ~ 20mm 宽的白粘塑料带包 2 ~ 3 层，1/3 包扎在护套上，2/3 包扎在金属编织套上，如图 5-21 所示。

如无白粘塑料带，则可用普通塑料带包扎，用塑料胶水粘住。塑料胶水可用聚氯乙烯树脂粉加丙酮溶解后制成。

安装在潮湿、高温场所（如机舱、舵机舱等）的非水密设备，为了保护芯线绝缘不致过早老

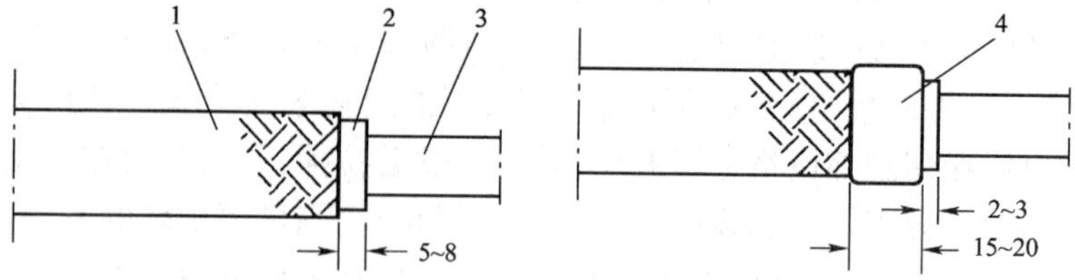

a) b)

图 5-21　金属编织套电缆切割

a)包扎前;b)包扎后

1-金属编织套;2-护套;3-芯线绝缘层;4-塑料带

化变质,可在芯线绝缘层外再套上一根塑料管,并在根部予以包扎,如图 5-22 所示。

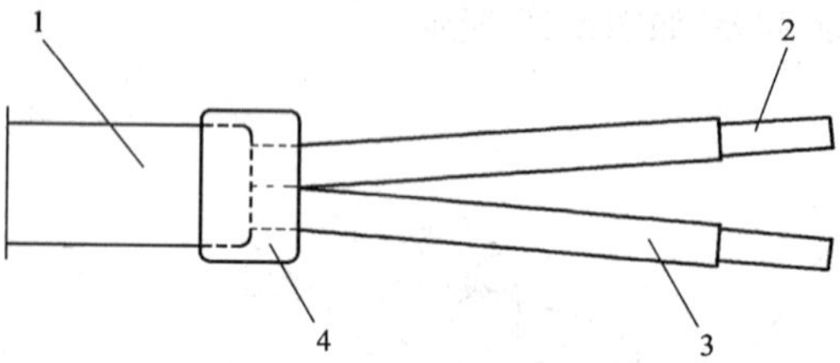

图 5-22　电缆芯线绝缘保护

1-塑料护套;2-芯线绝缘;3-塑料管;4-塑料带

进入白炽灯、电暖器、电阻箱等高温设备的芯线,应套玻璃丝套管予以隔热(图 5-23),其根部也予以包扎。在电缆芯线端部,需用黄蜡绸将玻璃丝套管与导电部分隔开,再用扎线扎紧,以防止玻璃丝套管吸潮后碰到导电部分而使绝缘性降低,如图 5-23 所示。使用芯线绝缘保护套管的电缆,如有金属编织套,则可在套管套好后,与金属套包扎结合在一起进行。

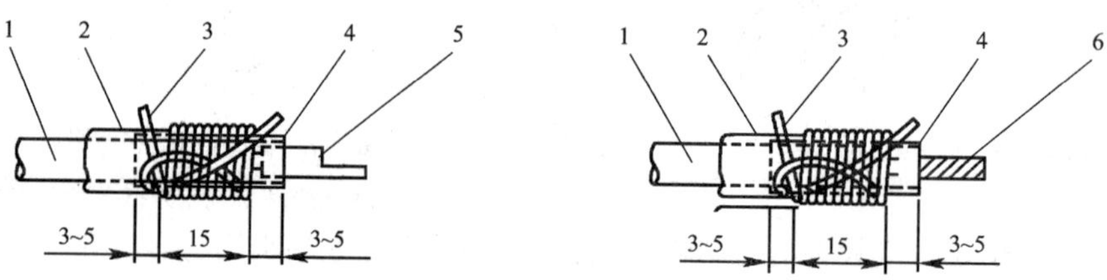

a) b)

图 5-23　芯线套玻璃丝套管后的端部包扎

1-芯线绝缘;2-玻璃丝套管;3-扎线;4-黄蜡绸;5-电缆接头;6-导电线芯

第三节　芯线端头处理

一、冷压铜接头的种类

目前,电缆芯线端部已广泛采用冷压铜接头。船用冷压铜接头的规格很多,截面从 1 ~ 400mm²之间的各种电缆,均有与之相配合的各种冷压铜接头。铜接头的形式也很多,最常用的有:板形铜接头(规格 1 ~ 10mm²)和管形铜接头(规格 16 ~ 400mm²);在管形铜接头的基础上,还派生出管形开口铜接头,有的场合还使用针形铜接头和环形铜接头。铜接头的形状如图 5-24 所示。

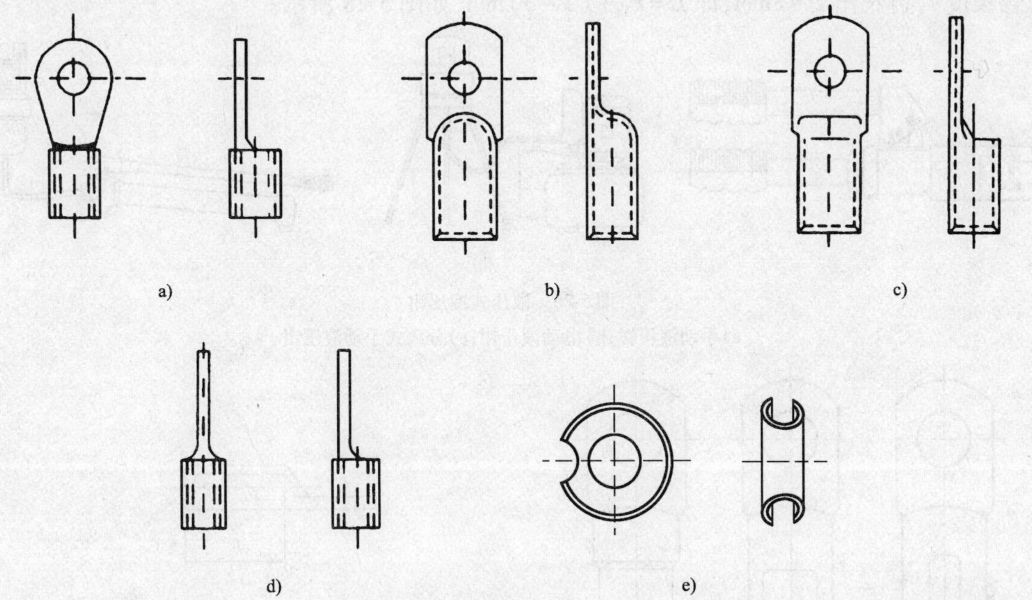

图 5-24　电缆冷压铜接头品种

a)板形;b)管形;c)管形开口;d)针形;e)环形

二、冷压工具

冷压铜接头的工具一般分为机械式冷压钳和油压式冷压钳两类。机械式冷压钳有带冷压钳口的钢丝钳,适用 $5mm^2$ 以下铜接头;转轮式冷压钳,适用 $6 \sim 35mm^2$ 铜接头;带锁紧装置的冷压钳,一种适用 $2.5mm^2$ 以下的铜接头,另一种适用 $4 \sim 6mm^2$ 的铜接头,如图 5-25 所示。

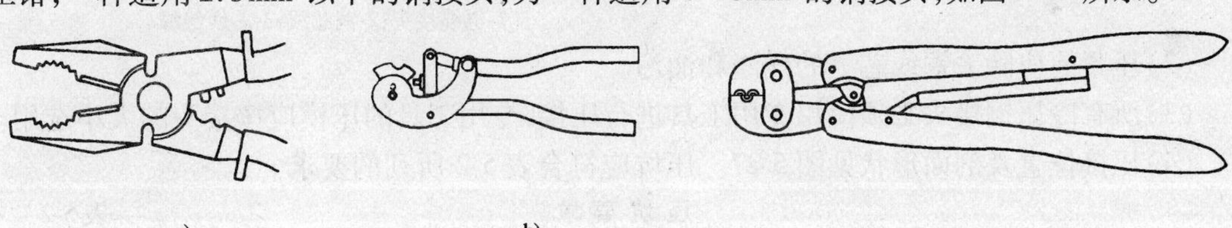

图 5-25　机械式冷压钳

a)带冷压钳口的钢丝钳;b)转轮式冷压钳;c)带锁紧装置的冷压钳

油压式冷压钳有手动液压钳、电动液压钳和分离式手动液压钳等,如图 5-26 所示。

为保证冷压接头质量,要求冷压时必须使上下模的模口相接触,以保证达到规定的压接深度。冷压方式如图 5-27 所示。

三、压接工艺

导电线芯与铜接头采用冷压连接,其方式有压坑和压六角形两种。铜接头套管的内径应与导电线芯的直径相配,接线孔应略大于设备接线柱的直径。

冷压工艺要求如下:

(1)芯线绝缘的切割不得损伤铜丝,且切口应平整。铜线芯切割长度 L 应比插入铜接头

套管长度 L_1 再长出 2 ~ 3mm，即 $L = L_1 + (2 \sim 3)$ mm，如图 5-28 所示。

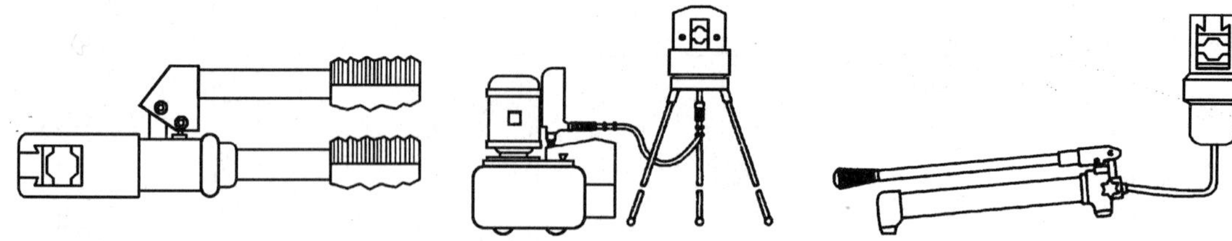

a)　　b)　　c)

图 5-26　液压式冷压钳

a)手动液压钳；b)电动液压钳；c)分离式手动液压钳

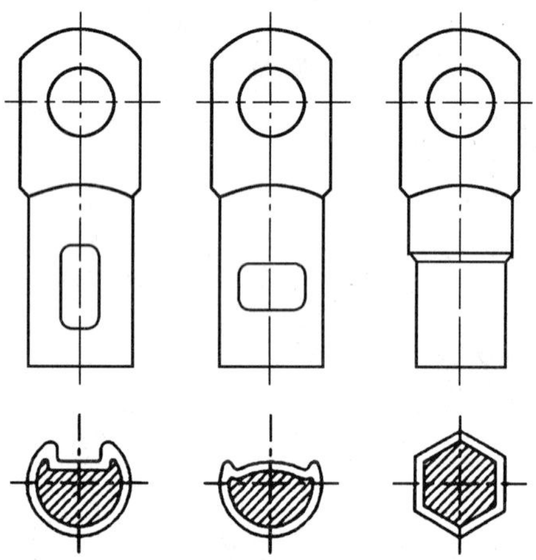

a)　　b)　　c)

图 5-27　冷压方式

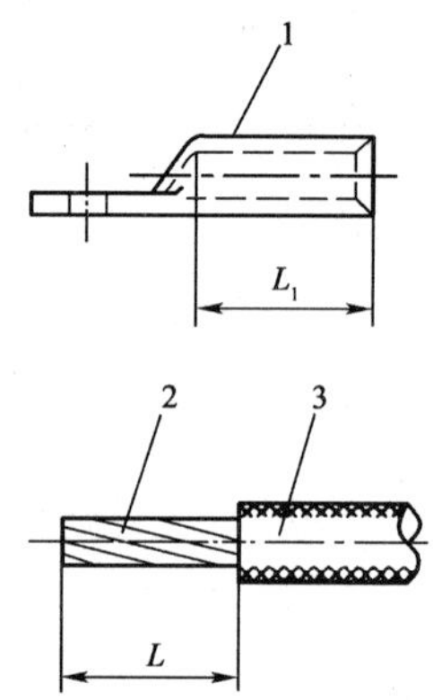

图 5-28　铜线芯插入接头套管切割长度

1-电缆接头；2-铜芯线；3-芯线绝缘

(2)压紧前应除去铜线芯上的残渣和油污。

(3)所有冷压铜接头必须使用专用工具进行压接，专用工具的压模应按接头的大小选用。

(4)压接位置及剖面形状见图 5-27。压坑应符合表 5-2 所列的要求。

压 坑 要 求　　表 5-2

接头规格(mm^2)	压坑数 b	压坑间距 h	接头规格(mm^2)	压坑数 b	压坑间距 h
1	2	1.8	50	6	6.5
1.5	2	2	70	6	8.5
2.5	3	2.3	95	8	9
4	3	2.6	120	8	11
6	3	3.1	150	8	11.5
10	4	4.5	185	8	14.5
16	4	4.5	240	10	15
25	6	5.5	300	10	17
35	6	6	400	10	18

四、销状接头

目前不少电气设备已由原来的接线柱改为可拆式销状接线板。小型设备如水密接线盒、室内开关、插座、日光灯具则可采用接线钮，如图5-29所示。此时，芯线端头只要按长度要求切去绝缘层，就可将导电线芯直接插入接线板或接线钮紧固，由于销状接头施工简单，接线方便，已被广泛使用。

船上特种设备，其接线可采用可拆式插头连接。先将芯线加工成销状，然后再用电烙铁焊接到插头或插座的焊脚上，这就是锡焊销状接头。由于焊脚间隙较小，所以电烙铁头要加工成尖端状，如图5-30所示。

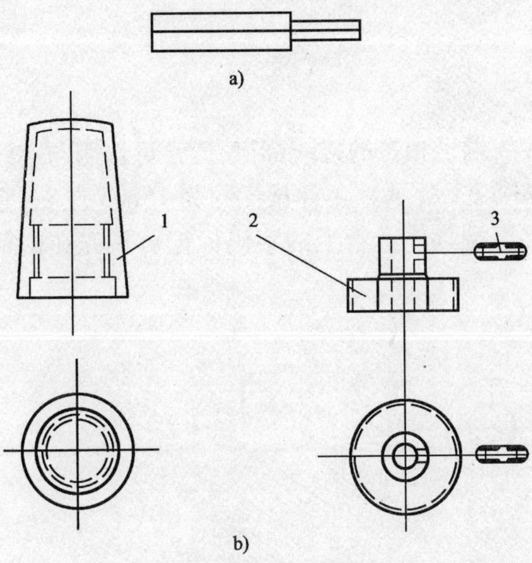

图5-29　销状接头和接线钮

a）销状接头；b）接线钮

1-胶木壳；2-铜芯；3-螺栓

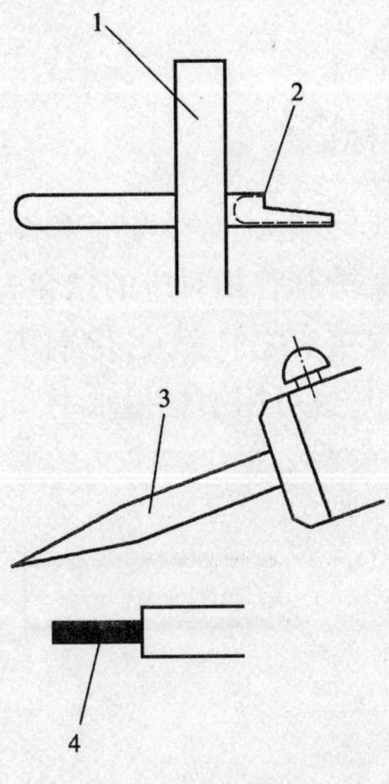

图5-30　插头（座）销状接头焊接

1-绝缘夹板；2-插头焊脚；3-电烙铁；4-销状接头

焊接时不能用焊膏，以防焊膏熔化后流进焊脚间隙而造成锈蚀。电缆切割时，芯线长度适当，插头后面的夹脚要夹在护套上，而不能夹在芯线绝缘上。如果一根电缆的一端接销状接线板或接线柱，另一端接插头或插座，则应先接插头，让芯线与焊脚编号自然对应，这样可以避免插头内芯线严重混乱的现象。

五、环状接头

将导电线芯弯成环状，其根部用细铜丝扎紧，然后镀锡就变成了环状接头（图5-31）。由于环状接头施工时，需要电烙工具配合，同时环状接头经镀锡后，颈部容易折断，故目前已很少采用。针对这种热焊式环状接头的缺点，目前已发展了一种冷压式环状接头。它是将芯线铜丝放在环形压环中，再用专用工具压紧而成，如图5-32所示。

冷压环状接头目前仅适用1～1.5mm^2电缆。冷压环状专用工具可用铅封钳改装，环状接头中间的孔径要略大于接线柱直径,以便接线。因为冷压环状接头无颈部,故在工作量较大的接线箱及特种设备接线中倍受欢迎。

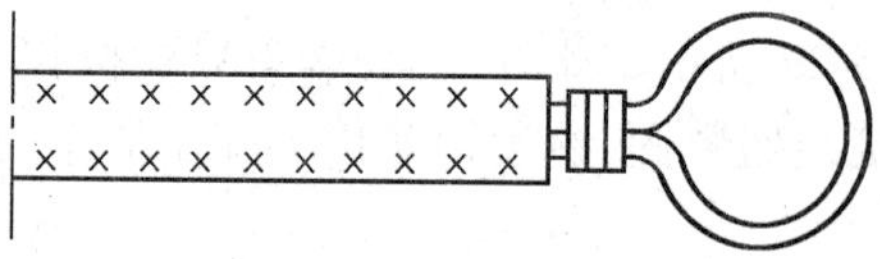

图5-31 环状接头

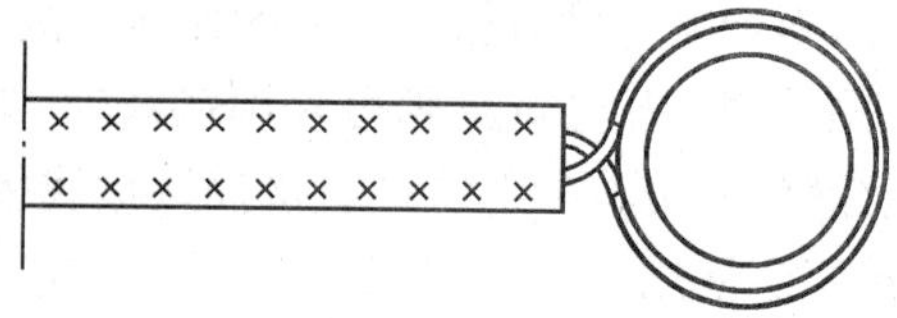

图5-32 冷压式环状接头

第四节 芯线的捆扎与接线

一、芯线标记

电缆芯线的端头,必须配有和图纸以及设备接线端子相符的接线标记,通常可选用与芯线外径或绝缘保护套管相对应的白色塑料套管,如图5-33所示。套管长度约为15mm左右,它应在端头压铜接头之前套入,待铜接头压紧后再移至端部。套管上的字码标记可预先在内场用号码机打印,也可用塑料墨水书写。

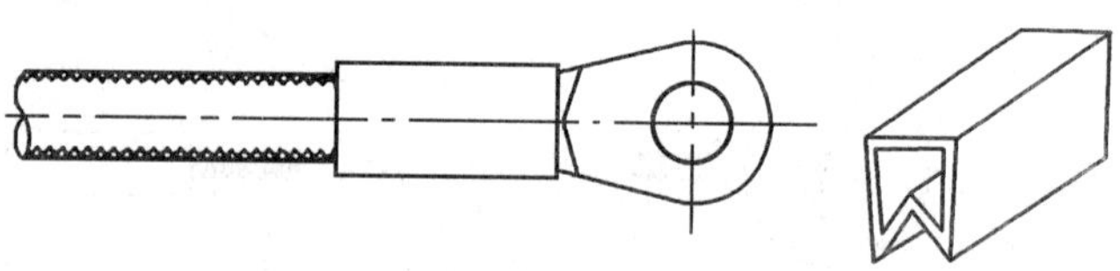

a)

b)

图5-33 塑料管标记

a)芯线套塑料管标记;b)异形塑料

目前使用的塑料墨水配方有很多种,常用的有:

(1)环己酮溶液100毫升,加苯胺蓝3.5克(蓝色)或酒精元3.5克(黑色)。

(2)二氯乙烷300毫升,加苯胺黑3.5克及冰醋酸(>99%)30滴,加热至二氯乙烷沸点(80~83℃),此时要防止其烧着和溢出,然后冷却,滤去多余苯胺黑。

这两种墨水均有毒,易挥发,所以要随用随揭盖,用毕即盖紧。

二、芯线捆扎

设备内4mm^{2}以下小截面芯线较多时,需加以适当捆扎。以前大多使用扎线捆扎(图5-34),现在已逐步改用塑料绑带捆扎或螺旋形塑料管缠绕(图5-35),施工时比原来要方便得多。

电缆的备用芯线也应进行端头处理,用黄蜡绸和扎线包扎好,并与其他芯线分开捆扎。螺旋管的材料为聚丙烯,质地较硬,其直径从6mm到40mm规格较多。

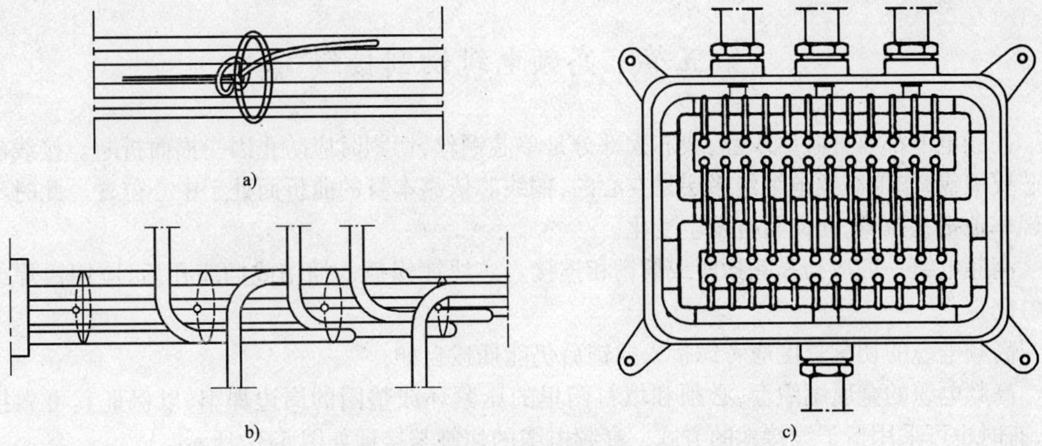

图 5-34　电缆芯线扎线捆扎

a)扎线打结;b)绝缘捆扎;c)扎线箱捆扎的内貌

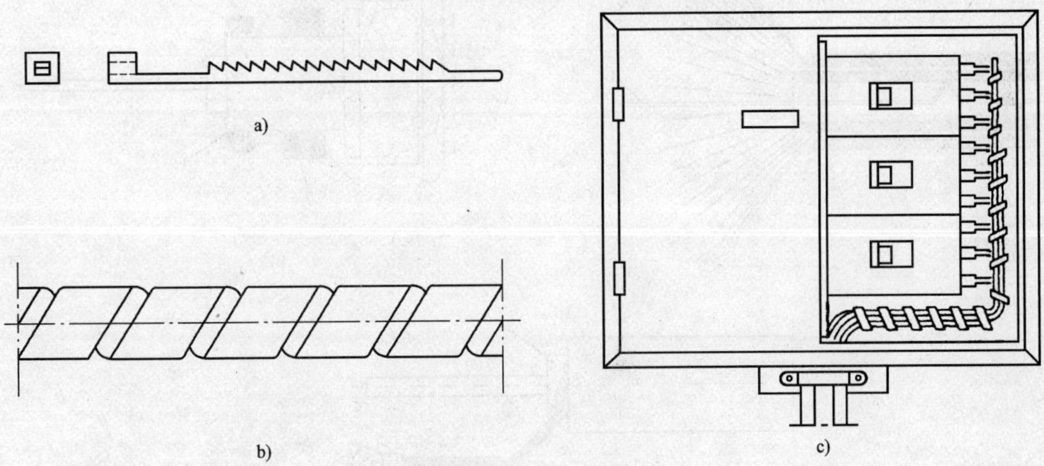

图 5-35　塑料扎带捆扎

a)尼龙扎带;b)螺旋形塑料管;c)配电箱捆扎后的内貌

三、芯线接入

在芯线捆扎时,应根据芯线标记和设备中相应的接线位置,仔细考虑芯线接入部位,使之能正确地接入所属设备。

接线应整齐美观,标记字迹应清晰,字码方向一致,端头的紧固必须牢靠,要设有防止振动而松脱的装置。接头的两侧应有平垫圈,外端应加弹簧垫圈或锁紧螺母,如图5-36所示。此外,不得用紧固接线柱的螺母来紧固铜接头。

有些设备采用插入式接线板,通过压板直接压紧铜芯线或针形接头,这种方法接线比较方便,一般用于小截面芯线的接入。

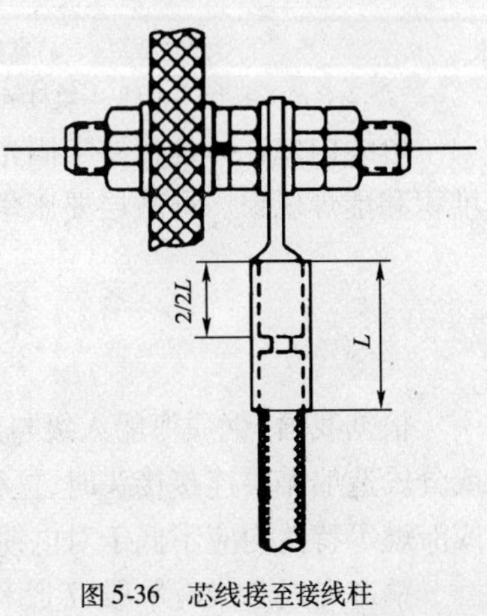

图 5-36　芯线接至接线柱

第五节　高频电缆切割接线

高频电缆都有屏蔽编织套,线芯大部分是单芯铜丝,切割时应防止因受损而折断。接线前线芯要镀锡,如果高频电缆绝缘层是空心的,铜线芯依靠本身的曲折而处于中心位置。此时不能轻率地把它拉直,而使阻抗发生变化。

高频电缆一般应与高频插座或插销相连接。芯线镀锡插入插销或插座孔后,应用锡焊或螺钉固定。

高频电缆的切割长度应考虑接入插销后仍能插拔自如。

高频电缆的金属编织套,必须和填料函里的压紧环或垫圈的周边焊牢,以保证其可靠接地,有时也可采用辫子线接地的方式。高频电缆的切割与接地如图 5-37 所示。

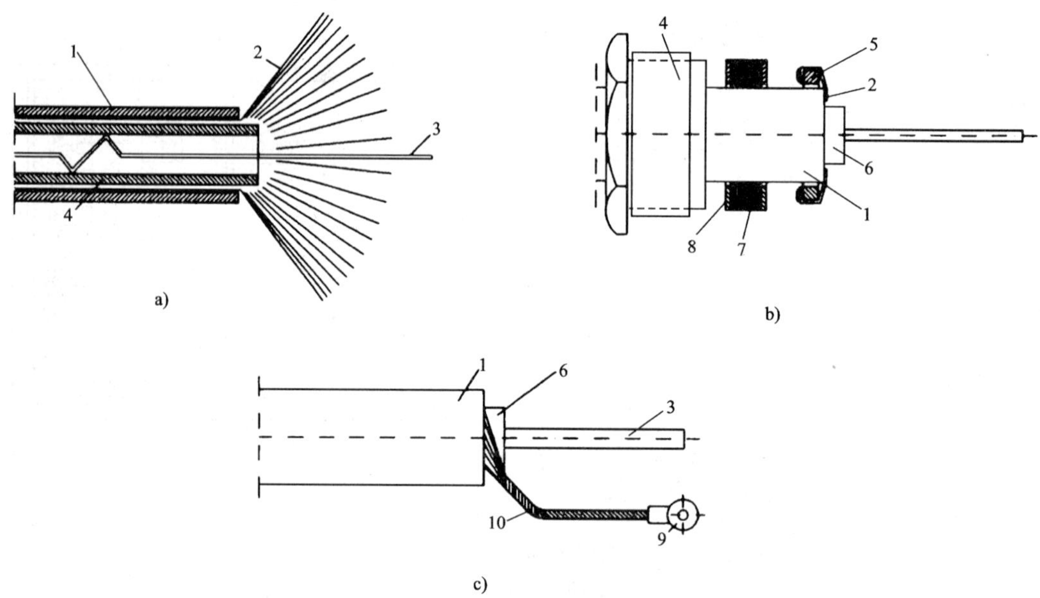

图 5-37　高频电缆切割与接地

a)高频电缆切割;b)用压紧环接地;c)辫子线接地

1-护套;2-金属屏蔽套;3-芯线;4-填料函螺帽;5-接地镀锡铜垫圈;6-高频绝缘层;7-橡皮圈;8-垫圈;9-铜接头;10-辫子线

电缆内外导体焊接要牢固光滑。焊接时应采用松香焊剂或中性焊剂,焊接处不得有焊剂堆积和虚焊现象。屏蔽层要压紧,电缆不能随意转动,芯线对地绝缘电阻应不低于 100MΩ。

第六节　电线电缆的连接

根据我国《钢质海船入级与建造规范》的规定:“电缆的敷设通常不应有接头,如由于维修或分段造船需要连接接头时,这种接头的导电连接性、绝缘性、机械强度和保护性、接地和耐火或滞燃等特性均应不低于对电缆的相应要求。”

铜芯导线芯线有单股、7 股和 19 股等多种形式,连接方法也随芯线的股数不同而异。

一、单股芯线的连接

一般单股芯线的直接连接方法是：先把两线端X形相交（图5-38），互相结合2~3圈，然后扳直两线端，将每线端在芯线上紧贴并绕6圈，多余的线剪去，并钳平切口毛刺。单股芯线的T形分支连接方法是：把支线芯线头与干线芯线十字相交，使支线芯线根部留出约3~5mm，按图5-38b）所示，环绕成结状，再把支线线头扳直，然后紧密地并缠6~8圈，剪去多余芯线，钳平切口毛刺。较大截面芯线绕成结状后不易平服，可在十字相交后直接并缠8圈，但并缠时必须十分紧密牢固。

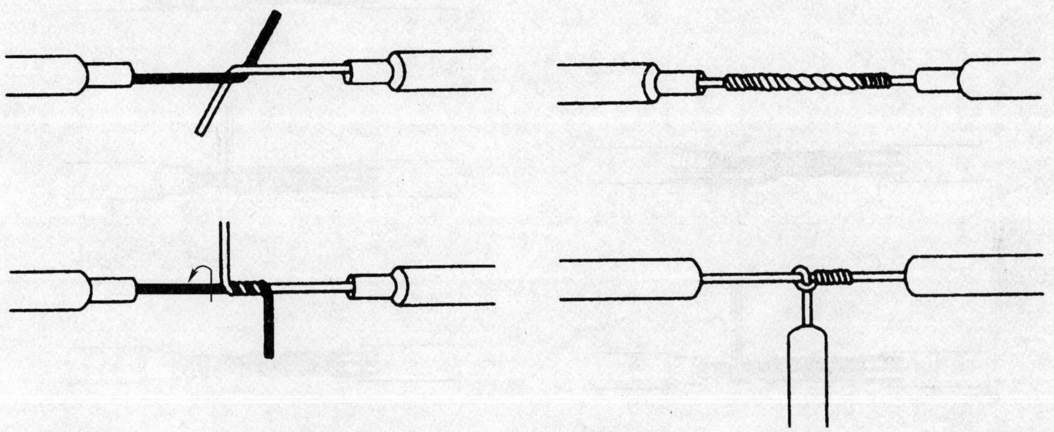

a)　　　　b)

图5-38　单股芯线连接法

a）直线连接；b）T形分支连接

二、多股芯线的连接

多股芯线的连接方法和单股芯线的连接方法基本相同。先将剥去绝缘层的芯线头拉直，接着把芯线头全长的1/3根部进一步绞紧，然后把余下的2/3根部的芯线头分散成伞骨状，并将每股芯线拉直。把两伞骨状线头隔股对叉，然后把两端芯线压平，如图5-39a）~图5-39c）所示。接着把一端的7股芯线按2\2\3股分成三组，把第一组2股芯线扳起，垂直于芯线，按顺时针方向紧贴并缠2圈，再扳成与芯线平行状态。按上述办法继续紧缠第二组和第三组芯线，但在后一组芯线扳起时，应把扳起的芯线紧贴住前一组芯线已弯成直角的根部；第三组芯线应紧绕3圈。每组多余的芯线端应剪去，并钳平切口毛刺。另一端的连接方法相同，如图5-39d）~图5-39h）所示。

多股芯线T形分支连接法是：把分支芯线线头的1/8处根部进一步绞紧，再把7/8处部分的7股芯线分成两组，接着把干线芯线用螺丝刀撬分两组，把支线、芯线的一组插入干线的两组芯线中间，然后把3股芯线的一组往干线一边按顺时针紧缠绕3~4圈，钳平切口，另一组4股线按逆时针缠绕4~5圈，两端均剪去多余部分，如图5-40所示。上述接线，如在必要时还可以搪上焊锡，以增加导电性能。

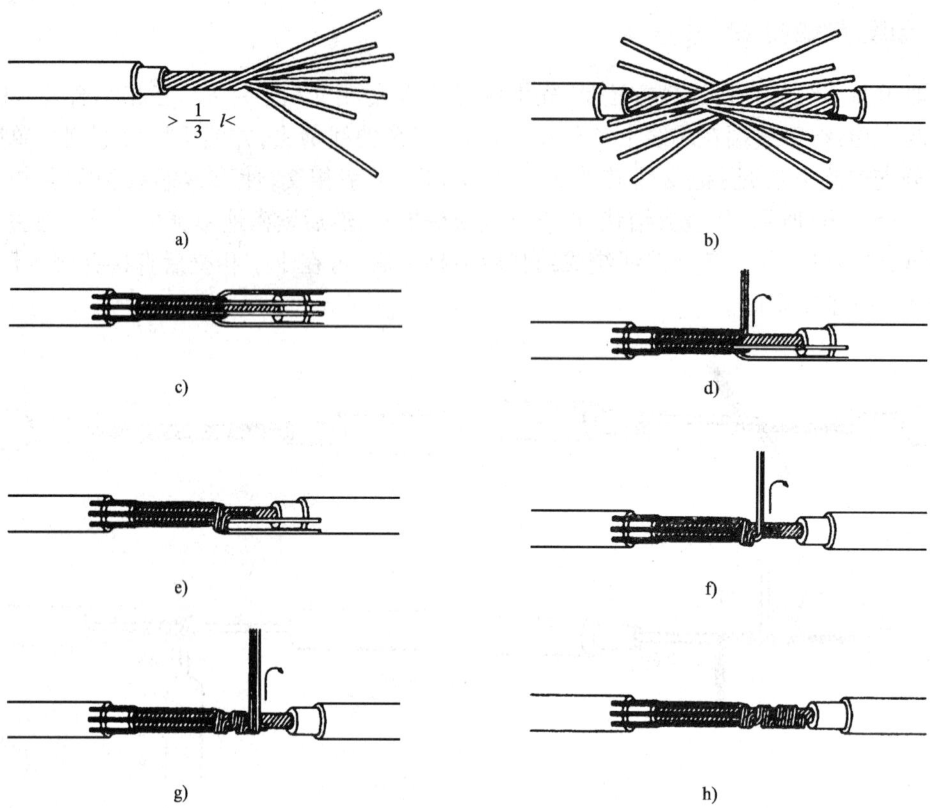

图 5-39　7 股芯线的直线连接

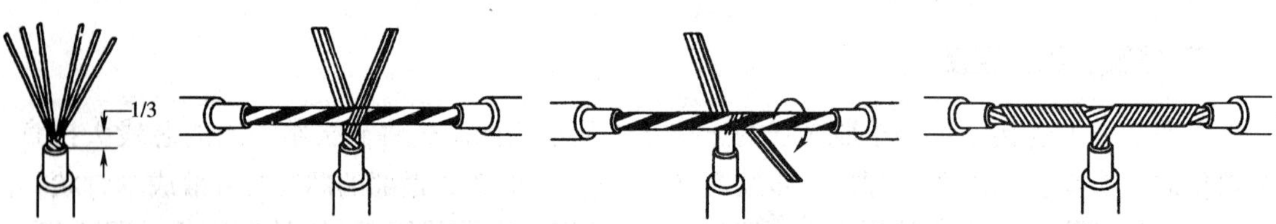

图 5-40　7 股芯线的 T 形分支连接法

三、连接导线绝缘处理

导线连接后，必须恢复绝缘，且恢复后的绝缘强度不应低于原的有绝缘性能。

当导线经过接头后，其绝缘层的处理应根据导线承受的电压而有不同选择。通常可采用黄蜡带、涤纶薄膜带和黑胶带或塑料胶带作为恢复绝缘层的材料。绝缘带的宽度，一般选用 20mm 的一种比较适中，包缠也比较方便。用在 380V 线路上的电线恢复绝缘时，必须先包缠 1 ~2 层黄蜡带（或涤纶薄膜带），然后再包缠一层胶带。胶带与黄蜡带可采用续接的方法衔接。胶带因具有黏性可自作包封。包缠方法如图 5-41 所示。

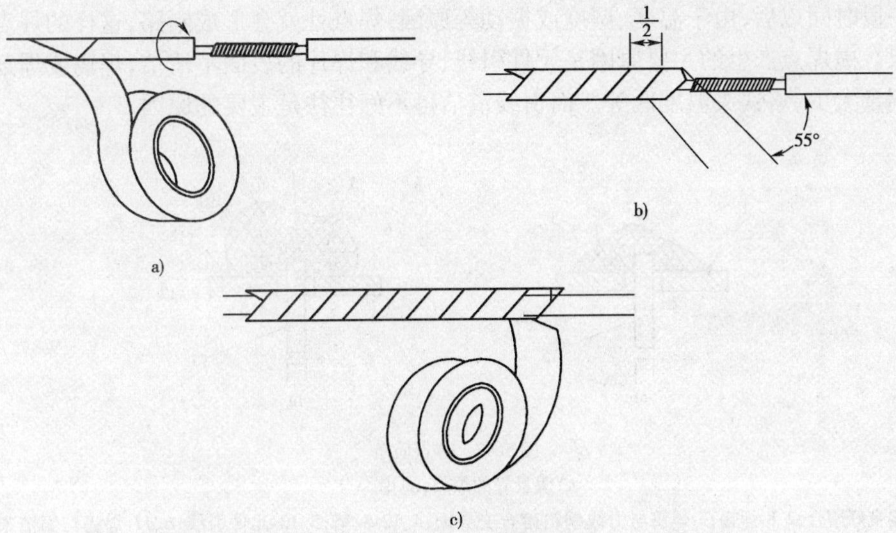

图 5-41　绝缘带的包缠方法

a)绝缘带压入导线完整绝缘层；b)压线半纵带宽；c)绝缘带衔接片

第七节　锡焊基本工艺

对电工来说，锡焊是一项基本的操作技能，往往由于焊接质量不好，而严重影响设备的使用和检修，因此学好锡焊工艺是相当重要的。

一、焊料与焊剂的选择

焊接电路时常用"焊锡"作焊料。一般所说的焊锡并不是纯锡，而是由锡、铅和其他一些金属组成的一种软焊料。以不同比例合成的焊锡，其熔点和凝点温度不同。一般采用焊锡的成分大致为：锡 63%，铅 36.5%，其他金属 0.5%，其熔点温度约为 190℃。

"焊剂"（亦称助熔剂）的作用是除去油污，防止被焊接的金属受热氧化，增加焊锡的流动性。常用的焊剂是松香，它有黄色和褐色两种，以淡黄色的较好。用烙铁吸附固体松香的方法有两大缺点：松香在烙铁上容易挥发，不能充分发挥焊剂的作用；烙铁经常接触松香，容易使松香氧化变质。所以最好是将松香溶于酒精中，把松香酒精的溶液点在焊接处，再用烙铁焊，效果较好。松香酒精的配制方法：松香（碎米）20%，酒精 78%，三乙醇胺 2%。用市面上销售的松香芯焊锡丝时，把焊锡丝和烙铁头同时接触焊点，焊接质量较好。一般情况下不要用酸性焊油，因为它对焊点有腐蚀作用。在焊接较粗的导线时则可少量使用，焊完后用酒精将焊油擦掉。

二、焊点质量

焊点的质量直接关系到整个电器设备能否稳定地工作。质量比较好的焊点，如图 5-42a）所示，在交界处焊物、焊孔和元件引线三者应较好的熔合在一起。而图 5-42b）从表面上看，焊锡也把导线包住了，但焊点内部并没有完全熔合，焊完后用欧姆表一量也通，但是用手拉一下或经过一段时间以后,由于温度、湿度或振动等原因,焊点处就会形成断路,这样的焊点一般称为虚焊点。虚焊点产生的主要原因是元件引线、导线和焊片的表面不清洁,焊锡或焊剂的质量不好或用量太少,烙铁头温度低等。而引线清洁得不好往往是主要的原因。

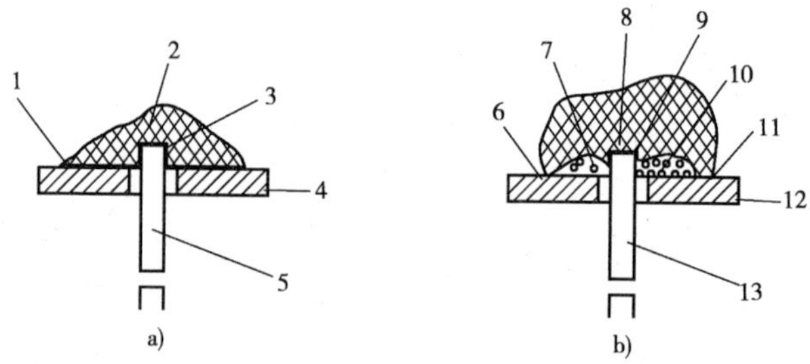

图 5-42　焊点质量

a)质量好的焊点;b)虚焊点

1-焊锡与铜箔良好熔合;2、8-焊锡;3-焊锡与引线铜箔熔合交界面;4、12-铜箔;5、13-元件引线;6、11-焊锡与铜箔未熔合;7-空气;9-焊锡仅与引线熔合;10-油污或松香渣子

三、焊接方法

1. 电烙铁的使用

常用的电烙铁有20W、26W、45W、75W、100W等种类,根据焊接元件的大小和导线的粗细来选择。一般焊接小功率半导体管和小型元件时,可选用20W、25W或45W电烙铁;焊接粗导线或大型元件时,可用75W或100W电烙铁。

电烙铁头的形式和温度对焊接质量有重要的影响。常用的直形电烙铁头,必要时可以折成弯形,且顶端锉成扁一些窄一些的形状。电烙铁头的温度要合适,一般在250℃左右,这时,接触焊锡后能使之较快地熔化,焊锡在电烙铁头上又较容易附着,焊点牢固、漂亮。当发现电烙铁头温度不合理时,可以调节电烙铁头在加热管内的长度。

电烙铁头要经常保持清洁整齐,随时除去上面的黑色氧化物。当电烙铁头顶端因长期氧化出现豁口时,要用锉刀进行修整。

2. 元件的清洁处理

焊接前,先把所用的元件和导线的焊接部分用小刀、砂皮纸或酒精等除去表面的漆层和氧化物,清洁处理后立即镀锡。

3. 焊接次序

先焊细小导线和小型元件,后焊管子和较大的元件。焊接管子引线时,动作要快,最好一次成功。焊接时用镊子夹住引线,使电烙铁头传来的热量沿着镊子散走,待焊锡凝固后再放开。焊接集成电路时,电烙铁头要接地。为了防止电烙铁漏电,在焊时可将电烙铁插头拔下,利用余热焊接。

4. 安全操作

工作场地布置要有条理,工具、元件和导线要摆放整齐,仪表要放在稳妥的地方,避免摔坏。

要经常检查电烙铁电源线和铁壳的绝缘情况,遇到漏电现象要及时修理。在工作中要防止触电、烫伤，不要到处甩锡。电烙铁不要放在木板上，以免着火。离开工作场所时，不要忘记拔下电烙铁电源插头，断开电源开关。

思考与练习 SIKAOYULIANXI

1. 电缆引入设备时有哪些基本工艺要求？
2. 电缆引入设备时有哪些分支方法和引入方法？各有什么特点？
3. 电缆引入设备时，芯线的长度应如何确定？
4. 电缆护套切割时有哪些要求？
5. 为何在芯线绝缘层外进行套管及包扎？
6. “焊剂”（亦称助熔剂）的作用是什么？
7. 虚焊点产生的主要原因是什么？

第六章　船舶电气设备的维护保养

● **学习目标**

知识目标

1. 掌握船舶各类电气设备的维护保养等级及技术要求；
2. 掌握船舶各类电气设备的维护保养基本方法；
3. 掌握电机拆装的步骤及方法；
4. 了解电气设备的日常管理工作。

能力目标

1. 能根据故障现象分析和排除继电器、接触器的常见故障；
2. 能对船舶电机进行拆装保养；
3. 初步具备船舶电气设备的维护保养能力。

对船舶电气设备的维护保养，是船舶电气管理人员经常而又大量的工作，对船舶电气设备的维护保养工作做得如何，直接影响船舶的航行安全和各种电气设备的使用寿命。

经常进行维护保养，能使电气管理人员对各种电气设备的运行情况、常见故障、使用寿命了如指掌。遇到问题，就能够胸有成竹，得心应手地排除故障，而不至于陷入手忙脚乱、束手无策的困境。一些有经验的电机员还备有各种电气设备的详细“病历档案”以供检修时查用。

本章着重介绍一些船舶常用电气设备的保养周期及方法，常见故障分析和处理，并结合电气设备的维护保养提供一些有关的技术标准，以供电气管理人员参考。

第一节　船舶照明系统维护保养

照明灯具、电热器具和电缆是全船使用最多，涉及范围最广的电气设备，因而维护保养工作量很大，尤其是客船更为突出。

一、照明灯具维护保养

1. 照明灯具的使用

在安装灯泡时，要注意灯具规格，灯泡功率不得超过灯具的允许容量，一般禁止带电更换灯泡。在船上除了货舱灯外，禁止使用高压行灯，特别在机舱等有油污的地方应采用36V以下，并带有安全网罩的低压灯。在装卸易燃危险货物时，不可使用携带式货舱灯。

甲板、船桥等露天的投光灯具，使用后应检查帆布罩是否罩妥，开灯之前必须先脱去帆罩。室外水密插座，在接通电源前，必须先检查插头螺帽是否旋紧。在取出插头前应检查电源是否已切断。用毕后，要检查插座的防水盖是否旋紧。

船舶应急照明设备应有红漆记号作区别，并经常检查灯泡是否良好，严格禁止从应急照明内取用灯泡。

在张挂彩灯时，要检查供电线路及开关的载流量是否超负荷，每相电流分配是否平衡，并检查保护装置是否完好。油轮严禁张挂彩灯。

2. 照明设备维护周期及技术要求

(1)正常照明。包括航行灯、信号灯、闪光灯及各种照明灯。

开航前检查航行灯的两路供电及故障报警装置的动作是否正常，各灯具是否完好。

每2个月一次检查灯具、导线的完整性，测量绝缘电阻。

每6个月一次检查灯头接线是否老化，室外灯具水密、锈蚀情况，如有损坏及时更换。

(2)应急照明。每月一次进行效能试验，逐路检查灯以及应急照明接触器的工作情况，如有故障，应予排除。

每6个月一次测量绝缘电阻。

(3)探照灯、运河灯。使用前检查开关及灯具的水密情况，电缆有否老化龟裂，电源电压是否符合规定，并测量其绝缘电阻值。

二、电热器具维护保养

1. 电热器具的使用

电热器具必须有专用的电源插座，严禁到处乱插，以免影响电缆和其他电气元件的使用寿命。

经常检查是否使用规定的工作电压，不得超过电热器规定电压。电灶及其他电热器应保持清洁，落进电热板上的杂物应及时清除。并保持设备有良好的绝缘。

装有易燃货物的船舶和油船严禁使用明火电炉。

经常检查烘箱的温度是否超过规定的最高温度。

2. 电热器具维护周期及技术要求

(1)电热器具：每6个月一次检查电热器元件，接线柱有否受热松动，导线及隔热绝缘物老化和破损时，进行包扎、紧固和换新。

(2)控制设备：每年一次检查自动控制装置，温度上下限整定值有否变动，感温元件接触面应清洁光滑。

三、各种电缆的维护保养

1. 电缆的日常维护

电缆包括电力、照明、控制等各种电缆，在更换时应尽量选用与原电缆同规格，同型号。并检查电缆上标记符号是否完好。

如需要进行风焊、电焊，起重场所必须有安全妥当的防护措施。

经常检查电缆是否受油及高温而变质，禁止在电缆上吊挂异物。

岸电电缆不用时要检查是否罩妥，使用前应检查电缆，接头等是否完好。备用电缆(指长期不用)的端头应用石蜡或沥青封存。

油船上二类舱室电缆的铠装护套或穿气密管子敷设的电缆必须完好。检查出入该舱室的电缆孔封闭措施是否有效。要防止可燃气体进入其他舱室。

2. 电缆维护周期及技术要求

对船上各种电缆的维护周期一般为1.5~2年或修船期,维护项目如下:

(1)电缆:检查其敷设情况,电缆外表不应有破裂、龟裂、腐蚀、灼伤、鼠咬、绝缘老化等现象,否则应进行包扎、修补、换新等处理。

(2)舱壁上填料函:要检查各种形式的水密装置,在符合规定压力要求时,不能有渗水漏水现象,否则必须进行修补。

(3)油船沿步桥电缆:检查沿步桥电缆导管(天桥电缆)腐蚀情况,膨胀弯头处电缆外表敷设、衬垫情况。尤其在遇大风浪后要加强检查,如有损坏及时修复。

(4)沿步桥电缆接线箱:清除箱内积灰;检查电缆有否发热后老化,接线有否松动;测量绝缘电阻;检查接线箱盖及填料函密封橡皮有否变质,需要时进行更换。

第二节　电磁式控制设备的维护保养

船舶辅助机械的各种电力拖动系统,一般都由电磁式控制设备进行手动或自动控制。电磁式控制设备大多由接触器、继电器、按钮、指示灯等元件组成。

一、电磁式控制设备的保养等级、周期及技术要求

电磁式控制设备的保养等级可分为:一级保养、二级保养、三级保养三种。

1. 一级保养

一般2~3个月一次,对重要设备,如舵机,起货机控制屏可每航次进行。

(1)清除各部件上的积灰和油污。

(2)检查按钮、指示灯、开关、仪表等零部件的完整性,各紧固件不应有松动。

(3)检查并维护继电器、接触器下列部件:

①可见部位弹簧有否损坏和错位。

②灭弧罩、胶木件有否损坏,同时清洁灭弧罩内的灰尘。

③清除主、副触头上的氧化物和熔化物,力求使触头保持原形和光洁(对于镀银层以及银合金交流接触器触头有斑点时,只要表面清洁,不必进行光洁处理)。

④检查接触器上的金属软接线是否有损伤。

(4)机械和电气联锁应可靠,机械活动部位应灵活,必要时可加油润滑。

2. 二级保养

一般每6个月进行一次。

(1)检查并调整时间继电器;压力、温度、液位调节器;热继电器及失压保护继电器的整定值,使之符合控制线路的要求。

(2)检查并调整继电器、接触器的触头初压力、终压力、超额行程及断开距离。

(3)检查接触器的非磁垫片、短路环及铜套有否损坏。

3. 三级保养

一般为3~4年或修船期间。

(1)检查控制板前后全部零件、螺丝、垫圈,有过热、锈蚀时应拆下清洁,各连接导线和线

头编号有损坏时应更换。

(2)检查各线圈阻值情况。

(3)对控制设备中的静止电器,如变阻器、电阻、自耦变压器、电源变压器、电抗器等应检查其有否短路、开路等隐患。

(4)检查并调整过电流继电器整定值,应符合控制设备的要求。

二、交直流继电器、接触器的常见故障及排除

电磁式控制设备中,主要的故障常见于继电器和接触器,必须了解其常见故障及处理。

1. 触头过热

原因:

(1)触头压力不够,由于触头弹簧变形或烧坏。

(2)触头表面氧化或有杂质。

(3)触头容量不够。

(4)触头磨损太多使终压力减小。

处理:对症用小锉刀光洁触头或更换触头。

2. 触头烧毛,甚至熔焊

原因:

(1)灭弧装置故障或损坏。

(2)初压力太小导致闭合时触头跳动。

(3)触头容量过小。

处理:检查触头初压力,更换新触头。

3. 触头磨损很快

原因:

(1)触头弹簧损坏,初压力不足,在闭合时跳动。

(2)初压力太大。

(3)电源电压变化过大。

处理:调整触头弹簧压力,检查电源电压。

4. 衔铁(交流)噪声大

原因:

(1)铁芯端面接触不良,有杂质油垢等。

(2)短路环有裂缝或脱落。

(3)电源电压太低。

处理:检查清洁端面,并逐一排除。

5. 线圈过热或烧坏

原因:

(1)操作过于频繁。

(2)衔铁的间隙太大,使电流过大。

(3)衔铁发生卡阻不能闭合。

(4)线圈匝间短路,或电源电压过高。

(5)经济电阻阻值太小。

6. 衔铁吸不上

原因:

(1)线圈断线或短路。

(2)接线处接触不良,脱落。

(3)电源电压太低或经济电阻阻值太大。

(4)运动部分卡死。

处理:检查线圈阻值和线圈两端电压。

7. 电弧不能熄灭,灭弧罩烧焦触头严重烧毛

原因:

(1)灭弧罩受潮。

(2)磁吹线圈匝间短路或接反。

(3)灭弧罩碳化。

(4)灭弧罩破损或脱落。

(5)灭弧角或灭弧栅脱落。

处理:检查修理灭弧罩。

三、触头的处理

1. 触头的平整、光洁、清洁

经过一段时间的运行,由于各种原因会使触头烧毛、熔焊或缺损。必须定期进行检查修理,如发现有烧毛、熔焊或有金属小珠时必须进行平整,即用小锉刀将触头上凸出部分锉去,使触头恢复原来形状,人为地将触头闭合,观察其吻合情况,最好呈线面接触。然后再进行光洁,即用“00”号细砂皮将触头磨光。如发现缺损,或厚度剩下来的1/3时,应该更换,在一时没有备品时,可采用银合金焊条堆焊,再按上述过程进行平整和光洁。对于镀银或银合金触头有斑点或油垢时,不必进行光洁,只需用溶剂(汽油/酒精)进行清洁即可。

2. 触头的初压力和终压力的估算及测量

由于触头压力不准时会造成触头磨损过快或烧毛,则必须按维护保养要求进行调整,其数值可按下列经验公式计算:

$$F_Z = 2.25\frac{I_H}{100}(\mathrm{kg})$$

$$F_C = 0.5F_Z$$

式中:I_H——额定电流,A;

F_C——触头初压力,kg;

F_Z——触头终压力,kg。

一般可用弹簧秤进行测量,如图6-1所示。

(1)初压力测量:将接触器处于断开位置,在动触头和触头支架之间夹一张薄纸条,然后,把弹簧秤钩住动触头,用力向外拉,当纸条正好开始松动时,此时弹簧秤上指示的读数便是触

头的初压力值。

(2)终压力测量:将接触器处于闭合状态,在动触头和静触头之间夹一张薄纸条,然后把弹簧秤钩住动触头,用力向外拉,当纸条正好开始松动时,此时弹簧秤上指示的读数便是触头的终压力值。

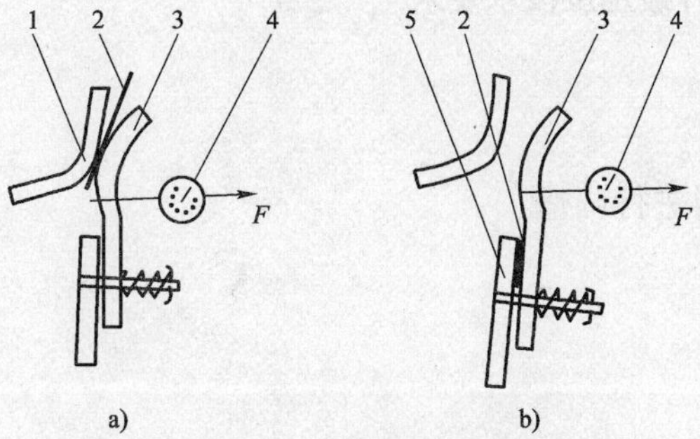

图 6-1　触头压力测量

a)终压力;b)初压力

1-静触头;2-纸条;3-动触头;4-弹簧秤;5-触头支架

第三节　锚机、起货机系统的维护保养

锚机、起货机是船舶的主要甲板机械,而且常年处在露天,保养工作尤为重要。

锚机、起货机系统的维护保养除了与其他设备有共同的控制屏和电动机外,还有其特殊的设备:主令控制器,电磁制动器。

上述各设备的保养等级一般分为:一级保养、二级保养、三级保养三种。

一、主令及凸轮控制器的保养级别和技术要求

1. 一级保养

每航次或使用前进行。

(1)检查主令控制器外部装置,如手柄(手轮)、指示灯、开关、按钮等,如有损坏进行修复。

(2)检查控制器指针与实际位置是否相符,定位是否正确。

(3)对直接接通主电路的凸轮控制器,必须作下列检查维护:

①清洁触头与凸轮表面,若有熔化和损坏时必须修复。

②检查内部弹簧有否损坏和错位。

③清洁灭弧罩,如有损坏或绝缘不良时,必须修整或更换。

2. 二级保养

每 3 ~6 个月一次。

(1)检查主令控制器内部复位弹簧、触头、凸轮。

(2)清洁触头。

(3)对采用可变电阻的主令控制器应测量滑动臂与电阻的接触是否良好。

3. 三级保养

每3~4年或每修船期一次。

(1)对主令控制器内部进行除锈、防锈、水密处理。

(2)修复和更换损坏部件。

二、电磁制动器的保养级别及技术要求

1. 一级保养

每航次或使用前进行。

(1)测量间隙,必要时进行调整。

(2)检查制动效果。

2. 二级保养

每3~6个月一次。

(1)局部解体,清洁。

(2)检查制动片(腰形或圆柱形制动块)与衔铁接触面是否均称,有龟裂换(更换制动片和弹簧时,应注意型号和材料质量)。

(3)检查衔铁、铜套及弹簧有否变形。

(4)检查制动器的人工释放装置是否有效。

3. 三级保养

(1)电机解体的同时对制动器进行全部解体。

(2)清洁,检查,更换损坏部件。

三、锚机、起货机系统管理

对起货机、锚机、绞缆机、货油泵等主要甲板机械电器设备的供电,应实行供电通知单或供电牌制度。

1. 投入使用前

必须进行一级保养,保养时间的选择应根据船舶航线及设备的技术状态来确定,保养后一般可按下列要求试验:

(1)通电之前,必须进行绝缘电阻测量,低于要求时,必须先作绝缘处理。

(2)用主令控制器手柄(或手轮)进行操作,起货机实际工作状态必须符合主令控制器手柄(或手轮)位置。

(3)有自动复位弹簧的控制器,当手离开操纵手柄时,应能自动回复零位,电动机停止运转。

(4)起货机加速时,必须符合本船起货机电气线路的换挡特点(如重叠换挡,自动逐级延时换挡等),加速换挡时电动机不应发生堵转现象。

(5)当主令控制器手柄(或手轮)快速越挡操纵时(如从上升三挡到下降三挡时)应有逆转矩控制,即从上升高速到零的停车过程,再从零逐级启动到下降高速运转。

(6)起货机电气,机械制动与低速堵转时间应符合本船的要求。

(7)对无级调速起货机和发电机-电动机系统,平滑调节主令控制器,起货机应能平滑启

动及运转。

(8)试验零位(失压)保护,紧急停车开关及按钮的可靠性。

2. 运行中

起货机在使用过程中,电管人员必须进行巡回检查,内容如下:

(1)检查起货机系统电机,制动器温升,不能超出要求。

(2)对有通风系统的电机,应检查风机及风道是否正常。

(3)起货机在额定负载下,以每分钟 V 米的速度下降时其制动滑程,不应大于 $V/100$ 米,电机各挡转速不能出现超速现象。

(4)检查控制箱(屏)内电器有否异常现象,如继电器、接触器有否振荡,机械联锁是否可靠,电器有否过热等现象。

(5)对于回转吊应检查回转、变幅的限位及警报装置是否可靠。

(6)对于行走式起货机应检查移动电缆有否损坏,行走限位装置是否可靠。

(7)有用负载继电器进行超载限速装置的,要观察负载继电器是否动作。

(8)双杆吊在高速挡有超载电气联锁时,要检查超载联锁是否可靠。

(9)对串接主电路所用的电阻器(如直流起货机),应检查通风是否良好,并注意电阻器的温升。

3. 使用结束后

(1)必须检查电源是否切断。

(2)控制室的门窗,电动机的风门应关紧,防止海水侵入。

(3)必要时对电动机、控制屏进行加热驱潮,防止绝缘电阻降低,梅雨季节尤其要注意。

(4)将起货机运行和维修情况填入工作日志。

另外,锚机\绞缆机虽能在最大负载力矩下启动和运行,但属短期工作设备,使用中应根据锚链、缆绳状态及电流表续数进行操作,并注意:

(1)启动次数不宜过多(一般允许 30min 内启动 25 次)。

(2)堵转时间不能过长(一般允许带电堵转 1min),如电流表指示值较长时间超出电机额定电流,应停车。

第四节　舵机系统维护保养

舵机是船舶的重要设备之一,舵机的管理保养是电气管理人员的一项重要工作。

一、舵机系统的保养周期及技术要求

1. 自动操舵台

(1)每半年一次,在主操舵器齿轮传动部分适量加油。

(2)每年一次,检查齿轮、微型轴承等传动部位的油质,如变质则洗净后重新加油,清洁操舵器内部的灰尘和污垢,必要时更换易损零件。

2. 随动控制装置

每航次一次。

(1)检查 AEG 电阻段差动桥式舵机发讯器和收讯器的电阻、电刷、导电环;令圈式舵机的滑环、导电滚轮;手柄(开关)式舵机的复位触点以及其他反馈装置。

(2)检查系统中的各连杆、弹簧等机件。

(3)清除装置内的铜屑、灰尘。

3. 执行装置

(1)每航次一次,进行一般性检查。

(2)每 3 个月一次,检查电磁离合器线圈的固定,碳刷、集电环的摩擦情况,机械制动的开距,刹车片的磨损情况。对执行电磁阀全体清洁检查,其衔铁活动部分应无卡死、打毛现象,行程是否变化,测量电磁阀线圈的电阻值,如有变更应换新。

4. 舵角指示器

(1)每 3 个月一次,对电桥式舵角指示器,检查其内部接触,磨损情况,清除灰尘。

(2)每年不少于一次,清洁仪器内部,然后对各活动部位如轴、齿轮等加油,检查仪器的密封情况,试验调光电阻及灯泡是否良好。

二、舵机系统的管理

船舶电气管理人员必须详细了解和掌握舵机系统的原理、性能和结构。

结合实物对照图纸,查清线路和机械传动结构,明确原理图上各元件的作用及各测试点的实际部位和编号。

根据原始数据,查对"自动""随动"之正舵、满舵时各主要环节的电压值及不通电时的电阻值,发现偏离原始值时,必须查明原因,排除故障。

按产品的使用说明书编制舵机操作规程,使用舵机时,要严格按照操作规程进行。

1. 开航前

对舵机进行试验和校对,操试时应注意如下各项:

(1)操舵台上的控制开关、按钮、指示灯以及失压、过载报警声光信号装置等应完整、有效。

(2)观察两舷供电的转换情况,并用应急电源在驾驶室和舵机室分别操试。

(3)检查操舵器、舵角指示器与舵叶实际位置的误差,在正舵位置时为 0°,在大角度时不大于 2°。

(4)用各种操舵方式在各操舵台进行操试,检查应急舵机操纵的有效性,并注意操舵器的机械传动部件是否灵活、可靠,舵叶限位开关是否正常。

(5)自动舵及电动舵机系统不应有跑舵、冲舵、不回舵、振荡等现象。

(6)观察转舵时间,要保证舵有一定的偏转速度(即复查舵从一舷 35°转至另一舷 30°所需要的时间)。并注意转舵时是否有异常现象,转动是否均匀,是否符合试航时的原始数值。

(7)用两套机组轮换使用,观察控制系统是否正常。

(8)为了保护电动机及泵组,系统启动之后不要立即进行操舵,最好在电动机启动 30s 后进行(应急情况例外),操舵器工作完毕后,应将舵位置于零位后再切断电源。

2. 在正常航行期间

对舵机的电气系统要加强巡回检查,检查内容如下:

(1)查看机组的运行情况、电机声响、温升(包括轴承)、换向器火花等是否正常。

(2)制动器、电磁离合器、电磁阀、限位开关等动作是否正常。

(3)各仪表读数、机组运行指示、舵位指示灯等工作是否正常。

(4)对使用自动操舵仪还要注意:自动舵灵敏度应调到最佳状态,充分发挥自动舵的优越性;在八九级以上大风浪天气,自动舵不能应付复杂海况时,为了保证航行安全,应停止使用;使用航向调节器时,应避免超过15°的大舵角操舵。

另外对于有两套舵机系统的船舶应定期轮换使用,以延长其寿命。在打开操舵台上的盖板时,应防止碰坏小模数齿轮和落入灰尘,影响齿轮传动精度。

在对操舵器加油润滑时,不要将油滴到触点、电线、密封橡皮等元件上,对微电机(自整角机等)应检查是否有发热、声响、旋转不均匀等现象。

第五节　辅助锅炉控制系统的维护保养

辅助锅炉是船员和旅客生活中不可缺少的设备之一,需要认真维护保养。

一、锅炉自动控制系统保养周期及技术要求

锅炉自动控制系统一般每2个月进行一次检查。

1. 控制系统

检查顺序控制器,程序动作是否灵活可靠,进行人工操作,声光报警安全设施效能是否正确。检查点火棒间隙、极棒绝缘性能、光敏元件及电磁阀的工作情况,光敏元件要定期轮换使用。

2. 给水系统

检查给水液位调节器及遥测水位感受器的动作是否灵敏可靠,水密是否良好。

3. 风油比例调节装置

检查电气元件、机械传动是否灵活牢固;比例式压力调节器压力上下限,整定值是否符合要求。

4. 废汽锅炉机械传动装置

检查三向换向阀的电气及机械传动部分动作灵活可靠。

二、锅炉控制系统常见故障分析

1. 点火失灵

原因:

(1)点火极与喷油嘴端部的位置不恰当,应重新调整距离。

(2)两点火极间距离过大,使火花减弱不足以使燃油点燃。

(3)两电极间的绝缘瓷套管漏电、破裂或结炭,不能产生电火花,可清油或换新套管。

(4)点火变压器和点火电极连接处接触不良或损坏。

(5)喷油头阻塞雾化不良,或油泵喷油压力不正常。应定期清洗喷油头及检查油压。

(6)电磁阀线圈断路或损坏不能动作。

(7)多回路电动式时间继电器的电动机失灵,不转或转得太快。

(8)程序触头接触不良,或接触秩序不符合要求。

(9)光敏电阻老化,或光敏电阻感光玻璃积灰影响感光,可清除积灰或更新。

(10)中间继电器或接触器线圈或触头有故障。

2. 中途熄火

原因:

(1)油柜无油,或燃油管路阻塞,电磁阀失灵关闭油路。

(2)风机吸入口被堵塞。

3. 锅炉冷爆

原因:

(1)点火前没有进行预扫气。

(2)电磁阀方向装反漏油或旁通阀未关死漏油。

4. 给水泵电动机不能自动启动。

原因:

(1)低水位调节器卡死,不能接通接触器。

(2)接触器线圈短路、断路或主触头接触不良。

(3)控制电路电源熔断器熔断。

5. 风油比例调节器的辅助锅炉不能自动保持正常的汽压和汽温

原因:

(1)压力调节器整定值不准或失灵。

(2)电位器滑动触头接触不良。

(3)电动比例操纵器中放大器元件损坏或电动机本身故障。

(4)传动拉杆调整不对,机械传动装置失调或失控。

(5)中间继电器或接触器故障,油路电磁阀线圈断路、短路,衔铁磁阻增大。

6. 锅炉燃烧正常而误报警

原因:

(1)电极式水位调节器最高水位两极间形成水珠而导电。

7. 水位正常,最低水位误报警并停止工作

原因:

(1)浮子式水位调节器机械卡死。

第六节　船内通讯警报及自动控制系统的维护保养

一、船内通讯系统的维护保养

1. 电话设备的维护管理

(1)检查自动电话交换总机室是否清洁干燥,切勿堆放其他物品。

(2)检查交换机是否密闭,是否有湿气和灰尘侵入,仅在检查调整和修理时方可打开设备。

(3)安装在露天的设备,应检查其外露的金属部位有否锈蚀,密封橡皮是否老化、破损,禁

止用水直接冲洗。

(4)检查电源电压的偏差是否在设备的要求范围内(一般为额定电压的±10%)。

(5)检查指挥电话和声力电话的电铃及放大声响装置的电气断续触点是否在最大响声处。

(6)每6个月对各种电话装置进行全面检查。注意声力电话的摇手柄轴承应加注薄质润滑油。

(7)对船岸电话,使用前应检查电话线有无破裂、断路、短路,插头、插座是否完整,清除接触件上的氧化物,保证电话畅通,声音清晰。

2. 电车钟的维护管理

每6个月一次,清洁各零件上的污垢;对机械部件涂加防锈油,检查轴承及润滑油,必要时加或换油(自整角机除外);检查填料函螺母的松紧及密封橡皮的质量,必要时更换以保持仪器内部干燥;灯光或车钟应清除接触环间铜屑,检查导线是否老化;检查灯光、音响指示器装置及调光电阻;对自动记录仪则检查其电气、机械连接是否牢靠,清除纸屑和灰尘,并清洁字型;检查失压报警。

电车钟使用前应作如下检查:

(1)检查设备是否完整。

(2)长期停用的,应检查设备的绝缘电阻。

(3)检查电源电压值,其偏差不应大于额定电压的±10%。

(4)接通电源后,应检查断电信号器的动作和灯光。

(5)检查设备的同步性及机械联结的灵活性。

电车钟设备尽量不要打开,严防受潮。使用完毕后应停在“完车”位置,然后再切断电源。

二、主机遥控装置维护保养

1. 主机遥控装置的保养周期和技术要求。

对主机遥控装置的各设备的保养周期一般定为每3个月一次。

(1)控制设备,检查各控制站转换,联锁的电器元件是否良好。

电磁式控制器及元件按电磁控制设备维护标准进行。

半导体控制器及元件应检查引出线,焊点电路板导电铜膜有否腐蚀;接插式印刷电路板的接触是否良好。

(2)执行系统,检查执行电机,电磁阀线圈等部件是否良好,对执行电动机可按电机等级保养要求进行。

(3)传感、检测、显示元件,检查各控制站的温度、压力、液位、速度等传感检测显示元件的电接点、导线、紧固件是否良好。

检查传感、检测元件上下限给定值是否在要求范围内,否则必须重新整定,检查各控制站显示装置与实际数值误差是否在要求范围内。

(4)警报装置,检查各警报装置是否完整,以及它的正确性。

检查整个系统:控制、检测、执行、报警等设备的绝缘电阻。

2. 主机遥控装置的管理

开航前:

结合主机备车时,检查和试验下列项目:

(1)检查装置的工作电源、应急电源、报警电源是否正常。

(2)进行各控制站的转换、联锁试验,同时按功能进行各遥控站的闭环操纵试验和模拟试验(不包括因受试验条件限制的功能)。

(3)试验中应观察并判断车令发送器、程序控制系统、各执行器、监视器、记录器、报警器的工作是否可靠。

(4)检查与本装置有关的辅助动力装置及自动控制,自动调节装置是否处在正常状态。

运行中:

(1)保持装置所需电源的正常供电。

(2)装置有故障时应及时退出工作,转换其他可靠的操纵方式(如手动操纵)。

(3)检查系统各开关位置是否正确,监视仪表、灯光、音响显示是否正常,核对记录仪记录的正确性。

定期进行全部功能效用试验:

(1)检查换向、启动、制动、调速、停车等程序控制。

(2)检查盘车机,转速检测及调速精度。

(3)应用模拟故障检查停车、减速、应急操纵、强迫运转等功能。

(4)应用扫气压力、扭矩、油门等模拟信号检查装置的限制功能。

(5)检查电源故障、紧急操纵、停车或减速、换向失败、启动失败等警报。

(6)检查各控制站的转换、联锁、数据检测记录、信号传送与指示及自动调节等装置情况。

三、主辅机报警装置的维护管理

(1)报警器用蓄电池作电源时,电压的偏差应保持在额定电压的 ±10% 范围内。

(2)检查报警器的音响、灯光信号是否可靠,音响装置应有足够的音量。

(3)检查各检测元件、调节器等整定值是否符合技术要求。

(4)检查设备的完整性,每 3 个月清洁一次。

(5)对测温器应每年检查一次:

①清除保护管外和被测物表面的积垢,保证感温元件与被测物体紧密接触和保持被测物表面光洁。

②检查保护管壁的焊缝和表面的腐蚀情况。

③注意补偿线的极性,接线盒要紧密,避免油、水及高温,防止补偿线接地、短路。

四、全船报警系统及雾钟雾笛的维护保养

1. 全船报警管理维护

(1)每个月结合救生、救火演习,对各种报警装置(如紧急集合、二氧化碳及 1211 施放、救生、火警等)进行试验,并认真检查每一处的电铃,警笛等音响,灯光信号装置的报警效果及装置和标志的完整性及其锈蚀情况。

(2)每6个月对手动发讯器轮流抽试,并检查它的完整性;对可恢复的火警探测器抽试(不可恢复的探测器每4年抽试一次),抽试数量不得少于总数的5%,最少不得少于2只,如有一只失效应加倍抽试,若再有一只失效,则全部换新。

(3)每年对室外器件作一次防锈工作;并试验风油应急切断系统的可靠性。

(4)火警探测器的盖子应保持清洁,严禁涂漆,以免影响其效能,失效的火警探测器,绝对禁止自行修理再用。

(5)测烟式火警报警器的玻璃管和橡皮软管应保持气密及畅通,擦净光敏电阻表面,检查清洁抽风机,并注意两台要轮换使用。

(6)报警器内部保持清洁,在未切断电源以前,不可进行检修或拆卸,以免造成误报警,平时禁止随意触动设备。

2. 雾钟雾笛的维护周期及技术要求

对雾钟雾笛一般每3个月进行一次维护保养。

(1)对机械控制式雾钟雾笛在机械部分加少许钟表油。

(2)清除控制器(凸轮、继电器、晶体管振器)各部分的油污。

(3)检查汽笛的电磁阀线圈及各开关按钮的水密和工作情况。

(4)检查自动工作情况,注意音响效果。

第七节　柴油机电系的维护保养

柴油机电系包括:启动电动机、充电发电机、调节器及启动蓄电池。

一、启动电动机系统

1. 使用管理

(1)定期配合柴油机进行试验,启动时电动机连续运转的时间不能太长,每次使用时间不得超过7s,且连续使用次数不应超过3次。

(2)柴油机启动后突然停止时,在飞轮没有停止转动时,不能再按启动开关。

(3)禁止使电动机空转,以防飞车损坏电动机。

(4)冬季启动时应预热柴油机和预先用摇手柄摇转曲轴等办法减少启动时的阻力,并使电动机不要受潮。

2. 维护周期及技术要求

(1)启动电动机:

①每2个月一次,清洁检查电动机换向器和电刷,除去附在换向器上的灰尘和灼黑斑点;电刷若磨损过多应换新;检查刷簧压力,每块电刷应为0.9~1.3kg。

②每年一次,检查齿轮、前端盖、中盖和后盖衬套磨损情况,若磨损过多应予更换,更换润滑油;检查测量电枢线圈与轴、磁极线圈与机座、刷握与后端盖之间绝缘。

(2)启动开关:

①每2个月一次,检查导线的固定、连接是否牢固,并清除接线头上氧化物;检查启动开关、按钮、接触点情况,指示灯、电流表是否正常。

②每 6 个月一次,检查磁力开关,若在使用中有接触不良现象,即将磁力开关解体,清除铜片上黑斑(但在装配时要注意胶木壳内的弹簧)。

(3)驱动机械:

每 6 个月一次,检查驱动齿轮是否灵活,并润滑螺旋槽表面;电动机在拆装后应正确安装,保证驱动齿轮与飞轮的齿环自由地吻合和分开。

二、充电发电机的维护管理

(1)硅整流发电机以“ - ”负极接地,直流发电机以“ + ”正极接地,正负不可接反。

(2)日常保养时,应检查发电机导线是否连接牢固,三角皮带的松紧是否适度(用手指在皮带中间压下时,皮带弯下量应为 10 ~15mm 为合适),防尘盖与外壳是否密合。

(3)发电机在工作时如发现外壳温度过高(正常温度应不超过 70℃)应停机检查原因,以免烧坏线圈。

(4)发电机的前轴承,每运转 500h 后必须检查润滑情况(采用钠基润滑脂)。

(5)每工作 300 ~400h 后需拆开发电机防尘盖清洁,检查电刷,换向器磨损情况,并对换向器表面进行清洁。

(6)检查硅整流发电机绝缘时,只允许用高内阻万用欧姆表测量。防止发电机受潮。

三、调节器的维护管理

(1)每使用 200h 打开盖子检查触点表面有无污损或烧毛,进行拂磨,并调整触点间隙。

(2)调节器工作性能检查:发电机在运转时电压和电流不应超过充电发电机额定数值,在停车时应能自动切断充电线路。

(3)截止继电器的检查,在柴油机逐渐升高转速时,注意截止继电器触点闭合时的电压,然后逐渐减低转速,注意切断充电线路时的反向电流是否在规定范围以内,数值不合规定时进行调整。

(4)调压器和限流器的检查、柴油机在额定转速附近变化时,观察电压表上读数,检查调压器是否在规定范围内动作,检查限流器时可在回路上多接些用电设备以增加电路电流,并观察电流表上读数,检查限流器是否在规定范围内动作。

(5)检查调节器时需要 20 ~30V 直流电压表和 0 ~25A 直流电流表各一个,以便调整弹簧压力、触点间隙、衔铁和铁芯间的空气间隙等。各种调节器数据可按其说明书整定。

四、启动蓄电池的维护管理

(1)一般冬季每隔 10 ~15 天检查一次,夏天每隔 5 ~6 天检查一次。

(2)启动用蓄电池不得他用。

(3)对于用蓄电池启动的原动机,当启动结束后,应将启动闸刀断开,以免发生危险。

(4)有关蓄电池的保养可参照本章第九节中蓄电池的维护保养进行。

第八节　船舶电机的维护保养

电机是船舶使用相当广泛的设备,是各种设备的动力,必须认真保养。

一、电机等级保养技术要求

1. 一级保养

直流电机为 2 ~ 3 个月，交流电机为 6 个月。

(1)打开通风罩，局部清洁，如换向器(或滑环)炭刷架等。观察炭刷位置有否移动。

(2)当换向器或滑环上有灼黑斑点、槽痕、铜绿时，必须进行光洁处理。

(3)检查换向片间的云母，一般应低于换向片 0.5 ~ 1.5mm，否则要进行拉槽修理。

(4)根据火花情况，调整炭刷压力，一般炭刷对换向器的压力在 10 ~ 32kPa 范围内，并列炭刷对换向器的压力差不应超出 10%。

(5)当炭刷磨损到原始长度的 2/3 时，应按同型炭刷进行更换，炭刷接触面必须在 70% 以上。

(6)刷握高低校正，刷握离换向器表面高度在 1.5 ~ 4mm 范围内，炭刷在刷握内应能上下自由移动，间隙应尽量小。

(7)对甲板辅机用电机(如起货机、锚机)还要检查其水密是否良好，并释放凝结水。

2. 二级保养

直流电机为 6 个月，交流电机为 1 年。

(1)清洁通风系统，检查风叶和平衡块，有否变形、松动或损坏。

(2)为使交流发电机滑环磨损均匀，必要时更换极性。

(3)检查轴承润滑脂有否变质，必要时可适当添加润油脂。

(4)检查转子有否碰擦铁芯或其他部件及有无松动现象。

(5)检查电机联轴器是否正常。

3. 三级保养

直流电机为 2 ~ 3 年，交流电机为 3 ~ 4 年。

(1)电机全部解体清洁。

(2)测量定、转子各线圈的绝缘电阻，如低于标准时要进行绝缘处理。

(3)检查各线圈有否松动、短路、开路等其他故障。

(4)绝缘包扎有擦伤和过热老化时应修理。

(5)测量换向器及滑环的磨损程度。

(6)检查钢丝箍和扎线有否松动。

(7)检查轴承并更换润滑脂。

(8)因换向器上的凸痕和斑点致使电机产生的火花等级超出使用要求时，应对换向器进行光车，光车后应拉槽，并倒角。

二、电动机的拆装

在拆卸和装配电动机时，应使各个零部件不因拆装不当而受到损坏。

1. 一般电动机的拆装步骤

(1)卸下传动皮带或脱开联轴器连接销，用油漆作记号。

(2)拆去电动机电源线和接地线。

(3)卸下底脚螺母和垫片。

(4)在皮带轮、联轴器、风叶与电动机轴连接处用油漆做记号,并拆下这些部件。

(5)卸下冷却风罩和风叶。

(6)卸下前轴承外盖和前端盖,取出转子。

(7)卸下后轴承外盖和后端盖。

(8)卸下前后轴承和前后轴承内盖。

直流电动机在拆卸时,还要拆除炭刷架,并保护好换向器。

电动机安装时与上述步骤相反。

2. 电动机各部件拆装工艺

(1)拆装联轴器。拆卸时,先记下联轴器在转轴上的位置,用专用工具(拉子)将其慢慢拉下如图6-2所示。为了便于拉动,可在螺丝杆顶端与电动机轴头间放置一颗合适的旧钢珠,或在联轴器孔内用煤油或柴油渗入。

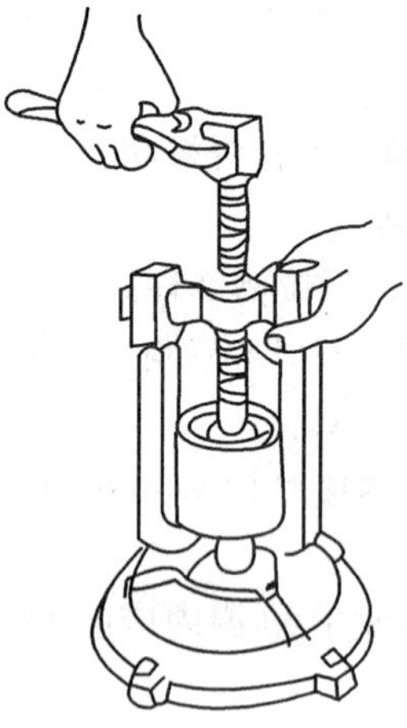

图6-2 拆卸联轴器

安装联轴器前,应先把电动机的轴和联轴器的孔用砂纸打光滑,然后涂上少量牛油,将联轴器用铜棒垫着敲入电机轴。

(2)拆装轴承盖。拆卸轴承外盖时,只要拧下固定轴承盖的螺丝,就可以把外盖取下,前后两个外盖要分别标上记号,以免弄错。

安装轴承外盖时,应先装上轴承外盖,插上一个螺丝,一手顶住这个螺丝,一手转动电动机轴,使轴承内盖也跟着转动,当轴承内外盖的螺丝孔对正时,把螺丝顶入内盖的螺孔中并且拧紧。然后将其余两个螺丝也装上。

(3)拆装端盖。拆卸前应标好端盖和机座之间的安装标记,对称地旋下固定螺丝,然后慢慢地把端盖撬下来(四周对称撬)。

安装端盖时,按对角线均匀对称地将螺丝逐步拧紧。每次拧紧的程度要一致,以免端面不平,并随时注意转子是否灵活。

(4)拆装轴承。拆卸轴承有两种方法,一种是用轴承拆卸器(拉子)拆卸,拆卸时要使拉子抓钩紧紧地扣住轴承内圈,然后慢慢把轴承卸下来;另一种是敲打法,用铜棒顶紧轴承内圈,用铁榔头沿轴承内圈全周均匀用力敲打铜棒,或用两条长铁板在轴承内圈下夹住转轴,铁板用圆筒支撑,一人扶住铁板及转子,另一人用铁锤垫木板打转轴,使轴承脱离,见图6-3。

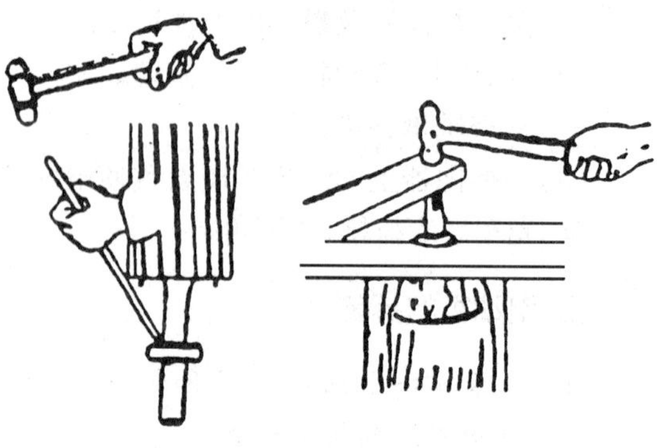

图6-3 轴承拆卸法

安装轴承时,将轴承套在转轴上,用一个内径略大于转轴的铜套套在转轴上,顶住轴承内圈,用铁锤均匀敲打套筒直至到位。或用热套的办法即将轴承放入油锅内,将锅内机油加热至100℃左右,经10~15min后取出轴承迅速套在转轴上,轻轻用力推向安装部位,然后压住内圈直至冷却为止。

安装轴承时应注意,标有轴承代号的端面必须装在外侧,以便检修识别。

3. 轴承润滑油的种类及更换方法

电机轴承常用润滑脂有：

(1)钠基润滑脂，深黄色到暗褐色软油膏，用于环境温度高，清洁、无水分条件下的开启式电动机的润滑。

(2)钙基润滑脂，淡黄色到深褐色油膏，用于一般工作温度并有水接触的封闭式电动机的润滑。

(3)钙钠基润滑脂，黄色到深棕色的均匀软膏，用于较高温度，允许有水蒸气条件下的电动机润滑。

(4)复合钙基润滑脂，淡黄色到暗褐色光滑透明油膏，用于高温，有严重水分场合的封闭式电动机的润滑。

(5)铝基润滑脂，淡黄色到暗褐色光滑透明油膏，用于高温，有严重水分场合的电动机，特别是热带潮湿环境下电动机的润滑。

(6)钼基润滑脂，黑色的均匀软膏，用于高温，有严重水分的封闭式高速电动机。

在更换润滑脂时，将轴承和轴承盖上的油脂全部刮去，用煤油或汽油将轴承和轴承盖彻底洗净，然后用干净的布(不能用纱头)擦干。检查轴承是否转动灵活，有无异常声响。轴承完好后将润滑脂用手指从一边向轴承挤压，让油脂挤进轴承并从另一面挤出一部分，将挤出的部分抹去(其中可能有脏东西)，加油标准一般按其转速而定，3000r/min 的加 1/2，1500r/min 以下的加 2/3。另外给轴承盖油槽中加上适当的油，装好轴承盖，加油工作即可结束。

第九节　船舶电站维护保养

船舶电站由发电机组、主配电板和应急电源组成，它担负着全船的动力能源。管理、维护保养好电站是船舶电气管理人员最重要的工作。

一、主配电板的维护保养周期及技术要求

1. 配电板表面

日常观察各指示灯是否正确反应工况，如有损坏应及时修理；检查对地绝缘指示灯是否完好，各种报警装置是否能可靠报警；检查仪表是否完好，指示数值是否正确。

每 4 年校正一次仪表。

2. 主开关

(1)每月一次，检查各活动零件摩擦部分润滑情况，必要时添加润滑油；检查所有紧固零件有无松动；检查可调部件有否变形或移位，损坏了的零件应更换；检查各保护装置整定值的标记是否正常。

(2)每 6 个月一次，检查操作机构是否灵活、可靠；擦除灭弧罩及栅片上的烟灰，栅片间不应有熔接现象；保持触头表面的光洁，检查副触点的接触是否良好。

对过载保护装置：油杯式的应检查油质油位；空气阻尼式的应检查橡皮有否变质；钟摆延时式的应检查机械传动是否灵活；半导体式装置的应注意其温度不应过高。

(3)每 4 年一次，校验整定值，并用红漆作标记。

3. 调压器及磁场变阻器

每6个月一次,检查调压器的接线头,接线是否良好,并检查线性电抗器的间隙,有无异常声响;测量调压器相与相之间,相与地之间的绝缘电阻;检查磁场变阻器的接触是否良好,有无短路和断路。

4. 并车电抗器及接触器

每6个月进行一次,检查并车电抗器的接线头的接触是否良好,紧固螺丝螺母有无松动;检查并车接触器的线圈及接触是否良好,有无卡住现象;检查并车电抗器回路中的熔断器是否良好。

5. 充磁装置

每6个月一次,检查二极管、变压器等设备工作是否可靠,防止倒流现象。

6. 应急配电板

(1)每月一次,试验应急启动是否符合要求。

(2)每年一次,效用配电试验,检查与主配电板联锁装置动作的可靠性。

二、船舶电站的日常管理

1. 发电机、配电板运行中的管理

(1)观察配电板上仪表读数是否正常,并作记录。

(2)根据工况,进行发电机的并联运行或解列。

(3)观察并联发电机的功率分配是否正常。交流发电机各相电流不得相差15%,且每相电流不超过额定值。当发电机超负荷时,若无分级卸载装置,为确保航行和设备安全,可卸去一部分次要负载,如空调、冷藏、风机等设备。

(4)检查主、应急配电板上的开关、继电器、接触器的通断状态是否在正确位置。重要负载开关应有明显的标志,以免引起误操作。

(5)运行中的发电机,应检查其调压装置是否有不正常的振动和声响,若有异常应查明原因,排除故障。

(6)检查发电机温度和轴承温度是否正常。轴承的最高工作温度:对滚动轴承一般不超过80℃,对滑动轴承一般不超过70℃。

(7)直流发电机换向器上不得出现2级火花。

(8)对故障或检修的电气设备,在总配电板上断开电源时,必须在相应的开关上悬挂告示牌。

(9)配电板上同步表、兆欧表的转换开关在测量完毕后,应复零位。

(10)应尽量避免船舶在进出港口或在浅、狭、险水域航行时进行发电机的并联操作。

2. 电站停止运行后的管理

(1)电站在将要长期停止运行或发电机配电板将进行厂修前均应测量绝缘电阻,并作记录,以备查考。

(2)配电板上所有开关、电阻器及仪表,应处于切断状态。板后有门锁的配电板应锁起来。

(3)当直流配电板接交流岸电时,应将动力设备、航行灯、各直流线圈的负载线路切断,并悬挂告示牌，此时仅能对照明线路供电。必须使用直流电源的设备，需经整流装置供电。但不宜采用半波整流装置。

(4)交流配电板接岸电时，相序应一致，并注意电压及频率。

(5)接受其他船舶供电时，应注意供电船的电制，负荷情况。

(6)严防水溅入发电机和配电板内，有加热驱潮电阻的应通电加热驱潮。

3. 总配电板修理后的注意事项

(1)各接线端子编号应清楚、正确，线路应与图纸相符。

(2)各继电保护装置的整定值和动作应正确、可靠，活动部件应灵活。

(3)检查配电板绝缘是否正常。

(4)在带负载情况下，检查各装置、仪表的正确性。

4. 发电机修理后的注意事项

(1)测量绝缘电阻，如低于修理前数值，应查明原因，低于要求值时不能投入运行。

(2)拆修后的电机应检查联轴器、机座及电机安装情况，内外接线及线端编号是否符合技术要求。各接线是否牢固。

(3)有电刷的发电机应检查所有电刷和刷握架的情况，并需检查刷架的位置是否正确，换向情况是否良好。

(4)直流发电机应检查磁极与外壳结合是否牢固，主极与换向极的极性和连接顺序是否正确，对转子上有钢丝箍的电机，应检查是否牢固。交流发电机应检查磁极与转轴的结合是否牢固，定子绕组的扎线有无松动，各出线端接头是否牢固。

(5)测量磁极的空气间隙，并作记录。当不均匀度超过平均值的 ±10% 时，必须调整。

(6)发电机在维修时，如更换转子或定子线圈，需要进行 4 ~ 6h 的温升试验及按铭牌额定转速的 120%，历时 2min 的超速试验，试车后应测量绝缘电阻。

(7)在带负载情况下，检查轴承、通风系统是否良好，有否不正常的振动和噪声，并注意温升是否符合规定要求。

三、蓄电池的维护保养

1. 使用管理

(1)在充电之前，必须对充电设备、变阻器及仪表进行检查，若有失灵或故障，应在充电前修好。

(2)蓄电池之正极“ + ”接直流电源正极，负极“ - ”接直流电流负极，不可接错。

(3)不同容量和新旧不一的蓄电池不宜串联在一条线路里充电，碱性与酸性蓄电池不允许放在同一室内，也不许混合使用，所用器皿必须分开。

(4)检查蓄电池电解液的液面，如果液面低落，应注入蒸馏水，酸性蓄电池电解液水平面应高出极板顶端 10 ~ 15mm。碱性蓄电池电解液应高出极板 5 ~ 12mm 或极板上部储水室 1/3 的高度。

(5)在充电过程中，必须经常检查电解液的温度，酸性电解液不宜超过 +45℃，碱性钾电解液不能超过 +30℃，碱性钠电解液的温度不超过 +40℃。如果温度过高，而且尚未充足电，可以停止充电，待温度降低后再充或减少充电电流。

(6)不经常使用的蓄电池必须进行维护性充放电,即用 1mA/A·h 的电流进行长时间充电。放电试验可以人为外接负载或切断船电照明电源使放电继电器释放进行放电,放电容量为额定值的 10%。

(7)当酸性蓄电池电解液比重为 1.15 ~ 1.17,单格电压为 1.7 ~ 1.8V 时,碱性蓄电池单格电压为 1V 时,可以认为放电终了,要及时进行充电,一般不超过 12h。

(8)酸性蓄电池充电电池也可按:冬天以蓄电池额定容量的 1/10 进行充电,夏季高温季节以蓄电池本身额定容量的 1/20 ~ 1/15 进行充电。充电时均应拧开气塞,充电完毕后应拧上。注液气塞的气孔应保持畅通。

(9)碱性蓄电池充电时,不可把气塞取下,否则会进入大量的碳酸气,容易使电解液失效,当内部发生气体时,塞子会发出嘘嘘声,注意气塞橡胶管必须完好,否则内部气体不能逸出而造成蓄电池膨胀。应定期打开气塞,使内部气体排出。

(10)充电完毕后,应把残留在蓄电池表面的电解液、水渍擦干,同时防止海水溅到蓄电池内部或蓄电池壳上,以减少自行放电损失。

(11)当蓄电池容量不足、性能不好、短路、外壳变形、渗漏或电解液混浊有杂质以及电压过低时,就需要换新。

(12)使用扳手等其他金属工具或电瓶夹子时必须特别注意,正负极不能相碰,以免造成短路,发生危险。

(13)安装或移动酸性蓄电池时不可将电池倾斜,可拎端柱或在地面上拖动,以免损伤电池零件、外壳或电解液溅出腐蚀衣物。

(14)蓄电池搁架木楔闩紧,不得有移动碰撞现象。酸性外壳底需铺橡皮条与青铅皮以便隔离,碱性蓄电池外壳相互隔开,箱底木条垫高 60mm,防止积水腐蚀木箱及蓄电池金属外壳。对已腐朽的木条、木架应及时换新。

(15)蓄电池室及蓄电池箱内应保持清洁,不准堆放杂物或安设与蓄电池无关的装置。在充电时,要保持进出风道的畅通,并设防火网。寒冬季节蓄电池室与蓄电池箱应注意保暖,并使蓄电池经常保持充足电的状态。

2. 蓄电池的维护周期及技术要求

(1)电解液:

①酸性蓄电池,每 10 天一次,当电压、电解液比重或液面低于规定时,补充蒸馏水进行充电。

②碱性蓄电池,每 15 天一次,充放电 50 ~ 100 次循环,或 1 年后,容量显著下降时需要更换电解液。当电压、电解液液面低于规定时,加蒸馏水,进行充电。

(2)蓄电池外表:

①酸性蓄电池,每 3 个月一次,用温水擦除接线柱上的氧化物,揩干后涂上适量牛油。

②碱性蓄电池,每 2 个月一次,检查螺丝塞透气橡皮套管,弹性失效者更换。

每 6 个月一次,用煤油擦除外壳上的锈斑保持光洁,并涂些无酸凡士林,清除箱底积水。不可用砂纸磨打外壳。

(3)每月进行一次维护性充电和补充电。

思考与练习 SIKAOYULIANXI

1. 如何正确使用和保养各种照明灯具?
2. 如何对电磁式控制设备进行等级保养?
3. 接触器、继电器等电器设备常见的故障有哪些? 怎样排除?
4. 如何确定触头的初压力和终压力?
5. 怎样对主令控制器进行等级保养?
6. 怎样对电磁制动器进行等级保养?
7. 起货机在投入使用前应做哪些工作?
8. 起货机在运行中,进行巡回检查项目有哪些?
9. 开航前,对舵机进行哪些试验和检查?
10. 船舶自动燃油锅炉点火失灵有哪些电气方面原因?
11. 对电话设备如何进行维护管理?
12. 主机遥控装置在航运中如何进行管理?
13. 柴油机电系如何进行维护管理?
14. 船舶电机等级保养的内容是什么?
15. 详细叙述电动机的拆装步骤。
16. 拆装轴承有什么工艺要求?
17. 如何更换轴承润滑脂?
18. 船舶电站在运行中如何进行管理?
19. 船舶电站停止运行后要做些什么工作?
20. 发电机修理后应注意些什么?
21. 蓄电池的等级保养内容是什么?

第七章　船舶安全用电

● **学习目标**

知识目标

1. 掌握触电原理及常见触电情况;
2. 掌握船舶安全用电规则及触电时急救基本常识;
3. 了解船舶电气防火相关知识。

能力目标

1. 具备触电时实施急救基本能力;
2. 初步具备船舶电气设备安全用电管理的能力。

由于工作需要,船舶轮机管理人员经常接触到各种电气设备,因此特别要求具有一定的安全用电常识,以免造成人身触电和设备损坏事故。这里“安全”就是指人身和设备的安全。

第一节　安 全 用 电

一、触电

1. 安全电压

人体的电阻随皮肤的干燥程度、接触时的压力和外加电压的变化而不同。如果不计外界条件,作为人体的最低电阻一般可以认为是500Ω。但一般都大于500Ω。

由动物实验可以推断,当流过人体的电流为20~25mA时,人体肌肉会抽筋;当电流为50mA时,会使人感到呼吸困难,肌肉瘫痪,严重休克;当电流达到100mA时,会严重损害心脏传导系统,引起心室颤动,使人体血液循环发生故障,很快导致死亡。

一般以50mA为安全值,如超过便有危险,若人体电阻为500Ω,当触电电压达到25V时,便有危险。但实际上人体电阻一般都大于500Ω,我国规定36V以下属于安全电压,如36V、24V、12V等种类。36V安全电压是指在正常情况下,对那些环境较差的场所,如空气湿度较大或有酸雾等,则应将安全电压定为12V,所以12V以下又称为绝对安全电压。

此外,电流大小对人体也有影响。以工频电流为例。实验资料表明,如果有1mA左右的电流流过人体,就会有麻刺等不舒服的感觉;10~30mA的电流流过人体,便会产生麻痹、剧痛、痉挛、血压升高、呼吸困难等症状,人体不能自主摆脱带电体,但通常不致有生命危险;电流达50mA以上,就会引起心室颤动而有生命危险;100mA以上的电流,则足以致人于死地。如果触电者的人体电阻约为1kΩ,被220V电压作用,通过人体的电流是220mA,因超过100mA,足以置人于死地。

实验表明,直流电对人身的危害作用与交流电不同。直流电对人体血液有分解作用,而交流电的危害在于人的神经系统受到破坏作用，在交流频率中，对人体伤害最危险的是工频（50Hz 或 60Hz）。因为这与人体的细胞特性有关，当电流通过人体时，人体细胞被极化拉伸成为一个个偶极子。使细胞的生物化学机能遭到破坏。在直流电作用下，细胞的极化是定向的；在交流电的作用下，这种极化是随电流极性的改变往返进行的。在工频电流作用下，极化的往返最为激烈，对细胞产生最大的损伤，因而使细胞的生物化学机能受到最大的破坏。而在高频电流作用下，细胞的极化方向来不及改变，因而产生损伤较少。但是，高频电流的热效应，仍可对人体造成严重的伤害。另外，考虑到人体心脏搏动周期因素，引起心室颤动而致命的阈值是工频电流 50mA。

2. 触电

人的身体触到了带电的物体而受到了过高的电压（大于 36V）或过大的电流（大于 50mA），以致引起局部受伤或死亡的现象叫触电。

触电按电流通过人体后产生的伤害程度的不同，可分为电伤和电击两种。

（1）电伤。电流通过人体时，造成人体的外部组织局部损害属于电伤，电伤有烧伤、电的烙印和皮肤金属化等。

烧伤的特征是皮肤红肿，起泡或烧焦。与火烫伤相同，烧伤一般是由电弧造成的，也有的是电弧熔化金属飞溅到人体造成的。

电的烙印是在人体上留下不同的痕迹，此种电伤虽不及烧伤严重，但也破坏了皮肤组织，使皮肤硬化。

皮肤金属化是在电弧发生时，将熔化或蒸发的金属微粒喷射到皮肤上，并渗入到皮肤内，它对皮肤组织的破坏较轻。

（2）电击。电流通过人体时，电流超过 50mA，使中枢神经遭受损害，人体内部器官和组织受到破坏，甚至人的心脏停止跳动，这属于电击。

电击是最危险的触电事故。常见的触电情况有三种：

①双线触电，操作者两手分别触到两根相线，使电流通过心脏，这是最危险的触电，如图 7-1 所示。

②单线触电，在三线绝缘系统中由于电气设备的绝缘强度降低，造成漏电，如果操作者手碰着某根相线也会造成触电事故，如图 7-2 所示。

③单相触电，在三相四线制或船体作为中性线回路的系统中，操作者手接触到某一相，就会造成触电，如图 7-3 所示。

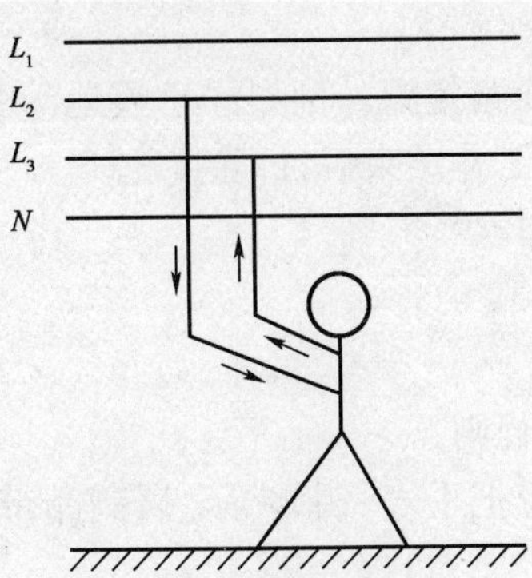

图 7-1 双线触电

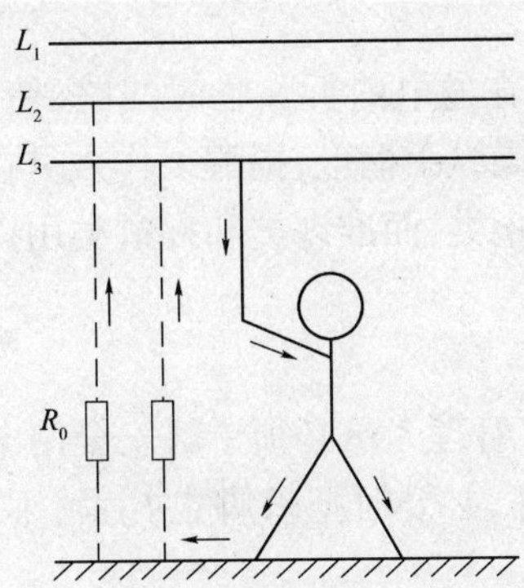

图 7-2 单线触电

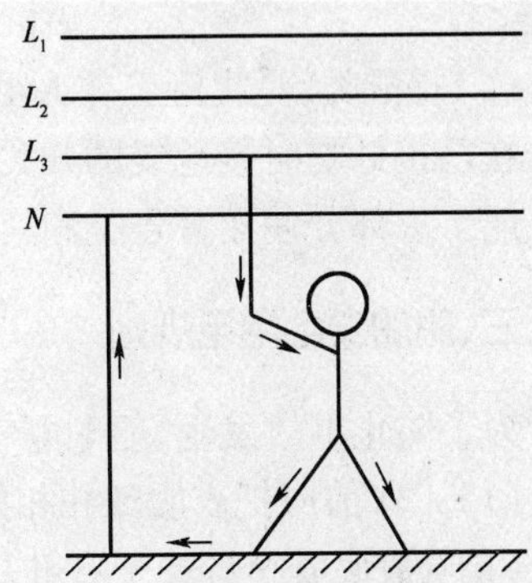

图 7-3 单相触电

二、安全用电工具

为了避免操作人员直接接触电路,可以借助于一些必要的安全用电工具。

1. 安全用电工具

所谓安全用电工具是指该工具的绝缘强度足以抵抗电气设备运行电压。常用安全用电工具有绝缘长手套及短手套,装有绝缘柄的工具如尖嘴钳、钢丝钳、斜口钳、螺丝刀、电工刀和试电笔等。

在使用安全用电工具前必须检查:

(1)安全用具是否清洁,有灰尘的要擦干净,有炭印的不准使用。

(2)安全用具中的橡胶制品,如橡皮手套、靴、垫等,不允许有外伤、裂纹、气泡、毛刺划痕等,发现有问题的用具,应立即更换。

(3)安全用具是否适用于规定电压等级,特别是最基本安全用具如钢丝钳、螺丝刀等。

对于使用后的安全用具要妥善保管,安全用具中的橡胶制品不要与石油类的油脂接触,存放的环境温度不能过冷过热。

安全用具不能移作他用必须定期对安全用具进行试验。

2. 警告牌

为了安全操作在断电或带电作业时,必须在电源,开关或线路等处悬挂各种警告牌,以保证安全。

警告牌一般可分为:警告类、禁止类、准许类和提醒类四类。按其悬挂的方式又可分为:固定、流动和临时三种。

(1)警告类,是警告人们不得接近或接触有电部分。例如:“高压,生命危险!”可固定悬挂在配电板后的门上。“止步,高压危险!”或“站住,生命危险!”可临时悬挂于带电操作场所附近。

(2)禁止类,是禁止操作某些开关,防止在停电的线路或设备上工作的人员触电。例如:“不许合闸,有人工作!”或“不许合闸,线路有人工作!”可临时悬挂于可以送电到工作线路的各种开关的操纵机构或控制按钮上。

(3)准许类,是允许工作人员在某处工作。例如:“在此工作!”挂在已作好安全措施的设备或线路附近,允许工作人员工作。“由此攀登!”可临时挂在已作好安全措施的通道楼梯口处。

(4)提醒类,是提醒工作人员在送电前拆除临时线路,使线路复原。例如:“已接地”可临时挂在已接好临时接地线的开关操纵手柄上,提醒工作人员在工作结束后,拆除接地线。

船上大部分使用警告类和禁止类,而准许类和提醒类用得较少。

三、船舶安全用电规则

为了防止事故发生,船舶电气管理人员必须了解安全用电规则:

(1)工作前应把衣服纽扣扣好,必要时把裤脚也扎紧,不应把手表、钥匙等金属制品带在身上,穿着胶底安全鞋或干布鞋。

(2)检查自己用的工具是否完备和良好,如各种钳柄的绝缘,试电灯的灯线、行灯线、手柄、护罩等，发现有缺陷应及时更换。

(3)电气器具的电线，插头必须完好。插头应与所用插座相吻合，无插头的电器不准使用。36V 以上的电气器具应备有接地触头的插头，以便接保护、接地或接中线。

(4)不要先开启开关后连接电源(尤其是手提电器)。禁止用湿手或在潮湿的地方使用电器。

(5)为了保证电气设备的安全运行，船上的开关，非责任人员不得随意乱动。保险丝容量不得随意更改，绝对禁止用铜或铁等金属丝代替熔丝。

(6)鉴定设备是否带电，只允许使用规定验电器具，如万用表、验电笔或校电灯。未确定无电前不得进行工作。必须带电作业时，要经电气方面负责人允许后，并有专人在场监护，方可进行。在带电操作时尽可能用一手接触设备进行操作。

(7)在带电设备上严禁使用钢卷尺和带有金属的尺进行测量工作。

(8)高空作业(离地两米以上)，要戴安全带，以防失足或触电坠落，同时要注意所携带的工具器材勿失手下落，以免伤人。

(9)安装或检修任何线路及线路上设备时，应切断电源或拿掉熔断器，并挂上警告牌。工作结束通电前应先查看一下线路上有无他人工作，确实无人后方可装上熔断器合上开关。

(10)在维护和检查有大电容器的电气装置时，应将电容器进行充分放电，必要时可短接后进行工作。

(11)在船舱工作时，应有适当的照明，所用灯具电压应符合安全标准。

(12)工作完毕后，应检查清点工具，勿遗漏，特别是在配电板、发电机等重要电气设备附近工作时更要注意，以防意外。同时把不必要的灯或未燃尽的火熄灭。

(13)严禁使用四氯化碳作为清洗剂。用汽油清洁电机时，必须采取有效的防火措施，并注意良好通风。

(14)发现电气设备发生不正常现象时，应及时采取适当的措施。

第二节　急救常识

触电的抢救工作十分重要，处理及时得当，能使患者转危为安，化险为夷。如若迟迟未作处理或处理不当，很可能使患者丧失生命。

一、断电

触电者接触带电体时，会引起肌肉痉挛，若手握导线时，则握得更紧不易解脱。所以救护触电人首先是迅速地将电源切断，使触电人尽快地脱离电源。

1. 脱离电源方法

(1)尽快切断电源开关或拔掉熔断器；

(2)用绝缘钳剪断导线或装有干燥木柄的刀、斧等把电线切断；

(3)用干燥的木棒挑开搭落在触电人身上的导线，当导线压在触电人身下时，要用干燥的木棒将触电人身体移开些，再将导线挑开；

(4)如果触电人的衣服是干燥的，可以站在木板或其他绝缘板上用单手将触电人拉开，使其脱离带电体。或者救护者用自己的干衣服将触电者拉开。

总之,不管用什么办法救护触电者,不要造成其他再触电的事故。

2. 脱离电源注意点

(1)未断电前绝对禁止赤手接触触电者的身体。

(2)如果触电者在较高的地方,在切断电源的同时,应采取安全措施,防止触电者松手后从高处下落,造成严重摔伤。

(3)在夜间或照明不足时,应利用其他光源如手电筒等解决照明。

二、救护

现场抢救触电者的原则是:

迅速:争分夺秒使触电者脱离电源。

就地:必须在现场附近就地抢救,千万不要长途送往医院抢救,以免耽误抢救时间。从触电时算起,5min 以内及时抢救,救生率 90% 左右;10min 以内抢救,救生率 60%;超过 15min,希望甚微。

准确:人工呼吸法的动作必须准确。

坚持:只要有百分之一希望就要尽百分之百努力去抢救。

触电者死亡的 5 个表征:心跳、呼吸停止;瞳孔放大;尸斑;尸僵;血管硬化。这 5 个表征只要 1 ~2 个未出现,应作假死去抢救。

1. 人工呼吸触电急救法

(1)胸外心脏挤压法。心脏挤压是有节律地按压胸骨下部,间接压迫心脏,排出血液,然后突然放松,让胸骨复位,心脏舒张,接受回流血液,用人工维持血液循环。其要领如下:

①将触电者仰卧在硬板上或地面上。不能卧在软床上或垫上厚软物件,否则,无挤压效果。压胸位置是一只手掌根部放在触电者的心窝口上方,另一只手掌作辅助。抢救者跪在触电者腰旁,操作过度疲劳时可以交换位置。

②挤压方法:压胸的一只手,在预备动作时略弯,然后向前压胸,成 90 角,完成动作后,突然放松(向后一缩),如此循环下去。

③挤压时触摸大动脉是否有脉搏。如果没有脉搏,应加大挤压力度,减慢挤压速度。

胸外心脏挤压法口诀如下:掌根下压不冲击,突然放松手不离,手腕略弯压一寸,1s 一次较适宜。

(2)对口吹人工呼吸法。对口吹人工呼吸法是用人工方法使气体有节律地进入肺部,再排出体外,使触电者获得氧气,排出二氧化碳,人为地维持呼吸功能。其要领如下:

①将触电者仰卧,使头部尽量后仰(先拿走枕头)。操作者腰旁侧卧,一手抬高触电者下颌,使其口张开;用另一只手捏住触电者的鼻子,保证吹气时不漏气。但是,如果在触电者口上盖一块手帕,可能会影响吹气效果。

②操作者用中等度深呼吸,把口紧贴触电者的口,缓慢而均匀地吹气,使触电者胸部扩张。胸部起伏过大,容易把肺泡吹破:胸壁起伏过小,则效果不佳。因此要观察胸部起伏程度来掌握吹气量。

③吹气速度,对成人是吹气 2s 停 3s,5s 一次。成年人 12 ~16 次/min,对儿童是吹气 18 ~

24 次/min。

④触电者嘴不能掰开时，可进行口对鼻吹气。方法同上，只是要用一只手封住嘴以免漏气。

对口吹的口诀如下：张口捏鼻手抬颌，深吸缓吹口对紧，张口困难吹鼻孔，5s 一次坚持吹。

触电者心跳、呼吸都停止时，应同时进行胸外心脏挤压和口对口人工呼吸。如果有两个操作者，可以一人负责心脏挤压，另一人负责对口吹气。操作时，心脏挤压 4～5 次，暂停，吹气一次，叫 4 比 1 或 5 比 1。如果只有一个操作者，操作时最好是 2 次很快地肺部吹气，接着进行 15 次胸部挤压，叫 15 比 2。肺部充气时，不应按压胸部，以免损伤肺部和降低通气的效果。

(3)摇臂压胸呼吸法。摇臂压胸呼吸法操作要领如下：

①使触电者仰卧，头部后仰。

②操作者在触电者头部，一只脚作跪姿，另一只脚半蹲。两手将触电者的双手向后拉直，压胸时，将触电者的手向前/倾推，至胸部位置时，将两手向胸部靠拢，用触电者两手压胸部。在同一时间内还要完成以下几个动作：跪着的一只脚向后蹬（成前弓后箭状），半蹲的前脚向前倒，然后用身体重量自然向胸部压下。压胸动作完成后，将触电者的手向左右扩张。完成后，将两手往后顺向拉直，恢复原来位置。

③压胸时不要有冲击力，两手关节不要弯曲，压胸深度要看对象，对小孩不要用力过猛，对成年人完成 14～16 次/min。

摇臂压胸式的口诀如下：单腿跪下手拉直，双手顺推向胸靠，两腿前弓后箭状，胸压力量要自然，压胸深浅看对象，用力过猛出乱子，左右扩胸最要紧，操作要领勿忘记。

(4)俯卧压背呼吸法（此法只适宜触电后溺水、肚内喝饱了水）。俯卧压背呼吸法操作要领如下：

①使触电者俯卧，触电者的一只手臂弯曲枕在头上，脸侧向一边，另一只手在头旁伸直。操作者跨腰跪，四指并拢，尾指压在触电者背部肩胛骨下（相当于第七对肋骨）。

②按压时，操作者手臂不要弯，用身体重量向前压。向前压的速度要快，向后收缩的速度可稍慢，完成 14～16 次/min。

③触电后溺水，可将触电者面部朝下平放在木板上，木板向前倾斜 10°左右，触电者腹部垫放柔软的垫物（如枕头等），这样，压背时会迫使触电者将吸入腹内的水吐出。

俯卧压背法的口诀如下：四指并拢压一点，挺胸抬头手不弯，前冲速度要突然，还原速度可稍慢。抢救溺水用此法，倒水较好效果佳。

2. 人工呼吸法的选择

(1)有轻微呼吸和轻微心跳：不用做人工呼吸，观察其病变，可用油擦身体轻轻按摩。

(2)有心跳，无呼吸：用对口吹吸法。

(3)有呼吸，无心跳：用胸外心脏挤压法。

(4)呼吸、心跳全无：用胸外心脏挤压与对口吹配合抢救方法。

(5)触电后溺水，肚内有水：用俯卧压背式。

3. 做人工呼吸法之前须注意的事项

(1)松衣扣、解裤带，使触电者易于呼吸。

(2)清理呼吸道。将口腔内的食物以及可能脱出来的假牙取出，若口腔内有痰，可用口吸出。

(3)维持好现场秩序。非抢救人员不准围观。

(4)派人向医院、供电部门求援,但千万不要打强心针。垂危病人的心脏是松弛的。替垂危病人打强心针,目的是帮助其心脏恢复跳动功能。而触电者的心脏是纤颤的(即剧烈收缩),而强心针是刺激心脏收缩的药物,如果替触电者打强心针,是加速其心脏收缩,无异于火上加油,加速死亡。

第三节 船舶电气防火

船舶火灾不仅直接危及船舶安全运输,同时,也给广大船员和乘客的人身安全造成很大威胁,因此,船舶防火是船舶安全的重要工作。

一、船舶电气设备引起火灾的原因

产生火灾必须同时具备3个条件:充足的空气,可燃物质,火种。船舶电气设备运行中操作不当、管理不善、出现故障都可能形成火种,当遇上周围易燃易爆物质时就会酿成火灾。引起火灾的原因有:

(1)绝缘下降或损坏的电气设备发生短路、断路、接地故障迸发出火星。

(2)电气设备长期过载运行,引起温升超过允许值。

(3)电机换向不良,电刷下产生火花,或继电接触器通断时产生电弧。

(4)导体接点接触不良,局部过热。

二、防止电气设备引起火灾的要求

(1)限制电气设备的负荷量及电缆的载流量在额定值以下。

(2)严格按照安装要求装设电气设备,安装质量符合要求。

(3)严格按照环境条件选择电气设备及电缆。

(4)防止机械碰伤、破坏绝缘。

(5)电缆与其他导体的连接必须牢靠,防止松动。铜-铝导线连接时,还要注意防止电化腐蚀。

(6)按要求定期测量绝缘电阻,发现绝缘电阻下降到最低要求值以下时应查明原因,及时处理。

(7)注意日常维护、保养和清洁工作,及时排除电机及电器的故障。

(8)易燃易爆场所要使用防爆电气设备。

三、电气灭火器具

船舶电气设备起火时,一般用下列灭火器具灭火:

1. 二氧化碳灭火机

二氧化碳是一种非导体,它干燥且没有腐蚀性,而且灭火后不留渣滓,不伤害设备,是一种良好的电气灭火材料。灭火时,它由液态迅速地膨胀成气态,吸收大量的热量,同时因其相对密度比空气大而覆盖在燃烧物表面，达到隔离空气，稀释氧气，使火窒息的目的。使用时，注意不能与水或蒸汽一起使用，否则会大大降低灭火性能。

2. 干粉灭火机

干粉本身无毒，不腐蚀，不导电。灭火时依靠压缩气体的压力，将干粉以雾状喷射到燃烧物表面，形成燃烧的隔离层，稀释燃烧区的含氧量。干粉灭火迅速，效果好，但成本高，一般仅用于小面积灭火。

3. 1211 灭火机

所谓1211，是一种含有一溴二氟-氯甲烷的灭火剂，也是一种扑灭电气火灾的理想材料。但它对大气臭氧层有破坏作用，已停止使用。新型的灭火器具正在面世。

对已切断电源的电气火灾，也可用水来扑灭。但水会浸湿电气设备，使绝缘大大降低，因此，如果火势较小最好不要用水，以免损坏电气设备。

第四节　油船电气设备的安全管理

一、油船预防静电起火的问题

1. 静电的产生

任何两种不同物质间发生摩擦时，能够产生不同的静电荷。另外，由于受带电物体的影响，导体上也能感应生成静电荷。油船和其他船舶静电的形成是一个复杂的过程，但归根结底还是以上两种作用单独或共同作用的结果。

具体地说，油船上静电产生的原因有：

(1)当油品沿着输油管路流动和流入船舱时，由于油与管壁、油舱的摩擦和冲击，便能产生和积聚静电荷。

(2)当油品通过多孔或网状过滤器、隔离装置时会有静电的产生和积聚。

(3)在风浪的影响下，由于船体的摇摆振动，油品与油舱壁产生摩擦，使各部位有静电的产生和积聚。

(4)油舱内的油品与油面漂浮物相互的撞击，可以产生静电。

(5)油品微滴的飞溅与空气摩擦及油中结晶水滴的沉降过程，会产生静电。

(6)在对油舱进行测量和采样时，测杆与采样器具的施放和提升过程中，油舱内有静电产生。

(7)在洗油舱时，洗舱机及喷嘴软管在工作中有静电产生。洗舱水柱、水雾、水珠等形成的水滴降落在油品中发生冲击时，也能产生静电。

(8)油舱上的索具及吊杆的摩擦，会产生静电。

(9)传递带与金属轮工作时，由于摩擦会产生静电。

(10)油舱内的铁锈、灰尘、石油渣滓等沉淀物在下沉时，会产生静电。

(11)坠落到油舱的物品及工具等，在坠落和发生碰撞时，能产生静电。

(12)人体带电现象。由于人体活动等行为而产生的静电。

2. 静电的预防措施

当油船在装卸油或进行洗舱作业时,是很容易产生静电的。静电荷经过积聚,大多数分布于油层表面,形成较高的油面电位。当电位高于一定数值时,将在金属接地体的突出部位发生静电放电,当放电的两个电极间的空气被击穿形成通路后,就有可能发生火花放电。由于油船上本身存在着大量易燃易爆的混合气体和可燃性物质,这对油船安全是极为不利的。因此,必须设法预防。

预防的出发点首先是避免或减少静电的产生,如尽量减少各种摩擦、感应和极化起电现象;其次是采取接地措施消散静电,避免静电的大量积聚而产生火花放电。具体措施有:

(1)控制油品流速。由于静电与货油流速成正比,因而在装卸油时应控制货油流速,试验表明,以不超过4m/s为宜。同时为了防止刚开始装油时,因油管内或舱底残留积水而发生油水冲击而大量产生静电,所以货油流速应限制在1m/s以下,待油装到高出舱底肋骨后,才逐渐加速到4m/s。

(2)油管用电缆接地。在装卸油时,码头油管与船上油管要用接地电缆连接,以消除静电。具体接线要求是:当接油管时,应先接接地电缆,后接油管;在拆除油管时,应先拆油管,后拆接地电缆。两者接拆的先后顺序切勿颠倒。接地电缆直径为16mm,导线与船体的接触面积应大于75%。

(3)装油后的检尺取样时,应考虑油品的半衰时间,宜在装完后30min进行。所用量尺及取样装置应采用非金属材料制成。

(4)有条件的船应采用惰性气体充舱,这样可以防止油舱内油气爆炸。

(5)洗舱时,应尽可能避免由于水雾带电而产生危险的静电电压。舱内充入惰性气体,洗舱机的台数不宜过多,在吊入舱内之前应可靠接好接地电缆。工作人员必须防止金属工具落入舱内。

(6)油船工作人员应穿着起电能力较小并容易导电的工作服,应穿防静电工作鞋。不宜佩戴与人体绝缘的金属器件。有条件时,最好在油船出入口处装设消静电装置,以消除人体静电。

二、油船电气设备管理维护要求

(1)电管人员应懂得并熟悉油船安全制度,遵守各项规章制度,按规定要求完成保养维修任务。

(2)定期检测电缆、电气设备的绝缘电阻,并做好记录,保持绝缘良好。

(3)不允许任意拉架临时供电线和装设临时灯具,或随意加大电气设备功率。在调换灯泡、灯管时应先关断电源。在防爆灯及灯泡上不得涂刷油漆和包裹易燃纸品等。

(4)检测电气设备时,要防止使用工具碰击短路产生电火花。

(5)在室外禁止使用非防爆式灯具,手电筒也应是防爆的。室内灯具如果要在室外使用,需先在室内接通好,用完后回到室内再关闭。

(6)应急发电站和主电站应定期进行清洁检查,防止油污造成短路发生事故。

(7)严格控制使用电炉。特别是明火电炉,绝对禁止使用。

(8)要防止油类及高温管与电缆、电气设备接触,保证绝缘不损坏。

(9)在进行装卸、洗舱、除气、压载时必须注意：

①禁止在室外和气密的场所使用万用表和兆欧表；

②停止蓄电池的充电；

③断开靠货舱口及货舱进气口的电动机电源，关好各种启动箱控制室、插座的门盖，以防油气和水侵入；

④不允许使用电焊、风焊、喷灯以及易于发生火灾的电动工具；

⑤无线电通讯只许收报，不能发报；

⑥应将发报机断开，天线接地；

⑦关闭变流机组、通风机、加温器等的电源；

⑧雷达电源应该断开，天线应转到背向油舱的方向；

⑨使用防爆式报话机时，应站在货舱口的上风，如需换电池，要在室内进行。使用固定式超短波电话时，应将输出功率调到1W以下；

⑩修理雷达、发报机和各种助航仪器时，应先经测爆，在确认无可燃气体威胁时，方可进行修理；

⑪严禁悬挂彩灯。

思考与练习 SIKAOYULIANXI

1. 什么叫安全电压？我国规定安全电压是多少伏？
2. 常见的触电有哪几种形式？
3. 为什么必须使用安全用电工具？使用安全用电工具前应做哪些检查？
4. 常用的警告牌有哪几种？船上常用哪几种？各用于什么地方？
5. 如何防止电气火灾的发生？
6. 船舶电气管理人员应注意哪些安全用电规则？
7. 如何使触电者安全脱离电源？对触电怎样进行救护？
8. 油船电气设备应有哪些特殊要求？

第八章　船舶电气规范

● **学习目标**

知识目标

1. 掌握船用电气设备的种类;
2. 掌握船用电气设备使用环境及要求;
3. 掌握船舶自动控制系统的基本构成;
4. 掌握船舶自动控制系统的基本要求。

能力目标

1. 初步具备正确选择船用电子电气设备的能力;
2. 初步具备按照规范进行船舶电气设备及自动控制系统安装的基本能力。

第一节　电气装置

一、通则

1. 一般要求

电气装置应能确保为保持船舶处于正常操作状态和满足正常居住条件所必需的所有电力辅助设备供电,而不需求助于应急电源;确保在各种紧急状态下,向安全所必需的电气设备供电;确保旅客、船员及船舶的安全,免受电气事故的危害。

2. 定义

(1)重要设备系指:推进、操舵和船舶安全所必需的设备,以及具有特殊附加标志船舶上的特殊设备。

(2)主要设备系指:为保持推进和操舵需连续运转的设备。如:

①操舵装置;

②调距桨装置;

③为主、辅柴油机服务的鼓风机、燃油供给泵、喷油嘴冷却泵、滑油泵和冷却泵;

④消防泵和其他灭火剂泵;

⑤航行灯、航行设备和信号设备;

⑥船内安全通信设备;

⑦照明系统。

(3)应急设备系指:在主电源失电后,须由应急电源供电的设备。

(4)瘫船状态系指:主推进装置、锅炉和辅机已停止运行,且在恢复推进的过程中,假定无储存的能源启动和运行推进装置、主发电机和其他重要辅机的状态。

(5)一次配电系统系指:与发电机有电气连接的系统。

(6)二次配电系统系指：与发电机无电气连接的系统，如用双绕组变压器加以隔离的系统。

(7)低压系统系指：工作于额定频率为50Hz 或60Hz、导体间最高电压不超过1000V 的交流系统，或导体间最高瞬时电压不超过1500V 的直流系统。

(8)高压系统系指：额定电压大于1kV 但不超过15kV，额定频率为50Hz 或60Hz 的交流系统，或最高瞬时电压超过1500V 的直流系统。

(9)气闸系指：设有两扇间距不小于1.5m，但也不必大于2.5m 的气密门；气密门应为自闭式，且没有任何门肯钩装置。

二、工作条件

1. 环境条件

(1)所有电气设备均应在以下环境条件下正常工作：

①环境空气温度和初级冷却水温度如表8-1 所示，但适用于电子设备的环境空气温度的上限为55℃；

环境温度表 表8-1

介质	部位	温度(℃)	
		无限航区	除热带海区以外的有限航区
空气	围蔽处所内	0~15	0~40
	温度超过45℃(或40℃)或低于0℃的处所内	按这些处所的温度	按这些处所的温度
	开敞甲板	-25~45	-25~40
水		32	25

②倾斜摇摆如表8-2 所示；

倾斜角表 表8-2

设备组件	倾斜角(°)①②			
	横向		纵向	
	横倾	横摇	纵倾	纵摇
应急电气设备、开关设备、电器及电子设备	22.5	22.5	10	10
上列以外的设备、组件	15	22.5	5	7.5

注：①可能同时发生横向和纵向倾斜；

②装运液化气体和化学品的船舶，其应急电源还应在船舶进水以致最终横倾达30°的极限状态下能保持供电。

③船舶正常营运中所产生的振动和冲击；

④潮湿空气、盐雾、油雾和霉菌。

(2)当电气设备安装在环境空气温度受到控制的处所时，适用于电气设备的最高环境空气温度可以由45℃降低至不低于35℃，其条件如下：

①该设备是非应急设备；

②至少有2 套制冷单元进行温度控制，在其中1 套制冷单元失效时，其余单元能满意地保持其设计温度；

③该设备开始时应能在环境空气温度45℃条件下处于安全工作状态,直至达到较低环境空气温度时为止。冷却设备的环境空气温度应为45℃;

④在连续有人的控制站内设有听觉和视觉报警,以指示制冷单元的任何故障;

⑤有关电缆的载流量,应以其整个长度上所遭遇到的最高环境空气温度为准确定。

2. 电压和频率波动

(1)有主或应急电力系统供电的电气设备应能在正常的电压和频率波动情况下可靠工作。

(2)除非国际标准另有说明,电气设备应能在表8-3规定的电压和频率偏离额定值的波动情况下(在设备的输入端测量)可靠工作。

电压和频率波动表

表8-3

设　备	参　数	稳态(%)	瞬　态	
			%	恢复时间(s)
一般交流设备	电压	-10 ~ +6	±20	1.5
	频率	±5	±10	5
由直流发电机供电或经整流器供电的直流设备	电压	±10	-	-
	电压周期性波动	5	-	-
	纹波电压	10	-	-
由蓄电池供电的设备:充电期间接于蓄电池者①充电期间不接于蓄电池者	电压 电压	-25 ~ +30 -25 ~ +20	-	-

注:①应对由充/放电特性决定的不同电压波动予以考虑,包括充电设备的纹波电压。

(3)在上表中规定的限制内不能正常工作的任何特殊系统,例如电子电路,不应直接从系统供电,应采用其他方式,例如通过稳压装置。

3. 谐波成分

交流电气设备应能在供电电源的电压谐波成分不大于5%的情况下正常工作。当电源的谐波成分可能大于5%时,应注意设备选择,保证其正常工作。

三、设计、制造与安装

1. 一般要求

电气设备的设计、制造与安装应考虑安全和便于检修。导电部分一般应用铜或铜合金制造,金属部分除其材料本身有较好的耐腐蚀性能外,均应有可靠的防护层,应急报警装置的控制器,应涂上红色和设有标明其用途的耐久铭牌。电气设备不应贴近油舱、油柜或双层底储油舱等外壁表面安装。如必须安装时,则电气设备与此类舱壁表面之间,至少应有50mm的距离,但调节电阻、启动电阻、充电电阻、电热器具严禁安装。应将发电机组安装成使其转轴与船舶首尾线平行。对卧式电动机,也应尽量使其转轴与船舶首尾线平行安装。除安装在专用舱室内的电气设备外,其他电气设备的对地电压或工作电压超过50V的带电部分,均应有防止偶然触及的防护措施。

在水密的舱壁、甲板、甲板室的外围壁上,不应钻孔以螺栓紧固电气设备及电缆。电气设备及电缆,不应安装在船舶外板上。导线和电气设备应离开磁罗经适当的距离,或者对这些导线和电气设备加以屏蔽,以使其外部干扰磁场能减至最低限度。

2. 外壳防护

电气设备的外壳防护形式，应符合接受的有关标准的规定。表示防护等级的标志由 IP 字母后面加两位数字组成。在机舱中，位于固定式局部水基灭火系统所保护的区域及其喷雾直接到达的邻近区域中的电气和电子设备，应有不低于 IP44 的防护等级。在机舱中，位于上述区域之外水可能扩延到的邻近区域中的电气和电子设备，如提供适合在这些区域中使用的证据，考虑到其设计和配置，例如进风口的位置、滤器和挡板等能防止或限制水雾/喷雾进入设备，则可以使用较低的防护等级。

3. 防爆

在蓄电池间、油漆间应安装：

(1)防爆灯；如：本质安全型 Ex"i"；隔爆型 Ex"d"；增安型 Ex"e"；正压型 Ex"p"；特殊型 Ex"s"。

(2)电缆应为铠装型的或敷设在金属管道中。

(3)电气设备的开关、保护电器和电动机控制设备应能分断所有极或相，且最好安装在非危险处所（门外）。

在开敞甲板上距油漆间进气和排气通风口 1m 或距机械通风排气出口 3m 范围内，可安装下列电气设备：

(1)合格防爆电气设备，如上述防爆灯，包括无火花型 Ex"n"防爆电器设备，和电缆；

(2)无火花型（Ex"n"）防爆电气设备；

(3)工作时不会产生电弧，并且其表面不会达到不允许高温的电气设备；

(4)具有简单的正压外壳或防蒸气外壳（防护等级至少为 IP55）并且其表面不会达到不允许高温的电气设备。

除另有明文规定者外，在有爆炸危险的处所中不应安装插座。（油漆间、蓄电池间内不允许装插座）。

4. 电磁兼容性

应采取适当的措施，以减小由于电磁能量所产生的干扰，从而保证所有电气设备和电子设备在船舶电磁环境中能正常工作。各类电气设备和电子设备所产生的干扰电压（电流）允许值和抑制干扰的措施，参照接受的 IEC 60533 出版物《船舶电气设备和电子设备的电磁兼容性》或相应标准。

5. 视觉和听觉信号（表 8-4）

视觉信号的颜色表 表 8-4

颜色	含义	说明	应用举例
红	危险或报警	危险或需要立即采取行动的警告	重要设备停止运转；水、油等温度或压力达到临界值；重要电路失电
黄	注意	状态的改变或即将改变	温度或压力值异常，但未达到临界值
绿	安全（正常运转或正常工作状态）	安全状态指示	机械正常运转；液体正常循环；压力、温度和电流等在限定值以内
蓝	指导/信息（根据需要给予特定的含义）		电动机准备启动；空载发电机准备合闸；停转电动机加热电路接通
白	无含义		对地绝缘指示；同步指示类；电话呼叫

除上述规定外,视觉和听觉信号应符合接受的 IMO 通过的 A.830(19)决议《报警器和指示器规则》。

四、船上电气装置

1. 主电源

主电源应至少由 2 台发电机组组成。这些发电机组的台数和容量,应能在任一发电机组停止工作时,仍能继续对正常推进运行、船舶安全以及具有冷藏附加标志所必需的设备供电。同时最低舒适居住条件也应得到保证,至少应包括适当的炊事、取暖、食品冷冻、机械通风、卫生和淡水等设备的供电。

发电机组应能在任一发电机或其原动机不工作时,其余发电机组仍能供应从瘫船状态启动主推进装置所必需的电力。如船舶推进和操纵必须依靠主电源,则船舶推进、操舵和保证船舶安全所必需设备的供电连续性,应符合下列要求:

(1)在正常由一台以上发电机并联运行同时供电的情况下,应设有包括将非重要设备自动卸去,必要时也可将保证居住条件的设备和次重要设备自动卸去等保护措施,以确保当运行中任何一台发电机停止工作后,其余发电机能继续运行,并保持对推进、操舵和保证船舶安全所必需设备的供电。

(2)在正常由一台发电机供电的情况下,应提供措施,以能在失电后自动启动备用发电机,并自动连接至主配电板。该备用发电机应具有足够的容量,以保证重要辅助设备的自动启动或自动顺序启动。备用发电机应尽快自动启动并连接至主配电板,最好在失电后 30s 内完成,最长不超过 45s。

2. 配电板安装

配电板的后面和上方不应设有水、油及蒸汽管、油柜以及其他液体容器。如不能避免时则应有可靠的防护措施。主配电板的前后应留有足够宽度的通道。其前面通道的宽度应至少为 0.8m。后面通道的宽度应至少为 0.6m,且与加强肋骨间的通道宽度应至少为 0.5m。如配电板的结构形式可在前面和侧面进行维护检查和更换部件时,则可不设后通道。

当主配电板长度超过 4m 时,应尽可能在主配电板的两端均设有通道。除安装在机器控制室中的主配电板外,均应在其后通道的两端入口处配置带锁的门。主配电板的前后均应铺有防滑和耐油的绝缘地毯或经绝缘处理的木格栅。

3. 应急电源

客船和 500 总吨以上的货船均应设有独立的应急电源。应急电源连同其变换设备、临时应急电源、应急配电板以及应急照明配电板等均应安装在最高一层连续甲板以上易于从露天甲板到达之处,且不应装设在防撞舱壁之前。但对货船,在特殊情况下经 CCS(船旗国)同意可以例外。如从瘫船状态恢复推进必须依靠应急电源,则其容量应足以供给公约和规范强制要求应急电源供电的设备,并应在失电后 30min 时间内完成。对于蒸汽轮机船,此 30min 限制在从失电/瘫船状态开始至第 1 台锅炉完成点火。如应急电源为发电机,则应急配电板应与应急发电机安装在同一处所。如应急电源为蓄电池组,则该蓄电池组不应与应急配电板安装在同一处所。应急配电板的前后通道等,应符合同主配电板一样要求。

在主配电板或机器控制室内的适当地点应装设指示器，以指示应急电源或临时应急电源的蓄电池正在放电。货船应急电源的供电范围和时间：

(1)对现行《国际海上人命安全公约》所要求的每一登乘救生艇、筏的集合地点、登乘地点和舷外的应急照明供电 3h。

(2)对下列处所应急照明供电 18h：

①所有服务及起居处所内的通道、梯道、出口及乘人电梯内以及乘人电梯围阱壁上；

②机器处所及主发电站内，包括它们的控制位置；

③所有控制站、机器控制室以及每一主配电板和应急配电板处；

④消防员装备贮放处所；

⑤操舵装置处；

⑥消防泵、喷水器供水泵(如有时)等处所；

⑦在 2002 年 7 月 1 日及以后安放龙骨的液货船的货泵舱内。

(3)对下列设备供电 18h：

①现行《国际海上避碰规则》所要求的航行灯和其他号灯；

②现行《国际海上人命安全公约》所要求的甚高频无线电装置、中频无线电装置(如有时)、船舶地面站(如有时)以及中频/高频无线电装置(如有时)；

③所有在紧急状态下需要的船内通信设备；

④现行《国际海上人命安全公约》所要求的航行设备；

⑤探火和失火报警系统；

⑥白昼信号灯、船舶号笛、手动失火报警按钮和所有在紧急状态下需要的船内信号设备(如通用紧急报警系统、灭火剂施放预告报警器等)。

(4)应急消防泵如是应急发电机供电，则应供电 18h。

(5)对操舵装置需应急电源供电时，对 1 万总吨及以上的船舶应供电 30min；其他船舶应供电 10min。

货船如要求设置临时应急电源时，应具有供电 0.5h 的能力。具体所供的设备和照明，规范已明确。

港内停泊时使用的应急发电机，如符合下列要求，则应急发电机可在船舶停泊港内期间向主电网供电：

①为防止发电机及其原动机过载，应设有能卸除足够非应急负载的装置，以确保发电机组的安全运行；

②原动机应配置用于主发电机原动机和无人看管要求的燃油滤器、润滑油滤器、监视设备和保护设备；

③原动机的燃油供应柜应有适当的容量并设有低位报警；

④原动机应按连续工作定额设计和制造，并应按经 CCS 审核的计划保养系统的规定确保其随时可用，以及能在海上发生紧急情况时起到其自身的作用；

⑤在应急发电机组和应急配电板的所在位置应装设火灾探测器；

⑥应设有能迅速地转换至应急运行的转换装置；

⑦张贴操作说明书在应急发电机室内。

4.供电与配电

液货船和1600总吨及以上其他船舶动力、电热和照明配电系统,均不应采用利用船体作回路的配电系统。(红字是SOLAS公约要求)直流和交流配电系统的最高供电电压不超过15000V(对于固定安装、连接于固定布线的电力设备),交流配电系统的标准频率为50Hz或60Hz。

(1)无线电设备与航行设备的供电:

①无线电分配电板应与航行设备分配电板相互独立。

②无线电设备分配电板和需由应急电源供电的航行设备分配电板,均应由主配电板和应急配电板设独立馈电线供电,并应在每一分配电板上设有主电源与应急电源之间的转换器具。这一转换一般应能自动进行。

③还应配备一个或多个独立于船舶推进动力和船舶电力系统的备用电源,在船舶主电源或应急电源发生故障时向无线电装置供电,以便进行遇险和安全通信。

该备用电源的容量应足以同时向下列设备供电1h:

A.甚高频无线电装置;

B.中频无线电装置或船舶地面站或中频/高频无线电装置;

C.操纵无线电设备的无线电控制台适当的照明设备。

(2)插座:不同电压和/或不同频率配电系统中的插座,应使用不可互换的插头和插座连接。用于电力电路并且额定电流大于16A(交流)或10A(直流)的插座,应具有联锁功能,以确保当插座有电时,不能插入/拔出插头。在机器处所内花铁板以下,围壁的燃油和滑油分油机室内不准安装插座。冷藏集装箱的插座应由专用的分配电板供电,该分配电板上应能指示出其是否有电和哪些馈电线处于接通状态;插座并与开关连锁,当开关处于“接通”位置时,插头不能够插入或拔出。

(3)发电机的保护:

①发电机过载10%~50%之间,经少于2min的延时断路器应分断,建议整定在发电机额定电流的125%~135%,延时15~30s断路器分断。

②并联运行的交流发电机应设有延时3~10s动作的逆功率保护。并联运行的直流发电机应设在瞬时或经短暂延时(少于1s)动作的逆电流保护。并联运行的发电机的逆功率(或逆电流)值按原动机的类型不同可整定为:

A.原动机为柴油机:发电机额定功率(电流)的8%~15%;

B.原动机为涡轮机:发电机额定功率(电流)的2%~6%。

③并联运行的发电机应设有欠电压保护并能满足下列要求:

A.当电机不发电情况下闭合断路器时应瞬时动作;

B.当电压降低至额定电压的70%~35%时,应经系统选择性保护要求的延时后动作。

(4)电动机的保护:容量大于0.5kW和所有重要设备电动机,均应设有独立的过载、短路保护以及欠电压保护。

(5)照明电路的保护:每一照明电路应设有过载和短路保护。

5.辅助机械

起居处所、服务处所、货物处所和控制站的动力通风,应能从其所服务的处所外面易于到达的位置将其停止。

厨房排气管道的抽风机应能在厨房内将其停止。

机器处所风机和油泵的切断：

(1)服务于机器处所的动力通风的停止应集中在两个位于服务处所外部的位置上进行，其中之一应位于领近于这种处所的并易于到达之处。

机器处所动力通风的停止设备应与其他处所的通风停止设备完全分开。

(2)应设有停止强力送风和抽风机、燃油驳运泵、燃油装置用泵、润滑油供应泵、热油循环泵和油分离器(净油器)的控制设备。该控制设备应位于各有关处所的外部。

6. 照明与航行灯

安装在货舱、外走道及其易受机械损伤处所的灯具应有坚固的保护栅。消防设备控制站，行李舱、邮件舱、粮食舱、冷藏舱及其他类似舱室的照明开关不应设在室内。

(1)应急照明：除驾驶室和救生艇、筏存放处舷外的应急照明灯外，其余处所的应急照明电路内不应装设就地开关。

(2)航行灯：应在航行灯控制箱上或驾驶室的适当位置设置转换开关，以能对主、应急电源进行转换。

应设有在每1盏航行灯发生故障时能发出听觉和视觉报警信号的自动指示器，如采用与航行灯串联连接的灯光指示，则应有防止由于信号灯故障而导致航行灯熄灭的措施。并应设有航行灯控制箱电源故障的听觉和视觉报警。

7. 船内通信系统

(1)驾驶室至机器处所或机器控制室内通常控制螺旋桨转速和推力方向的位置之间，至少应设置两套相互独立的命令传送设施。其中一个为主机传令钟系统。

另一个为电话系统代替应急主机传令钟系统。

(2)重要电话系统：

驾驶室——机器控制室；

驾驶室——舵机房；

驾驶室——无线电室；

驾驶室——螺旋桨通常控制位置；

驾驶室——螺旋桨各其他控制位置；

机器控制室——螺旋桨各其他控制位置。

(3)轮机员报警系统。应设有能由机舱或机器控制室操作的轮机员报警系统，并应能在轮机员起居处所清晰地听到。

听觉报警器可以集中安装在轮机员起居处所的走廊中，或者安装在各轮机员舱室和餐厅中。

8. 船舶与乘员安全系统

(1)通用紧急报警系统。所有客船和500总吨及以上货船应设有一由船舶号笛或汽笛以及附加电铃或小型振膜电警笛或其他等效设备组成的通用紧急报警系统。除船舶号笛或汽笛外，该报警系统应能自驾驶室和其他要害位置(例如消防控制站、救生艇筏登乘位置等)进行操作，并应在被触发后一直保持报警状态，直至人工将其关闭或由于公共广播系统工作而暂时中断(SOLAS 公约要求 1994 年 10 月 1 日及以后安放龙骨的船舶)。当通用紧急报警系统在工作时,应自动关闭娱乐音响系统。

该报警系统应由专门的馈电线供电,在主电源失电后应能自动转换至应急电源供电。在客船上该报警系统还应由临时应急电源供电。在全船所有起居处所,通常船员工作处所,以及对客船还应包括开敞甲板上均能听到报警信号。该紧急报警的最小声压级应为 80dB(A),在舱室睡眠位置和浴室内的声压级应至少为 75dB(A)。

(2)公共广播系统。500 总吨及以上货船均应设有符合下列要求的公共广播:

①能从驾驶室和消防控制站等处所,向船员通常所在的所有处所以及集合站发送广播信息;

②应不需要接收者进行任何操作即可接收广播信息;

③应有防止未经许可使用的保护;

④放大器应有足够的输出功率,以使作广播紧急通告用的所有扬声器能同时工作;

⑤其布置应能防止音频反馈或其他干扰;

⑥当船舶在正常航行状态下航行时,广播紧急通告的声压级应不低于:

A. 内部处所 75dB(A);

B. 外部处所 80dB(A)。

⑦应能由主电源和应急电源供电。

(3)灭火剂施放前报警。在通常有人工作或出入的任何处所内,应设有施放灭火剂的自动听觉报警系统。该系统应在灭火剂施放前至少工作 20s。该报警系统应由应急电源供电。

(4)升降机报警。具有内部控制器的升降机应设有一能从其轿厢内操作的应急听觉呼叫器,这一报警信号应传送至通常有人的位置。该应急听觉呼叫器应独立于升降机的动力和控制电路,并应由应急电源供电。

(5)冷藏处所关闭报警。如通向冷藏货舱和伙食冷藏库等冷藏处所的门不能从其内部开启,则应设有能从该处所内部触发一误关报警,并将其传送至通常有人位置的设施。

(6)探火和失火报警系统。应由应急电源供电 18h。

(7)防火门。规范要求的防火门的动力、控制、指示和报警系统应由应急电源供电。应在通常有人的控制站内设有能提示每一遥控操作的防火门是“开启”还是“关闭”的指示器。

(8)船长 80m 及以上货船上的水密门和舱盖等。为确保海上使用的内部开口上的滑动水密门的操作,控制和指示应符合下列要求:

①能在驾驶室遥控关闭,也能在舱壁的两侧就地操作;

②在控制位置上应设置表明是开启或关闭着的指示器;

③在门关闭时应发出听觉和视觉报警信号;

④每一动力操作的门应有一独立的手动操作装置,并应能从门的任何一侧手动开启和关闭该门;

⑤为保证内部开口的水密完整性在航行中关闭的出入口上的门和舱盖,应在其就地和驾驶室内设有显示这些门或舱盖是开启或关闭着的指示器;

⑥在主电源失电情况下,上述水密门所涉及的动力、控制、指示和听觉和视觉报警设备应仍能工作。

9. 蓄电池组

(1)蓄电池组不应安装在起居处所。但如充电时不会产生有害气体的气密蓄电池可以例外。

(2)充电功率大于 2kW 的蓄电池组,应安放在专用舱室内或安放在开敞甲板上的箱或柜中。

(3)充电功率为 0.2kW 至 2kW 的蓄电池组,可安放在适当处所内的箱或柜中,或者敞开安放在机器处所内通风良好的地方。

(4)原动机启动蓄电池组应尽可能接近该原动机安装。

(5)蓄电池室的门、箱和柜外面应有禁止烟火的标志。

(6)蓄电池室、箱和柜均应通风,以避免可燃气体的危险积聚。

(7)蓄电池室采用自然通风时,进风风管的截面积应和出风风管的截面积相等,截面积的计算公式按透气型蓄电池和阀控密封型蓄电池两种公式计算。

(8)安装透气型蓄电池组的专用舱室、箱或柜,如蓄电池组的总充电功率大于 2kW,则应设有机械通风装置。

其排气量 Q 的计算公式如下:

$$Q = 0.11In \quad \mathrm{m^3/h}$$

式中:I——产生气体期间的最大充电电流;

n——蓄电池数量。

(9)装有阀控密封型蓄电池的室、箱或柜的排气量可减少至上述 Q 计算排气量的 25%。

(10)所有蓄电池组均应设有充电设备。按使用要求,该充电设备应能将蓄电池组从完全放电状态开始在不超过 10h 的时间内充至额定容量。

对阀控密封型蓄电池组,应设有防止其排出的可燃气体超过制造厂设计值的设施,该设施应独立于充电设备。

(11)蓄电池组形式、位置和维护周期记录对用于重要设备和应急设备的蓄电池组,应制定一记录表并保持更新。该记录表应经 CCS 现场验船师审核,并至少应包括蓄电池组的下列信息:

①形式和制造厂的型号;

②电压和安时定额;

③安放位置;

④服务的设备和/或系统;

⑤维护/更换周期;

⑥上一次维护和/或更换日期;

⑦贮存中的更换蓄电池,其制造日期和贮存寿命。

应提出一更换蓄电池的程序,以保证更换蓄电池时,所更换者均为具有等效性能的蓄电池。如将阀控密封型蓄电池更换成透气型蓄电池,则应保证规范要求的适当通风。

上述经验船师审核的详细记录表和程序,应纳入到船舶安全管理体系中。

10. 电缆

电缆贯穿水密隔舱壁或甲板时,可采用单独水密填料函,或用容纳多根电缆的水密填料箱,但完工后应保持隔舱壁或甲板的水密完整性。当电缆穿过非水密舱壁或结构钢时,孔口应用铅或者其他认可的材料作衬垫。如钢材厚度等于或大于6mm,则适当倒圆孔口可以被认为与衬垫等效。电缆贯穿有某种防火要求的舱壁和甲板时,应保证不会削弱甲板和舱壁的防火完整性。穿过甲板的电缆,应用适当高度的金属导管或围框加以保护。至应急消防泵的电缆,如果穿过主消防泵及其动力源和/或原动机的机器处所,应采用耐火电缆。除用于可携设备以及敷设在管子、管道、电缆槽或特别罩壳内者以外,电缆均应有效地加以支承和紧固。电缆紧固件、支承和附件应用耐腐蚀材料制成,或在安装前进行适当的防腐蚀处理。用作填料函和衬垫的材料,不应对电缆或船体构件有腐蚀危险。如在舱壁或结构钢中切割方形孔时,则孔角应有一定的曲率半径。冷藏处所内的电缆应全部明线铺设。

第二节　自动控制与遥控

一、通则

(1)推进装置由驾驶室控制站遥控,机器处所包括机舱集控站(室)周期无人值班,可授予AUT-0附加标志;

(2)机舱集控站(室)有人值班对机电设备进行监控,可授予MCC附加标志;

(3)推进装置由驾驶室控制站遥控,机器处所有人值班,可授予BRC附加标志。

上述具有自动化附加标志的船舶,均应能适用所有航海工况(包括机动操纵航行)。其安全性,应与机电设备有人直接看管的船舶相同,并应有措施保证在自动化系统失效时能在机旁对机电设备进行有效的人工操作。

二、基本要求

自动化系统应能在温度达+45℃时,相对湿度95%±3%时能正常工作。在温度高于+45℃时:相对湿度70%±3%时能正常工作。

自动化系统应能在各方向倾斜及摇摆22.5°(周期10s)以及垂直方向线性加速度9.8m/s^{2}时正常工作。

自动化系统应能适应船上盐雾、油雾、霉菌及灰尘等环境。自动化系统应具有必要的电磁兼容性。

三、控制系统

(1)控制系统包括自动控制系统和遥控系统。

控制系统的设计,应能使控制系统中出现的故障对控制过程产生的危险性降到尽可能低的程度,并且不会使设备的自动和/或手动控制失效。

(2)对于安全操纵船舶所必需的所有机电设备,当自动控制系统或遥控系统发生故障或失效(包括动力源中断)时,应能:

①发出报警信号;

②及时更换损坏的部件或投入备用设备以恢复正常的控制功能(如适用时);

③转换到就地手动控制,转换控制时不应引起机电设备运行状态的严重变化。

四、安全系统

因安全系统的动作而导致机电设备停止运行,则非经人工复位,该设备不应再自动投入运行。为了避免不必要的中断机电设备的运行,安全系统应在报警系统动作后随即以下列方式动作,使其产生的危害性尽可能低:

(1)启动和投入备用设备;

(2)降低负载或停止运行。

如安全系统已经动作,应具有措施使之能够持续安全正常的工作。

为保证船舶的安全,船舶的主机一般应设有越控功能。实施越控时,应予以指示并发出报警。越控按钮的布置和结构形式应能防止被误触动。

五、报警系统

(1)所有被监控的机电设备和监控系统本身的所有故障应在有关的控制站显示,并发出报警信号,以使值班轮机员知道发生的故障。

(2)所有的报警应能同时发出视觉和听觉报警信号。严重故障的报警光色一般采用红色,普通故障一般采用黄色。听觉信号应有足够的响度,并应与火警、电话及其他听觉信号(如 CO_2)有明显区别。

(3)报警设备可设有消除听觉报警信号(消声)的装置,当报警信号应答后,按下该装置的消声按钮,消声时不应熄灭视觉报警信号但可改变视觉信号(如闪光转为平光等),该视觉信号仍应清晰可辨。且机器处所听觉报警信号的消声按钮,只允许设在机器处所或集控室内,同时视觉信号应一直保留到故障消除为止。故障消除后,该报警通道应能自动恢复到正常工作状态。

(4)报警系统应具有自检功能,即对自身的故障自动进行检测和报警,以防止有警不报或误报警。

六、控制站

机舱集控站(室)一般应设在机器处所内。机器处所的机舱集控站(室)应设计成具有隔声性能,窗玻璃应采用防碎型,并设有两个尽可能远离的进出口通道,其中之一应尽可能接近机器处所的脱险通道或者设有专用的脱险通道。

七、AUT-0 附加标志的要求

(1)主推进装置,应能在机舱集控站(室)对主推进装置的启动、调速、正倒车换向(包括轴系换向装置)、停车进行遥控和自动顺序控制。当控制系统出故障时,应能保证在就地控制站对主推进装置由人工进行上述操纵。

(2)主柴油机连续自动启动的次数应不超过 3 次,当第 3 次启动失败后,应停止自动再启动,并发出视觉和听觉报警信号,同时该单项报警信号还应延伸至驾驶室控制站。

控制系统应能保证主柴油机自动快速地越过振动转速禁区。当主柴油机用于主推进时,应设有使启动空气压力保持在所要求的压力范围内的措施。

(3)油柜。日用燃油柜应设置低油位报警,而沉淀柜应设置高、低油位报警。日用柜和沉淀柜容量应至少增加 10% 的容量。

(4)阀位于可能被水浸没位置的阀的操作机构,应在被浸没时也能进行正常操作。当遥控或自动控制出现故障时,应能对阀进行手动操作。

(5)消防与防止浸水

周期无人值班机器处所(包括集控站(室))的消防措施除了满足规范第 6 篇的有关要求。应有通过遥控启动一台能由驾驶室或消防控制站(如设有)遥控启动的主消防泵,或通过由主消防泵之一对消防总管系统给予永久性增压的方法,从消防总管系统立即供给适当压力的水。但对 1600 总吨以下的货船,如布置在机器处所的消防泵启动装置的位置易于到达,则不必满足上述要求。探火系统应在具有通往机炉舱入口的走廊、驾驶室及机舱控制站等处所设置手动报警按钮。

机舱应设置舱底水高水位报警。报警水位应保证让舱底水不致漫上双层底舱的顶板。海水进口、水线下排水或舱底喷射系统任何阀的控制位置,应考虑当水进入该处所时,人员在 20min 内到达该位置进行操作。如船舶满载时控制位置有可能被水浸没,则应将控制位置布置在可能被水浸没的该水位之上。

舱底水位传感器的数量及布置应能防止当船舶正常倾斜和摇摆时产生误报警。在集控站、驾驶室控制站和轮机员起居处所应设有舱底水高水位报警和舱底水误报警装置。

八、有人值班机器处所自动化附加标志的要求

(1)机舱集控站(室)应能对主机的启动、调速、正倒车换向、停车以及对调距桨的桨角(或螺距)进行遥控和自动顺序控制。还应对所有其余的机电设备进行自动化监控。

(2)应设置舱底水高水位报警。

思考与练习 SIKAOYULIANXI

1. 主要的船舶电气设备有哪些?

2. 船舶电气设备正常的工作环境条件有哪些?

3. 港内停泊时使用的应急发电机,如符合哪些要求,则应急发电机可在船舶停泊港内期间向主电网供电?

4. 船舶内重要的电话系统有哪些?

5. 船舶与乘员安全系统包括哪些系统?

6. AUT-0 附加标志的含义是什么?

第九章　系泊、航行试验

● **学习目标**

知识目标

1. 掌握船舶各类电气设备系泊试验要求；
2. 掌握船舶各类电气设备的系泊试验基本方法；
3. 掌握船舶航行试验基本要求；
4. 掌握船舶航行试验的基本方法。

能力目标

1. 能基本进行系泊试验；
2. 能基本进行航行试验。

船舶电气安装工程的码头系泊试验（简称码头试验）是在电缆敷设、设备安装、切割接线结束后进行。

根据设计部门编制的"电气试验、验收大纲"的项目和要求，对各系统设备进行试验、调整，提交船厂检验部门验收。对规定提交船级社、军代表和船东的，再由检验部门提出申请、组织提交。

试验的目的是向检验部门和船东提交符合试验大纲和船舶建造规范要求的系统和设备。

试验提交前需要对各项试验应达到的指标进行调整和校验。这项工作船厂称之为"调试"。

部分电气系统例如照明、通讯等系统由电气人员调试。大多数动力系统的电气设备都与机械设备相关，通常是电气与机械人员相互配合进行调试，有的设备需要请制造厂派人参加协助，特殊的设备由设备制造厂派人调试、船厂派人配合。

第一节　船舶电气系泊试验

船员在船上工作时需要互相联络，传达上级的命令和了解各部门的情况，为此，船上装有通信联络或信号传递的装置。这些装置一般分为二类：通信联络的称为声力和自动电话；传递信号的称为信号装置。例如：各类呼叫装置、传令钟、火灾报警器、通用报警铃等。上述设备的作用在于迅速传递工作指令，了解发生的问题以及准备采取的措施。使全体船员能随时根据所在的岗位，所处的位置，应负的责任去采取相应的措施。由于这类信息的传递只限于本船内，所以我们通称为船内通信系统。

一、音响信号设备及警铃系统的调试

由于船内通信系统的用途、联络对象各有其特点，就是声响信号也具有不同的音色，所以这里所阐述的各个通信装置的检验是以系统为一个单元的。它们的共同要求是：

(1)音响信号的布置应能在相应的地点易于听到。

(2)灯光信号的布置应使人便于看到,但应不妨碍驾驶人员的视线。

(3)不同用途的通信和信号装置,其声响信号应有不同的音色,以利区别。

信号通信装置是指以某一种音响或灯光来传递一定的信息,使受信者可以根据信号了解某种意义或信息。不同的音响装置应该具备不同的音响,以使受信者立刻可以分辨出信号源。

警钟和警铃系统故障常见原因有:电源保险断,造成整个系统失灵;线路断开,造成局部或片区报警失灵;警铃、警灯中的灯泡坏,更换后就可以恢复正常。

1. 轮机员呼叫试验

根据开关位置的转换,机舱值班人员可以随时呼叫所需的轮机员或电机员。当机舱呼叫时,被呼叫对象房间的呼叫铃或蜂鸣器应响,被呼叫者可以通过按钮应答对方。这一组装置的主机安装在机舱集控室。

系统除了能在控制室报警外,报警延伸至相关人员房间和公共场所;有声光显示和报警;有自动和手动报警并能相互切换;有消音和应答显示;能显示故障位置;有试验按钮。

2. 病房呼叫试验

这类呼叫应联通病房—医生办公室—驾驶室。信号以铃声或蜂鸣器音响为主。驾驶室应有向病房呼叫的按钮铭牌。

3. 冷库呼叫试验

此类呼叫是为了防止当某人进入冷库作业时,冷库门被误锁上时用。信号送入厨房和驾驶室。按钮装在每一个单元冷库内。信号以警铃或蜂鸣器表示,并标有可以识别的铭牌标志。

常见故障如下:

(1)按钮失灵;

(2)线路断路;

(3)电铃由于长期不用,且安置在厨房,造成电铃机械部位锈蚀而无法工作。

4. CO_2 报警试验

报警装置处附近均应有红底白字且醒目的"CO_2 报警系统接通电源的压扣(或微动开关)"标志,接通电源进行声光报警。此时,检查 CO_2 报警装置的声、光报警情况,CO_2 灭火系统的声、光报警均能被保护区域和驾驶室、消防控制设备集中处所或机控室听到和看到。同时,检查在报警的同时是否能切断机舱的风机和油泵。测量从报警开始到 CO_2 释放灭火剂的时间,要求10s左右,保证人员能在不超过10s时间内从该处所的任何地方撤离,达到脱险的目的。此报警音响要明显区别于其他报警音响。

5. 全船通用警铃试验

检查两路电源的供电情况,使每一个船员无论在任何部位工作,均能听到警铃的声音。全船通用警铃的音响应能覆盖其他所有报警的音响。

上述各项设备的检验均应测量其绝缘程度。若工作电压大于100V,绝缘电阻值应不小于1MΩ。若工作电压不大于100V,绝缘电阻值不小于0.5MΩ。

二、火警报警系统的调试

船上一般安装有固定式失火报警系统和抽烟式探火报警系统。固定式失火报警系统用于机舱火警和起居处所、服务处所、控制站等舱室火警，使用感温式和感烟式两种探头。抽烟式探火报警系统用于货舱火警信号传递，使用管路抽风方式。

1. 机舱和舱室火警系统调试

(1)按照设计图纸的要求，检查其控制板、手动报警按钮、感烟探测器或感温探测器的安装情况。

(2)检查报警装置的电源和电路在断电或故障时，其控制板上能否发出声、光故障报警信号，这一信号应与火灾信号有明显区别。

(3)控制板上应有所属火灾报警区域的铭牌标志。试验火灾报警之前，在安装感烟或感温探测器的处所不得有烟雾。按照设计要求对第一路的每一探测器进行模拟(点烟)试验，检查对应的声、光报警信号，应正确无误。

(4)检查全船通用警铃的自动启动功能。控制板和指示装置发出声、光火灾信号后，如果在2min内信号未引起注意，则应向所有船员起居处所和服务处所、控制站以及A类机器处所自动发出声响报警。(A类机器处所：是指装有主机、辅机、锅炉、惰性气体发生装置的地方和通道)。因此在火警报警2min后，应有延伸至全船的通用警铃自动启动的功能，启动后全船通用警铃应发出声响报警。

(5)按照设计图纸，分别检查各区域、各手动报警按钮的功能，以及全船通用警铃发出的声响报警信号。

(6)供自动探火和失火报警系统的电源应不少于两套，其中一套应为应急电源供电，在其控制板上装有电源自动转换开关，通过电源转换，检查其转换可靠性。

机舱和舱室火警系统常见故障分析及处理如表9-1所示。

机舱和舱室火警系统常见故障分析及处理　　表9-1

故障现象	故障原因	故障处理方法
误报警	区域探测器失灵	调换试验
	区域报警按钮失灵	检查按钮接触完好情况
	处理器分路故障	切断分路，请专业人员修理
系统不工作	电源故障	检查电源电压是否正常
	处理器故障	请专业人员修理
区域警铃和警灯失灵	线路断路	测量线路是否通
	警铃、警灯坏	测量更换
	处理故障	请专业人员修理
显示内部故障	探测器断路、开路	前述故障均有相应的指示灯显示，由专业人员修理
	内存电池不足	
	系统接地	
	线路故障	
	系统故障	
	外电源断开	

2. 抽烟式探头系统试验

(1)按照设计图纸的要求，检查安装在货舱的抽烟式探火报警系统安装情况。要求控制板

（台）面板上设有失火报警位置图表铭牌标志，聚烟器安装的位置、数量应符合有关规范要求。

（2）试验前，货舱聚烟器处所的环境不得有烟雾。按照设计要求，在货舱各聚烟器处贴上纸条，在各聚烟器连接管路的另一端（控制板或控制台内）进行吹风试验，检查各管路与图样相符的失火报警位置图、铭牌、标志相对应的正确性，并检查确认管路中无多余物阻隔，管路畅通。

（3）检查报警装置的电源和电路在断电或故障时，其控制板（台）能否发出声、光故障报警信号，这一信号应与火灾信号有明显的区别。

（4）检查光电式试验报警功能（若设有时）。用遮光板在其控制台内挡住光线，均能发出报警信号。

（5）在每聚烟器处进行模拟（点烟）试验，检查相互对应的声、光报警信号，应正确无误。

（6）抽烟式火警报警装置应有两套电源供电，其中一套应是应急电源供电。检查电源转换的正确性、可靠性。

（7）抽烟式火警报警装置应配有压缩空气清洗取样管装置。检查其装置的效用功能是否良好。

三、声力电话系统的调试

（1）线路检查，对照系统图和系统接线图，确保电缆敷设和接线的正确性。

（2）逐个检查电话分机拨出/打入功能，确保每部电话工作正常。如出现问题，判断是否是电话机本身故障。

声力电话系统常见故障及处理如表9-2所示。

声力电话系统常见故障及处理　　表9-2

故障现象	故障原因	故障处理方法
不振铃、不闪光	本机铃坏，氖指示灯坏或连接线断	更换铃、氖灯泡、连线焊接
	对方手摇发电机不发电，联动触点接触不良	测量发电机两端输出电压是否正常，观察联动触点动作过程中开闭是否正常，视情更换发电机
	两机对接线路开路或断路	用短接法测量线路是否正常
	手持耳机未挂好，叉簧开关失灵	压住叉簧触点闭合是否良好
受话声音小	电池电量不足	测量、视情更换
	送话器老化或本机受话器老化	与其他耳机调换试验
	增音开关失灵、叉簧开关接触不良	操作开关观察或测量开关接触是否良好，视情更换
	线路绝缘不良	用万用表测量线路是否有对地和线路短接的现象
受话声音无	如振铃呼叫正常，则送受话器内部线路断或送受话器本身损坏	用调换的方法试验，视情况更换耳机
	如振铃呼叫不正常，则线路断开	线路接通
手摇发电机转动时手感太轻	线路开路	测量、接通线路
	手柄与发电机连接无效	转动手柄，观察电机是否联动
手摇发电机转动时手感太重	发电机轴承、齿轮缺油或卡死	加油或更换
	线路短路	测量、恢复线路

四、船舶操纵传令钟系统的调试

(1)检查主机传令钟外部接线,应整齐、牢固,符合设计图纸要求,接地良好、可靠。

(2)用 500V 兆欧表测量冷态绝缘电阻值,其绝缘电阻值应至少不小于 1MΩ。

(3)主机传令钟应具备复示装置。分别在驾驶室控制台与机舱集控台互相摇动传令钟和在驾驶室控制台与机旁操纵台互相摇动传令钟,检查传令钟指针所指示的刻度的一致性及准确性。

(4)检查与传令钟相配合的声光信号的响度和亮度,并检查面板照明和光度调节器的效用情况。

(5)检查发讯转换及连锁装置(当设有时),应正确、可靠。

(6)主机传令钟应由主电源及应急电源两路电源供电,检查两路电源的转换,要求正确、可靠。

(7)检查报警装置的效用情况:

①失电声光报警装置:当电源失电时,应能发出声光报警。

②主机错向报警装置:当驾驶室控制台发令前进或后退信号,而机舱集控台回令方向正好相反时,应能发出声光报警。

③当船上设有应急主机传令钟时,应检查应急传令钟的效用情况。

船舶操纵传令钟系统常见故障及处理如表 9-3 所示。

船舶操纵传令钟系统常见故障及处理　　表 9-3

故障现象	故障原因	故障处理方法
车钟灯光不显示	指示灯坏	更换指示灯
	导电触点松动或弹性不足	触点压力调整
	编码、译码器损坏	按说明书测量集成电路输出电压或请专业人员修理
车钟指针不跟踪或抖动	同步机缺相或电源断开	测量同步机连接线 测量同步机电源
	滑环接触不良	修正滑环触点
报警不停	电源电压偏低	检查电源电压
	失压继电失灵	检查触点与线圈是否损坏
	错车联动开关失灵	检查开关动作是否正常
	错车中间继电器损坏	检查继电器,损坏更换
	集成电路电路输出错误	请专业人员修理
手柄摇动时无任何反应	联动齿轮松动或脱落	检查手柄联动部分动作情况
	电源故障	检查电源是否供电

五、船舶舵角指示器的调试

舵角指示器调试,以舵机上的机械舵角指示器的示角为基准。校对驾驶室、舵机舱的电动指示器的正确性,校验时自 0°分别向两舷操舵,每转 5°校对一次舵角指示器,根据舵机上机械舵角指示器的角度,检验驾驶室和舵机房的电动舵角指示器的角度指示值误差是否在规定范围内,误差不大于 ±1°,但是舵角处在零度位置时各舵角指示器应无误差。

校对时应来回各校对一次,并做好记录。

舵角指示器的要求如下:

(1)在驾驶台的任何方位都能观察到指针的显示。

(2)指针显示误差与实际舵角不大于 ±1°。

(3)指针应有荧光效果和指示器内具有可调节的照明。

(4)电源通断应有明显的指示。

调试时注意观察舵机房发讯器的联动杆是否有松动和变形现象;检查舵角指示器运行时是否有异常响声;效用试验,观察舵机房机械指示与电动指示是否有误差、响声校正指针与实际舵叶偏转的误差。

船舶舵角指示器常见故障分析及处理如表 9-4 所示。

船舶舵角指示器常见故障分析及处理 表 9-4

故 障 现 象	故 障 原 因	故障处理方法
指针不动作	无电源	检查电源是否供上,热过载是否动作
	指针或齿轮固定螺丝松动	打开指示器,工作时看到同步电机工作,紧固螺丝即可
	舵机房发讯器未动作	检查联动机械的连接和动作情况
	收、发讯器坏	更换
指针误差大	舵机房联动机构松动	紧固或校直
	指针固定螺丝松动	紧固螺丝
	收、发讯器连接线缺相	检查线路是否接通
指示器内照明无法调节	调光电阻坏	更换调光电阻
电源指示吊牌失灵	吊牌指针卡死	调整位置
	吊牌线圈坏	测量更换

六、PLC 应用设计及调试

可编程控制器(PLC)是一种数字运算操作的电子系统,专为在工业环境应用而设计。它采用可以编制程序的存储器,用来在其内部存储执行顺序运算、逻辑运算、定时、计数和算术运算等操作的指令,并能通过数字式或模拟式的输入和输出,控制各种类型的机械或生产过程。PLC 及其有关的外围设备都应按照易于与工业控制系统形成一个整体,易于扩展其功能的原则而设计。

可编程控制器的分类有:

(1)按结构形式分类:整体式 PLC,模块式 PLC,叠装式 PLC;

(2)按功能分类:低档 PLC,中档 PLC,高档 PLC;

(3)按 I/O 点数分类:小型 PLC,中型 PLC,大型 PLC。

1. 可编程控制器的构成及工作原理

PLC 由于其自身的特点,在工业生产的各个领域得到了愈来愈广泛的应用。而作为 PLC 的用户,要正确地应用 PLC 去完成各种不同的控制任务,首先应了解其组成结构和工作原理。

2. 可编程控制器的基本组成

通用型 PLC 是一种通用的可编程控制器，主要由中央处理单元 CPU、存储器、输入/输出（I/O）模块及电源组成。

（1）中央处理单元（CPU）。同一般的微机一样，CPU 是 PLC 的核心。在 PLC 中 CPU 按系统程序赋予的功能，指挥 PLC 有条不紊地进行工作，归纳起来主要有以下几个方面：

①接收从编程器输入的用户程序和数据，并能进行修改或更新。

②通过输入接口接收现场的状态或数据，并存入输入映像寄存器或数据寄存器中，从存储器中逐条读出用户程序，经解读用户逻辑，完成用户程序中规定的各种任务，更新输出映像寄存器的内容。

③从存储器逐条读取用户程序，经过解释后执行。

④根据输出所存电路的有关内容实现输出控制。

⑤诊断电源、PLC 内部电路的工作故障和编程中的语法错误等。以上这些都是在 CPU 的控制下完成的。PLC 常用的 CPU 主要采用通用微处理器、单片机或双极型位片式微处理器。

（2）存储器。在 PLC 中，存储器主要用于存储系统程序、用户程序、工作数据等。

①系统程序存储器（ROM）。用以存放系统管理程序、监控程序及系统内部数据，PLC 出厂前已将其固化在只读存储器 ROM 或 PROM 中，用户不能更改。

②用户存储器（RAM）。包括用户程序存储区和工作数据存储区。这类存储器一般由低功耗的 CMOS－RAM 构成，其中的存储内容可读出并更改。掉电会丢失存储的内容，一般用锂电池来保持。

（3）输入接口电路。输入接口用于接收和采集两种类型的输入信号，一类是由按钮、转换开关、行程开关、继电器触头等开关量输入信号；另一类是由电位器、测速发电机和各种变换器提供的连续变化的模拟量输入信号。

以图 9-1 所示的直流输入接口电路为例，R_1 是限流与分压电阻，R_2 与 C 构成滤波电路，滤波后的输入信号经光耦合器 T 与内部电路耦合。当输入端的按钮 SB 接通时，光耦合器 T 导通，直流输入信号被转换成 PLC 能处理的 5V 标准信号电平（简称 TTL），同时 LED 输入指示灯亮，表示信号接通。微电脑输入接口电路一般由寄存器、选通电路和中断请求逻辑电路组成，这些电路集成在一个芯片上。交流输入与交直流输入接口电路与直流输入接口电路类似。

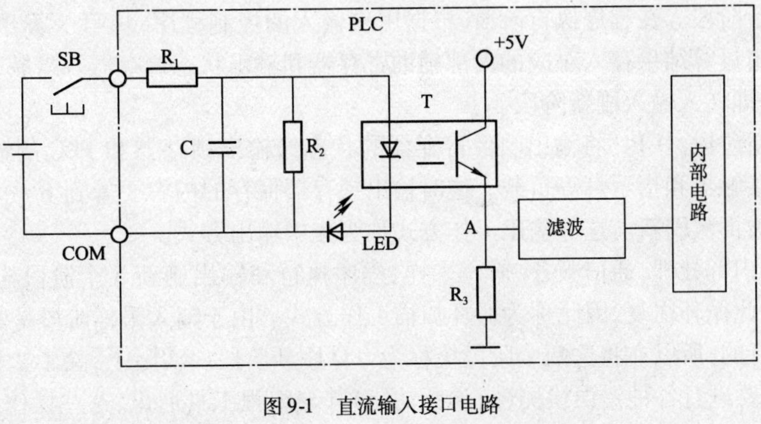

图 9-1　直流输入接口电路

滤波电路用以消除输入触头的抖动,光电耦合电路可防止现场的强电干扰进入 PLC。由于输入电信号与 PLC 内部电路之间采用光信号耦合,所以两者在电气上完全隔离,使输入接口具有抗干扰能力。现场的输入信号通过光电耦合后转换为 5V 的 TTL 送入输入数据寄存器,再经数据总线传送给 CPU。

(4)输出接口电路。常用的开关量输出接口按输出开关器件不同有三种类型:是继电器输出、晶体管输出和双向晶闸管输出。继电器输出接口可驱动交流或直流负载,但其响应时间长,动作频率低;而晶体管输出和双向晶闸管输出接口的响应速度快,动作频率高,但前者只能用于驱动直流负载,后者只能用于交流负载。输出接口电路的主要技术参数:响应时间,输出电流,开路漏电流。

(5)电源。PLC 配有开关电源,来供内部电路使用。和普通电源相比,PLC 电源的稳定性好、抗干扰能力强。对电网提供的电源稳定度要求不高,一般允许电源电压在其额定值 ±15% 的范围内波动。许多 PLC 还向外提供直流 24V 稳压电源,用于对外部传感器供电。如 FX1S 额定电压 AC100V—240V,而电压允许范围在 AC85V—264V 之间。允许瞬时停电在 10ms 以下,能继续工作。

3. 可编程控制器的工作原理

(1)PLC 的工作方式:采用循环扫描方式。在 PLC 处于运行状态时,从内部处理、通信操作、程序输入、程序执行、程序输出,一直循环扫描工作。

注意:由于 PLC 是扫描工作过程,在程序执行阶段(输入发生了变化),输入状态映像寄存器内容也不会变化,要等到下一周期的输入处理阶段才能改变。

(2)工作过程:主要分为内部处理、通信操作、输入处理、程序执行、输出处理几个阶段。

①内部处理阶段。自诊断测试包括定期检查 CPU 模块的操作和扩展模块的状态是否正常,将监控定时器复位,以及完成一些别的内部工作。

②通信服务阶段。在此阶段,PLC 与一些智能模块通信,响应编程器键入的命令,更新编程器的显示内容等,当 PLC 处于停止状态时,只进行内容处理和通信操作等内容。

③读取输入阶段。PLC 首先扫描所有输入端子,并将各输入状态存入内存中各对应的输入映像寄存器中,这一过程称为输入采样。此时,输入映像寄存器被刷新。接着进入程序执行阶段,此时输入映像寄存器与外界隔离,无论输入信号如何变化,其内容保持不变,直到下一个扫描周期的输入采样阶段,才重新写入输入端的新内容。

④程序执行阶段。在程序执行阶段,根据用户输入的控制程序,从第一条开始逐步执行,并将相应的逻辑运算结果存入对应的内部辅助寄存器和输出状态寄存器。当最后一条控制程序执行完毕后,即转入输入刷新阶段。

⑤输出刷新阶段。CPU 将输出映像寄存器的状态经输出锁存器和 PLC 的输出接口传送到外部去驱动接触器和指示灯等负载。这时输出锁存器保存的内容要等到下一个扫描周期的输出阶段才会被再次刷新。这种输出工作方式称为集中输出方式。

由此可见,内部处理、通信服务、输入采样、程序执行和输出刷新 5 个阶段构成了 PLC 一个工作周期,由此循环往复,因此称为循环扫描工作方式。由于输入采样阶段是紧接输出刷新阶段后马上进行的,所以亦将这两个阶段统称为 I/O 刷新阶段。实际上,除了执行程序和 I/O 刷新外,PLC 还要进行各种错误检测(自诊断功能)并与编程工具通讯,这些操作统称为"监视服务”,一般在程序执行之后进行。

显然,扫描周期的长短主要取决于程序的长短。扫描周期越长,响应速度越慢。由于每个扫描周期只进行一次 I/O 刷新,即每一个扫描周期 PLC 只对输入、输出状态寄存器更新一次,所以系统存在输入输出滞后现象,这在一定程度上降低了系统的响应速度。但是由于其对 I/O的变化每个周期只输出刷新一次,并且只对有变化的进行刷新,这对一般的开关量控制系统来说是完全允许的,不但不会造成影响,还会提高抗干扰能力。

总之,PLC 采用扫描的工作方式,是区别于其他设备的最大特点之一,我们在学习和使用 PLC 当中都应加以注意。

4. PLC 控制系统的设计内容及设计步骤

(1)PLC 控制系统的设计内容:

①根据设计任务书,进行工艺分析,并确定控制方案,它是设计的依据。

②选择输入设备(如按钮、开关、传感器等)和输出设备(如继电器、接触器、指示灯等执行机构)。

③选定 PLC 的型号(包括机型、容量、I/O 模块和电源等)。

④分配 PLC 的 I/O 点,绘制 PLC 的 I/O 硬件接线图。

⑤编写程序并调试。

⑥设计控制系统的操作台、电气控制柜等以及安装接线图。

⑦编写设计说明书和使用说明书。

(2)设计步骤:

①工艺分析。深入了解控制对象的工艺过程、工作特点、控制要求,并划分控制的各个阶段,归纳各个阶段的特点和各阶段之间的转换条件,画出控制流程图或功能流程图。

②选择合适的 PLC 类型。在选择 PLC 机型时,主要考虑下面几点:

A. 功能的选择。对于小型的 PLC 主要考虑 I/O 扩展模块、A/D 与 D/A 模块以及指令功能(如中断、PID 等)。

B. I/O 点数的确定。统计被控制系统的开关量、模拟量的 I/O 点数,并考虑以后的扩充(一般加上 10% ~20% 的备用量),从而选择 PLC 的 I/O 点数和输出规格。

C. 内存的估算。用户程序所需的内存容量主要与系统的 I/O 点数、控制要求、程序结构长短等因素有关。一般可按下式估算:存储容量 = 开关量输入点数 ×10 + 开关量输出点数 ×8 + 模拟通道数 ×100 + 定时器/计数器数量 ×2 + 通信接口个数 ×300 + 备用量。

③分配 I/O 点。分配 PLC 的输入/输出点,编写输入/输出分配表或画出输入/输出端子的接线图,接着就可以进行 PLC 程序设计,同时进行控制柜或操作台的设计和现场施工。

④程序设计。对于较复杂的控制系统,根据生产工艺要求,画出控制流程图或功能流程图,然后设计出梯形图,再根据梯形图编写语句表程序清单,对程序进行模拟调试和修改,直到满足控制要求为止。

⑤控制柜或操作台的设计和现场施工。设计控制柜及操作台的电器布置图及安装接线图;设计控制系统各部分的电气互锁图;根据图纸进行现场接线,并检查。

⑥应用系统整体调试。如果控制系统由几个部分组成,则应先作局部调试,然后再进行整体调试;如果控制程序的步序较多,则可先进行分段调试,然后连接起来总调。

⑦编制技术文件。技术文件应包括:可编程控制器的外部接线图等电气图纸,电器布置图,电器元件明细表,顺序功能图,带注释的梯形图和说明。

5. PLC 的硬件设计和软件设计及调试

(1)PLC 的硬件设计。包括 PLC 及外围线路的设计、电气线路的设计和抗干扰措施的设计等。选定 PLC 的机型和分配 I/O 点后,硬件设计的主要内容就是电气控制系统的原理图的设计,电气控制元器件的选择和控制柜的设计。电气控制系统的原理图包括主电路和控制电路。控制电路中包括 PLC 的 I/O 接线和自动、手动部分的详细连接等。电器元件的选择主要是根据控制要求选择按钮、开关、传感器、保护电器、接触器、指示灯、电磁阀等。

(2)PLC 的软件设计。包括系统初始化程序、主程序、子程序、中断程序、故障应急措施和辅助程序的设计,小型开关量控制一般只有主程序。首先应根据总体要求和控制系统的具体情况,确定程序的基本结构,画出控制流程图或功能流程图,简单的可以用经验法设计,复杂的系统一般用顺序控制设计法设计。

(3)软件、硬件的调试。调试分模拟调试和联机调试两种。

①模拟调试。软件设计好后一般先作模拟调试。模拟调试可以通过仿真软件来代替 PLC 硬件在计算机上调试程序。如果有 PLC 的硬件,可以用小开关和按钮模拟 PLC 的实际输入信号(如启动、停止信号)或反馈信号(如限位开关的接通或断开),再通过输出模块上各输出位对应的指示灯,观察输出信号是否满足设计的要求。需要模拟量信号 I/O 时,可用电位器和万用表配合进行。在编程软件中可以用状态图或状态图表监视程序的运行或强制某些编程元件。

硬件部分的模拟调试主要是对控制柜或操作台的接线进行测试。可在操作台的接线端子上模拟 PLC 外部的开关量输入信号,或操作按钮的指令开关,观察对应 PLC 输入点的状态。用编程软件将输出点强制 ON/OFF,观察对应的控制柜内 PLC 负载(指示灯、接触器等)的动作是否正常,或对应的接线端子上的输出信号的状态变化是否正确。

②联机调试。联机调试时,把编制好的程序下载到现场的 PLC 中。调试时,主电路一定要断电,只对控制电路进行联机调试。通过现场的联机调试,还会发现新的问题或对某些控制功能的改进。

6. PLC 程序设计常用的方法

PLC 程序设计常用的方法主要有经验设计法、继电器控制电路转换为梯形图法、逻辑设计法、顺序控制设计法等。

(1)经验设计法。即在一些典型的控制电路程序的基础上,根据被控制对象的具体要求,进行选择组合,并多次反复调试和修改梯形图,有时需增加一些辅助触点和中间编程环节,才能达到控制要求。这种方法没有规律可遵循,设计所用的时间和设计质量与设计者的经验有很大的关系,所以称为经验设计法。经验设计法用于较简单的梯形图设计。应用经验设计法必须熟记一些典型的控制电路,如起保停电路、脉冲发生电路等。

(2)继电器控制电路转换为梯形图法。继电器接触器控制系统经过长期的使用,已有一套能完成系统要求的控制功能并经过验证的控制电路图,而 PLC 控制的梯形图和继电器接触器控制电路图很相似,因此可以直接将经过验证的继电器接触器控制电路图转换成梯形图。

主要步骤如下：

①熟悉现有的继电器控制线路。

②对照 PLC 的 I/O 端子接线图，将继电器电路图上的被控器件（如接触器线圈、指示灯、电磁阀等）换成接线图上对应的输出点的编号，将电路图上的输入装置（如传感器、按钮开关、行程开关等）触点都换成对应的输入点的编号。

③将继电器电路图中的中间继电器、定时器，用 PLC 的辅助继电器、定时器来代替。

④画出全部梯形图，并予以简化和修改。

这种方法对简单的控制系统是可行的，比较方便，但较复杂的控制电路，就不适用了。

(3)逻辑设计法。是以布尔代数为理论基础，根据生产过程中各工步之间的各个检测元件（如行程开关、传感器等）状态的变化，列出检测元件的状态表，确定所需的中间记忆元件，再列出各执行元件的工序表，然后写出检测元件、中间记忆元件和执行元件的逻辑表达式，再转换成梯形图。该方法在单一的条件控制系统中，非常好用，相当于组合逻辑电路，但和时间有关的控制系统中，就很复杂。

(4)顺序控制设计法。根据功能流程图，以步为核心，从起始步开始一步一步地设计下去，直至完成。此法的关键是画出功能流程图。首先将被控制对象的工作过程按输出状态的变化分为若干步，并指出工步之间的转换条件和每个工步的控制对象。这种工艺流程图集中了工作的全部信息。在进行程序设计时，可以用中间继电器 M 来记忆工步，一步一步地顺序进行，也可以用顺序控制指令来实现。

7. PLC 程序设计步骤

PLC 程序设计一般分为以下几个步骤：

(1)程序设计前的准备工作。程序设计前的准备工作就是要了解控制系统的全部功能、规模、控制方式、输入/输出信号的种类和数量、是否有特殊功能的接口、与其他设备的关系、通信的内容与方式等，从而对整个控制系统建立一个整体的概念。接着进一步熟悉被控对象，可把控制对象和控制功能按照响应要求、信号用途或控制区域分类，确定检测设备和控制设备的物理位置，了解每一个检测信号和控制信号的形式、功能、规模及之间的关系。

(2)设计程序框图。根据软件设计规格书的总体要求和控制系统的具体情况，确定应用程序的基本结构、按程序设计标准绘制出程序结构框图，然后再根据工艺要求，绘出各功能单元的功能流程图。

(3)编写程序。根据设计出的框图逐条地编写控制程序。编写过程中要及时给程序加注释。

(4)程序调试。调试时先从各功能单元入手，设定输入信号，观察输出信号的变化情况。各功能单元调试完成后，再调试全部程序，调试各部分的接口情况，直到满意为止。程序调试可以在实验室进行，也可以在现场进行。如果在现场进行测试，需将可编程控制器系统与现场信号隔离，可以切断输入/输出模板的外部电源，以免引起机械设备动作。程序调试过程中先发现错误，后进行纠错。基本原则是“集中发现错误，集中纠正错误”。

(5)编写程序说明书。在说明书中通常对程序的控制要求、程序的结构、流程图等给以必要的说明，并且给出程序的安装操作使用步骤等。

8. PLC 的安装与配线

(1)PLC 安装。

①安装方式。S7-200 的安装方法有两种:底板安装和 DIN 导轨安装。底板安装是利用 PLC 机体外壳四个角上的安装孔,用螺钉将其固定在底板上。DIN 导轨安装是利用模块上的 DIN 夹子,把模块固定在一个标准的 DIN 导轨上。导轨安装既可以水平安装,也可以垂直安装。

②安装环境。PLC 适用于工业现场,为了保证其工作的可靠性,延长 PLC 的使用寿命,安装时要注意周围环境条件:环境温度在 0~55℃范围内;相对湿度在 35%~85% 范围内(无结霜),周围无易燃或腐蚀性气体、过量的灰尘和金属颗粒;避免过度的震动和冲击;避免太阳光的直射和水的溅射。

③安装注意事项。除了环境因素,安装时还应注意:PLC 的所有单元都应在断电时安装、拆卸;切勿将导线头、金属屑等杂物落入机体内;模块周围应留出一定的空间,以便于机体周围的通风和散热。此外,为了防止高电子噪声对模块的干扰,应尽可能将 S7-200 模块与产生高电子噪声的设备(如变频器)分隔开。

(2)PLC 的配线。PLC 的配线主要包括电源接线、接地、I/O 接线及对扩展单元的接线等。

①电源接线与接地。PLC 的工作电源有 120/230V 单相交流电源和 24V 直流电源。系统的大多数干扰往往通过电源进入 PLC,在干扰强或可靠性要求高的场合,动力部分、控制部分、PLC 自身电源及 I/O 回路的电源应分开配线,用带屏蔽层的隔离变压器给 PLC 供电。隔离变压器的一次侧最好接 380V,这样可以避免接地电流的干扰。输入用的外接直流电源最好采用稳压电源,因为整流滤波电源有较大的波纹,容易引起误动作。

良好的接地是抑制噪声干扰和电压冲击保证 PLC 可靠工作的重要条件。PLC 系统接地的基本原则是单点接地,一般用独自的接地装置,单独接地,接地线应尽量短,一般不超过 20m,使接地点尽量靠近 PLC。

②I/O 接线和对扩展单元的接线。可编程控制器的输入接线是指外部开关设备 PLC 的输入端口的连接线。输出接线是指将输出信号通过输出端子送到受控负载的外部接线。

I/O 接线时应注意:I/O 线与动力线、电源线应分开布线,并保持一定的距离,如需在一个线槽中布线时,须使用屏蔽电缆;I/O 线的距离一般不超过 300m;交流线与直流线,输入线与输出线应分别使用不同的电缆;数字量和模拟量 I/O 应分开走线,传送模拟量 I/O 线应使用屏蔽线,且屏蔽层应一端接地。

PLC 的基本单元与各扩展单元的连接比较简单,接线时,先断开电源,将扁平电缆的一端插入对应的插口即可。PLC 的基本单元与各扩展单元之间电缆传送的信号小,频率高,易受干扰。因此不能与其他连线敷设在同一线槽内。

9. PLC 的维护与检修

虽然 PLC 的故障率很低,由 PLC 构成的控制系统可以长期稳定和可靠的工作,单对它进行维护和检查是必不可少的。一般每半年应对 PLC 系统进行一次周期性检查。检修内容包括:

(1)供电电源。查看 PLC 的供电电压是否在标准范围内。交流电源工作电压的范围为

85～264V，直流电源电压应为24V。

(2)环境条件。查看控制柜内的温度是否在0～55℃范围内，相对湿度在35%～85%范围内，以及无粉尘、铁屑等积尘。

(3)安装条件。连接电缆的连接器是否完全插入旋紧，螺钉是否松动，各单元是否可靠固定、有无松动。

(4)I/O端电压。均应在工作要求的电压范围内。

第二节　船舶电气航行试验

电气部分的航行试验，主要是配合船体、轮机和甲板机械部分在航行状态中进行各项试验，其中包括电气配合进行的主机遥控试验，舵机性能各项操纵试验，锚机的抛锚、起锚试验及其余电气部分以效用试验为主，进一步考核各系统电气设备的实用状况，有无异常现象出现，航行试验结束后，检查各系统电气设备，并分别进行热态绝缘电阻值测量和温升检查。出现异常现象须分析查出原因，修复解决，再进行试验，直至完好为止。

一、航行试验概述

1. 航行试验的目的

每艘船舶在建造的最后阶段，都要进行航行试验。航行试验应按规定的大纲进行，对船舶的航海性能、电气设备、导航设备和机械设备进行试验，验证船舶总体性能和设备的质量是否符合合同、图样、公约及规范等的要求。航行试验的目的是通过试验，对船舶进行最终验收。

航行试验是在船舶进行完系泊试验，已经消除系泊试验中所发现的质量问题，并在验船部门规定的系泊试验项目符合试航条件后方可进行。规定的系泊试验项目有：主辅机械设备、救生设备、消防设备、锚设备、舵设备、航行设备、信号设备、通信设备、舱底排水系统及防止油污设备、压载水装置、水密装置、倾斜试验报告、载重线标志勘划、吨位丈量、警报及安全设备等。

2. 进行航行试验必备的条件

(1)必须在完成全船性的船体、轮机、电气等项目的系泊试验，将试验中所发现的缺陷消除，并得到工厂检查人员、船舶检验机关的专业人员或军方代表检验之后，航行试验方可进行。

(2)由设计单位编制的航行试验大纲，须经有关技术人员统一认定，并已作了实施准备后才能执行。

(3)航行试验计划编制好后，须经有关部门和人员协调统一(如海区选择、保航要求、试验项目、配合舰船的各台或站)。有关协助计划及各种补给计划等都须经有关部门批准。

(4)新造船舶在航行试验前必须完成倾斜试验，并配合好各种安全器材和设施。

3. 计划的编制

航行试验是船舶建造中的最后一个工程阶段(首制或特殊要求的船舶除外)，同时又是极其重要的一个阶段，它是对船舶设计质量、建造质量、配套质量的总体检验。因为各方面的问题在航行试验中都容易暴露出来，所以试验工作十分复杂。

电气设备的航行试验计划是整个船舶试验计划的重要组成部分之一。电气设备试验具有项目多、试验过程复杂、协作面广(需各种测量仪器,有时还需舰船、飞机配合)、需要较强的技术力量等特点,因此电气试验计划的制定必须与全船试验计划相协调。

在电气航行试验计划中,不少航次需要全速运行,如计程仪试验、电气转速表试验等。

还有不少项目(如锚设备、消磁设备、声呐、雷达试验)需到特定试验区进行。为提高试验经济性,计划人员必须统筹兼顾,准备好预备试验项目,以便及时调整。

要求在执行试验计划前,对将进行试验的设备,作好技术准备,对设备的工作可靠性、参数精度、系泊试验中可能出现的故障、指标现实性、设备的质量和互相的联协情况都应充分掌握,力争一次试验成功。

在组织各项目的试验中,必须明确职责,分工负责;坚守岗位,服从命令听指挥,发现问题及时进行协商才能解决。

综上所述,编制好电气航行试验计划是非常重要的。

(1)编制电气航行试验计划:

①根据船舶电气试验大纲拟定航行试验项目。

②根据试验的特点分为电气单独试验项目和需其他专业配合的项目两类。

③根据试验大纲和仪器、设备的技术说明书的要求,选定每个项目的试验海区、海情、配合舰船等。

④指出各项目试验所需的仪表、专用工具。

⑤要从试验和不顺利两角度考虑、制定出各项目的相应安全保证及应变措施。

⑥指出各项目所需技术力量和岗位,拟订劳动力安排。

⑦制定某些项目的协调配合计划和联络信号和方式。

⑧估计每项目的试验时间,供编制全船航行试验计划用。

⑨编制电气航行试验计划草案时,应以每航次为单位,并采用列表形式指明试验项目、内容、技术指标和要求、对海区与海情的要求、参加单位等。

⑩计划草案制定后,由建造师召开讨论会,请设计室、技术部、检验部、验船单位等部门人员参加讨论,对计划进行修改补充,然后送交产品总建造审批汇总。

(2)电气航行试验计划的协调:

①由工厂产品总建造师召开计划协调会,对试验海区、驾驶航向、速度和具体试验方法进行统一部署、提出每航次的具体执行方案(日期、出航时间、会合地点、试验指挥和执行人员等)。计划协调会应邀请船东代表、验船机构代表参加。

②由专业建造师召开本专业各大试验项目的技术协调会;如某雷达或声呐,在试验中需空军飞机配合一定飞航架次,或需海军潜艇部队派潜艇下潜一定航次时,则需要编制好详细双方航行计划(或飞行计划),明确会合海区、具体经纬度、时间、联络信号等,并作出航线图。

③由总建造师布置试航计划会,对试航前的工作进行统一安排。

4.航行证书申请

船厂确定试航日期后,一般由质量检验部门向验船部门申请船舶试航证书,得到批复后,航行试验方可实施。证书的样式如表9-5、表9-6所示。

经验船部门审核,对已具备试航条件的船舶签发船舶试航证书。如果验船部门提出意见,质量检验部门应尽快向有关车间或部门反馈,以便落实解决。

船舶试航申请书 表9-5

中华人民共和国船舶检验局

船舶试航申请书

船　　名＿＿＿＿＿＿＿＿　船旗国＿＿＿＿＿＿＿＿

船舶种类＿＿＿＿＿＿＿＿　船籍港＿＿＿＿＿＿＿＿

试航日期＿＿＿＿＿＿＿＿　参加试航人数＿＿＿＿＿＿＿＿

试航区域＿＿＿＿＿＿＿＿

试航目的＿＿＿＿＿＿＿＿

该船下述项目均已符合有关规定的要求，具备试航条件，兹申请签发试航证书。

1. 主、辅机械设备
(包括主机启动、换向)
2. 救生设备包括救生艇，筏，
救生浮具、抛绳设备和遇难信号等
救生衣数量＿＿＿＿
求生圈数量＿＿＿＿
3. 消除设备
4. 锚设备
5. 舵设备
6. 航行设备
7. 信号设备
8. 通信设备
9. 舱底排水系统及防止油污设备
10. 压载水装置
11. 水密装置
12. 倾斜试验及船舶稳性
13. 载重线勘划
14. 吨位丈量
15. 警报及安全设备

申请日期＿＿＿＿　申请人＿＿＿＿

备注：

日　　期＿＿＿＿

地　　点＿＿＿＿　验船师＿＿＿＿

CCS船舶试航证书 表9-6

中华人民共和国船舶检验局

船舶试航证书

编　　号＿＿＿＿＿＿＿＿

船　　名＿＿＿＿＿＿＿＿　船旗国＿＿＿＿＿＿＿＿

船舶种类＿＿＿＿＿＿＿＿　船籍港＿＿＿＿＿＿＿＿

船舶所有人＿＿＿＿＿＿＿＿　船舶呼号＿＿＿＿＿＿＿＿

制造厂＿＿＿＿＿＿＿＿　出厂编号＿＿＿＿＿＿＿＿

总吨位＿＿＿＿＿＿＿＿　主机功率、转速＿＿＿＿＿＿＿＿

核准试航人数＿＿＿＿＿＿＿＿　试航区域＿＿＿＿＿＿＿＿

兹证明

对申请人在船舶试航申请书中提出的航行条件进行了审查，认为该船具备试航条件，同意进行试航。

本证书有效期至＿＿＿＿年＿＿＿＿月＿＿＿＿日

备注：

发证地点＿＿＿＿＿＿＿＿　发证日期＿＿＿＿＿＿＿＿

二、航行试验的准备工作

电气航行试验的准备工作很多,但综合起来,应做好下列准备:组织工作;需要的图纸资料及工具、仪器、仪表;易损耗元件和器材;电工材料以及清洁保养用品等。

1. 组织机构的准备

(1)建立试航领导小组,分工负责试航的各项工作,包括试航人员的生活服务工作准备。

(2)执行试验任务的技术力量(工艺、技术、检验人员)和劳动力配备。

(3)做好上级检查机关和专职技术指导力量的组织。若船上装有刚研制成功首次试装的设备或仪器,还需请制造厂有关人员参加。

2. 图纸资料的准备

航行试验可能远离工厂,为解决试验中可能发生的技术问题,应准备好设计部门编制的航行试验大纲、技术说明书、安装工艺资料与图纸及相关记录表格报告等,经验船部门和船东代表确认后,作为船舶进行试验和检验的依据。

(1)试验大纲:

①电气试验大纲。

②特殊电气设备试验大纲。

③无线电通信试验大纲。

④各种雷达试验大纲。

⑤导航仪器试验大纲。

⑥各种水声仪器试验大纲。

⑦特殊电子设备试验大纲。

⑧无线电干扰试验大纲。

(2)技术说明书:

①发射机调压器说明书。

②自动舵说明书。

③电话(包括自动电话)说明书。

④各种无线电设备说明书。

⑤各种雷达、导航、声呐设备说明书。

⑥各种电子设备说明书。

⑦各种工程电器说明书。

(3)安装工艺资料与图纸:

①电气设备安装工艺说明书。

②电气设备配套表。

③全船电缆册。

④各专业及综合导电系统图。

⑤各系统电气设备接线图。

⑥各专业系统图和原理图。

⑦电缆铭牌清册。

⑧各舱室电气设备布置图。

⑨修改通知单和联系单。

⑩船舶电气安装与调试规程。

(4)其他技术文件：

①试验计划和方案。

②专业协调会纪要。

③仪表、仪器和专用工具清单。

④按试验要求，准备必要的记录表格和报告样式。

3. 船舶浮态、供应品准备及救生浮具的准备

(1)按试验大纲要求，调整船舶的吃水和纵横倾，记录船舶首、中、尾吃水。

(2)准备足够的试验用的燃油、滑油。应对燃油、滑油进行取样化验，试验结束后留作比较。

(3)准备好充足的生活用水及生活用品，以满足船上人员日常生活的需要。

(4)船厂应为试航人员每人备一件救生衣。

4. 仪器、仪表及工具的准备

试验用的仪器、仪表应具备计量部门签发的有效的合格证书。

(1)常用工具和仪表的准备。万用表、高阻计、钳形表、螺丝刀、扳手、套管、电烙铁、清洁工具、电吹风等，一般每个作业班次都应有一定数量的配置。

(2)专用工具、装备和仪器的准备。对一些特殊用途的专用工具、设备、精密仪器或仪表，需按试验大纲要求进行准备。船舶航行试验前需准备工具如表9-7所示。

工具清单 表9-7

序号	工具仪表名称	序号	工具仪表名称
1	大截面冷压钳	11	电罗经配液工具
2	300～500W电烙铁	12	12件绘图仪
3	电炉、电水壶	13	装有弱电工具的备品箱上船
4	电焊机	14	300mm三角板
5	气割、气焊工具	15	微型计算机及相应耗材、计算器
6	水银式0～150℃、0～300℃温度计	16	对讲电话
7	晶体管点温计、数字温度计	17	电源拖板
8	酸、碱性电液比重计	18	秒表
9	数字、英文字母的钢字码	19	仪表插座板
10	手电钻及钻头	20	……

根据试验大纲及常见故障排除的需要，应准备的仪器、仪表如表9-8所示。

上述两个表中的工具或仪器、仪表清单仅供参考，各试验船舶可根据实际情况有所增减。

5. 电工材料的准备

船舶试航阶段，工程建造已初步完成，故所用电工材料较少，仅在加装工程时才需一定的电工材料。一般试航中需要一定量的辅助材料如表9-9所示。

仪器、仪表清单　　表 9-8

序　号	仪表名称	序　号	仪表名称
1	交流 0.5 级,0~5A 电流表	9	水声综合测试仪
2	交流 0.5 级,0~200V 电压表	10	高频微伏表
3	双臂电桥	11	低频信号发生器
4	示波器	12	脉冲信号发生器
5	频率计	13	晶体管测试仪
6	真空管电压表	14	稳压电源 6V、12V、24V
7	分雷达综合测试仪	15	电感、电容测量仪
8	单边带综合测试仪	16	高频信号发生器

试航用常用电工辅助材料清单　　表 9-9

序　号	材料名称	用　途
1	各种规格和形式的螺钉	补充被振落的螺钉
2	各种绝缘套管和黄蜡管	修复设备的接线包扎线头
3	绝缘胶带	包扎线头
4	橡皮及聚酯薄膜	修复水密和绝缘
5	水密填料	加强水密
6	白布和绸布	清洁精密仪器
7	酒精或四氯化碳	清洁触头及仪器
8	棉纱	清洁设备
9	蒸馏水、硼砂、硫酸	配蓄电池电解液
10	砂纸(00 号或 0 号)	清洁触头
11	轴承油、汽油	保养电机轴承
12	松香、焊锡	加工接头
13	导线、电缆	供临时使用

6. 易耗元件和器材准备

船舶上安装的电气设备种类规格极多,对每个系统的设备易损耗元件和器材的品种、规格、数量要做好统计工作,并做好这些元件、器材的准备工作,以便试航中备用。试航电气易损耗元件准备清单见表 9-10 所示。

船舶上安装的电气设备的易损耗元件和器材一般是以专业类别来进行划分的,通常分强电和弱电两大类。

(1)对弱电系统中各专业,如导航仪器、无线电通信仪器、雷达等,通常要求把该类设备的航行备品箱在试航前装上船,并在航行前进行清点,以防止遗漏。在试验中发现元件损坏时,及时从备品箱中取出使用。

(2)对于强电设备中的易损耗元件,一般按不同系统来储备。如按照明系统、配电系统、电力拖动系统、电话系统、自动控制和测量系统进行储备。有些半成品(如部分常用线圈)可由工厂自行加工。

易耗元件及器材清单　　　　表 9-10

系　　统	序号	易耗元件的名称	型号	数量
照明系统	1	各种规格的白炽灯泡		
	2	各种规格的灯管		
	3	各种型号灯具的灯罩		
	4	各种型号规格的插座		
	5	各种规格的开关		
	6	日光灯起辉器		
	7	日光灯镇流器		
	8	各种规格的白炽灯头		
	9	各种灯具固定配件		
供配电系统	1	主开关的脱扣线圈		
	2	调压器中的低频放大晶体管		
	3	调压器中的低频稳压管		
	4	各种规格的熔断器芯		
	5	各种规格的指示灯泡		
	6	红、绿、黄指示灯罩		
	7	熔断器夹		
电力拖动系统	1	常用接触器线圈		
	2	常用继电器线圈		
	3	各种规格指示灯泡		
	4	各种规格指示灯罩		
	5	各种接触器、继电器触头		
	6	限位开关		
	7	熔断器芯		
电话系统	1	耳机和送话器芯		
	2	氖泡		
	3	晶体管元件		
	4	0.1A、0.5A、1A、2A 玻璃管保险丝		
自动控制系统	1	干簧继电器		
	2	控制继电器		
	3	各种熔断器芯		
其他	1	各种规格接线冷压接头		
	2	各种规格塑料套管		

三、航行试验的基本内容和要求

1. 电气系统的初步检查

在船舶航行试验中,对电气设备还应作一般性检查及运行试验。

(1)在船舶航行试验的每次出航前和试验后,均应测量电网的绝缘电阻。同时还要定期检查发电机、配电装置、电力拖动装置和其他电气设备的绝缘电阻。

(2)在各种工况航行状态中,检查和观察各设备、系统的工作情况,是否满足设计要求,并具有需要的功能。

(3)观察船舶在全速航行和全负荷作业的状态下,各系统的工作可靠性,在此期间,不应产生中断和不正常现象。

2. 需要进行航行试验的项目

(1)蓄电池充、放电系统。

(2)全船舱室机械电力拖动(如泵、通风机、冷藏机等系统)。

(3)各种照明系统,它包括航行灯、信号灯等。

(4)各种电话系统。

(5)各种警铃系统。

(6)各种警钟系统。

(7)各种信号报警系统。

(8)各种传令钟系统。

(9)各种转速表系统。

(10)舵角指示系统。

(11)广播系统。

(12)电站。

(13)电力网。

(14)其他。

3. 强电设备航行试验一览表

航行试验的强电项目指标和要求如表 9-11 所示。

航行试验强电项目和要求　　表 9-11

设备名称	试验项目	内　容	要　求
电站与电网试验	供电可靠性	船舶在停泊、进出港、航行作业(战斗)等工况下观察电站容量、供电电压、频率、功率因数的波动范围,是否符合要求	
	发电机并联运行的可靠性	(1)有功与无功功率分配差度应符合《规范》要求; (2)并联工作后启动一台大容量的电动机,不应引起失步、停顿或跳闸	
	发电机转移负载	将正在运行的发电机负载转移到另一台发电机,不应引起停电	
电站与电网试验	工作可靠性	通过观察,测量绝缘电阻、温升及其他参数,进一步检查在各种航行状态时的可靠性。	

续上表

设备名称	试验项目	内　容	要　求
舵机装置试验	舵机系统电器工作可靠性	检查各种航行工况下电机及控制系统工作可靠性	海区的大小可根据船的航速而定，并可考虑一旦舵失灵时仍有回转余地
	操舵试验	船舶以高、中、低三种航速和倒车中速航行时，测量电机电流、电压等参数及操舵速度，从一舷35°至另一舷30°的时间不超过28s，如装备双机时应不超过15s	
	操舵方式的转换试验	(1)自动操舵运行试验1h，检查工作可靠性； (2)随动舵试验，要求正确可靠； (3)人力舵试验，要求正确可靠	
锚机系统试验	浅水抛锚试验	观察船舶上锚机电气设备的工作情况，记录电流、起锚速度及起锚时间。配合船体和轮机专业作锚机系统安装调整试验	要求水深为30～50m，海情2～3级
	深水抛锚试验	进行抛、起双锚试验，自海底依次拔起单锚(一锚破土，另一锚停止不动)，然后同时起双锚，记录破土时电流，每挡起升锚速度及时间	要求水深50～200m，海情2～3级
航行灯与信号灯试验	航行灯控制器效用试验	(1)开和闭各路航行灯，检查工作性能和报警装置的可靠性	在锚泊条件下进行。一般安排在晚上七时以后进行
	航行灯、信号灯可见距离和视角检查	(2)派交通船观测各灯的可见距离和视角。测试时带通信工具并与本船雷达配合测定	
配合船舶机械作消摆装置试验	生摇试验	(1)在3～4级海情下进行； (2)按专用技术试验大纲指标进行	
	稳定试验	(1)在6～7级海情下进行； (2)要求横摇不超过5°	
消磁装置调整	按专用技术指标试验	(1)消磁站无绕组消磁； (2)抗干扰调整	

四、船舶机舱自动化系统航行试验

船舶机舱自动化又称为轮机自动化，目前主要指船舶动力方面的控制程度。一般分为无人值班机舱、一人值班机舱、集控机舱和驾驶室遥控机舱。随着自动化技术的发展，自动控制功能越来越高，各种类型计算机被广泛应用到各个控制系统中，使机舱逐步实现“无人管理”。不同等级的自动化船舶的控制内容一般包括以下几种：

(1)主机以及辅机集中监控装置和遥控装置。

(2)燃油、滑油冷却水的自动温度控制和液位监控。

(3)船舶电站自动控制系统。

(4)自动记录机器运转参数的各种装置。

船舶的自动化程度越高，包括的内容越多，对于周期性无人值班机舱应该包括其全部内容。

自动化系统的控制程序一般由控制部分、安全部分和报警显示部分三个部分组成。控制部分是指控制的方法和位置,用程序管理的方法来进行局部控制、集中控制和驾驶室遥控;安全部分是指根据出现的故障的危害程度,以自动或手动进行保护性动作,降转或降速,转入备用设备或者自动停止运行;报警和显示系统是指设备运转中出现故障时,以某种方式显示记录下来,并根据需要发出视觉和声响信号提醒工作人员。使工作人员可以根据提示采取有效的解决办法。

采用自动化系统的最大的优点就是可以使设备经常处于最佳运行状态,出现异常时及时发现和排除,而不影响正常航行,并对控制系统能作自动检测,从而提高工作效率,降低成本。

1. 机舱集控台检测报警点航行试验

集控台检测报警点是自动化系统的重要组成部分。它能对被监控的机、电设备及其安全和控制系统运行的工况实行检测,对所出现的故障发出声光报警,并根据自动化技术的要求将报警信号延伸到工作人员滞留处。使值班人员随时可以了解设备运转的情况,并且根据监测情况采取相应的措施。对于被监控的设备的工况可以由数字、图形和模拟状态的方法显示,并且可以自动记录下来。

集控台的报警信号应该同时发出声响和视觉信号,视觉信号一般以红色表示,清晰可见;声响信号应该具有足够的响度,并与火警、电话延伸铃及其他声响信号有明显的区别。

(1)试验前应具备的条件和内容。进行检测点检验的首要条件是线路安装结束。这里要考虑两个因素,一是对设备试验运行有影响的检测点应该先分批做检验,例如,发电机的燃油柜液位检测点等。二是全封闭设备的检测点,应该在安装之后封闭之前进行检验,以免以后无法进行实际检验。对于系统运行的综合报警点,允许放在系统试验中去做。所以,这个检验的时间往往很长。

在做检测点检验之前,集控台监测系统的自检程序应该先运行结束,以保证对设备的监控检测的正确性。

检测点包括的内容一般有几个方面,一是压力方面的检测和控制;二是温度变化的检测和控制;三是液位方面的检测;四是工况运行方面的检测。这里较复杂的是工况运行方面的检测,有些必须实际运行后才可以检测,是无法用模拟手段进行试验的。

检测点包括的范围是:主机系统、锅炉系统、发电机系统、首侧推系统,以及机舱一切与动力运行有关的设备和船用设备,例如,污水处理装置、各类油水柜等。

(2)试验的实施和方法。当进行集控台检测报警点检验时,应该注意检测元件动作参数的准确数值,安装在设备上的位置和报警状态。对于可以调整的检测点,试验结束后应该立即锁住,以免因误操作而改变。对检测中有疑问的数据,应及时汇集设计人员、船东、验船师的意见进行修改。修改后应有文字依据,以备后查。对于试验中出现的较小的误差,允许征得船东、验船师的意见当场进行调整,调整后重新进行试验。

如果集控台检测报警系统是由计算机系统控制的,应做到硬件应尽可能模块化,以便于检测和更换;操作指令的输入方式应尽可能地简单方便;软件程序经试验合格后,不得随意更改。为保证数据程序不因失电而丢失,应配有不中断电源为保护的措施。

①报警系统的试验:

A.报警系统的供电方式应该是双套电源。当主电源失电后,能自动转接到独立的备用蓄电池组,并同时发出报警,蓄电池组的容量应该至少能维持供电15min。为保证应急供电,平时应对畜电池组实行监控,当24V失电时,也可以发出声光报警。

B.报警系统的自我检测。当报警系统自身发生故障时,应及时发出报警。较先进的自检系统能及时指出故障部位,较简易的至少对线路的短路、开路或保险丝断等能进行报警。

C.报警的声响和视觉信号均应符合船级社的规范要求。当报警应答后,应做到可以消音,但光信号必须一直保留到故障消除为止。报警应答消音后,闪光可以转为平光信号。

D.报警信号应发送到值班轮机员住室,驾驶室和轮机员常滞留的场所,例如餐厅、休息室等。报警信号应与集控台检测报警点一致。当轮机员应答后,机舱应有显示。较先进的显示方法是当呼叫后轮机员未作应答,能将报警信号自动转到驾驶室或轮机长室。

E.集控台的绝缘应符合技术要求。若工作电压大于100V时,绝缘电阻值应不小于1MΩ,工作电压小于100V时,绝缘电阻应不小于0.5MΩ。

②对压力报警点的试验。实现压力报警可以通过压力开关、压差开关及压力传感器等来完成。试验时,一般使用手动液压泵对检测的压力传感装置进行测试,通过试验泵对该设备进行增压或减压,对其控制点进行调整,通过压力表观察使之达到所需监控显示报警的设定值,并应正确无误。

③对温度测量点的试验。温度测量通常是利用热膨胀、热电变换、电阻变化等方法进行测量。一般分为100℃以下和100℃以上两种试验方法来检验。

A.100℃以下温度传感器的检验一般采用实际加热的方法。将温度传感器与标准温度计一起插入试验温度箱中,调节温度调节器,使温度箱中的介质的温度升高或下降,通过标准温度计是否达到所需的设定值,来检查和校验温度传感器的报警显示状况,应达到正确无误。

B.100℃以上热电阻式传感器的试验方法。它是利用导体或半导体的电阻值随温度变化的特性来测温的。试验时将接线盒中的温度传感器的接线断开,在该处接上可调电阻,根据温度所对应的电阻值标准图表册查出所需设定的温度值所对应的电阻值,调节可调电阻达到所需电阻值,检查显示与报警,应正确无误。

C.100℃以上热电偶式传感器试验方法。热电偶的结构简单、尺寸小、热惰性小,输出为热电势信号。通常使用精度较高的毫伏计精确测量热电偶产生的热电势的毫伏数。检验时,在接线盒中将热电偶式传感器的接线断开,在该处接上与热电偶所能产生的电势数量级相当的一个电压源,根据温度所对应的电压(毫伏)值标准图表册,查出所需设定的温度值对应的毫伏值,调节电压源使之达到所需的数值,检查显示与报警状况,应正确无误。

④对于液位报警的检验。液位报警点一般都是浮子的形式出现,检验时应用手动的方法进行实际检测。检验中应该重点注意浮漂安装的位置和延时的时间选择。采取的延时措施的目的是为了防止由于船的摇摆或者液面处于临界状态时所产生的误报警。延时的时间一般都是可以调整的。

⑤工况检测报警点的检验。这种报警点一般以两种形式出现:一种是重要故障或保护系统动作的单独报警点;另一种是设备的综合报警点。检验时应先重点试验保护系统的报警点。对于综合报警点,首先要搞清楚几种状态的报警,然后按功能逐一进行测试,以保证每种状态的报警的传递均正确无误。

(3)检验的记录。检验过程中,对于各检测点的数值变化都应该有详细的记录。表9-12所示是某船的检测点记录表,供参考。

监控检测点记录表

表9-12

序号	通道	检测点	单位	设计值		试验结果		结论
				下限	上限	指示	音响	
1	M101	主机1号缸排气高温	℃	390	420			
2	M102	1号发电机超速停车	r/min		2070			
3	M103	T500公共报警						
4	M104	污水处理装置故障						
5	M105	集控台24V电源故障						

2. 自动电站航行试验

电站自动化的任务要保证供电的安全可靠和提高运行的经济性。尤其是在无人值班或一人值班的机舱,由于整个程序的自动化,减少了人为的误操作,可使整个电站处于最佳运行状态。

对自动电站的一般要求有:能够随时迅速地自动启动发电机组并自动投入电网运行;能自动准同步并车和进行功率分配;能自动地识别和调整负载的均衡和分配;必要时启动备用机组投入电网;瞬态条件反应所产生的大电流信号不应使发电机产生不必要的自动启动;具有能自动卸载、程序启动等一系列保护发电机组的措施;故障断电后又恢复供电时能自动合闸。

由于自动电站具有很多的优点,所以在目前,即使有些自动化程度并不是很高的船舶也选用自动电站。

(1)试验前应具备的条件。由于自动电站的运行正常与否直接影响到机舱大部分动力设备的工作情况,而对自动电站的考核就是检查对机舱大部分主要动力设备工况运行的影响。所以试验前应具备下列条件。

①柴油发电机组和配电板试验完毕。柴油发电机组和配电板各种试验,如启动试验、柴油发电机报警装置试验(包括安全保护装置试验)、主配电板保护装置试验、柴油发电机负荷试验、柴油发电机特性试验、柴油发电机并联运行试验及配电板联锁试验等均应满足试验要求,控制及运行可靠。

②为发电机服务的各辅机试验均满足要求,控制及运行可靠。

③船舶上安装的大功率负载(如消防泵、压载泵等)试验完毕,满足试验要求,控制及运行可靠。

④发电机燃油单元试验完毕,且其重燃油自动转换柴油试验完毕(若设有时)。试验满足要求,控制及运行可靠。

⑤机舱具有顺序启动的各辅机单机试验完毕。其结果满足要求,控制及运行可靠。

⑥检查自动电站各有关的控制线路接线正确、可靠。各有关的电气元件应完好且清扫干净。其绝缘电阻大于1MΩ。

(2)检验的内容和实施方法。自动电站试验一般具有下列内容:

①自动电站报警试验。自动电站的报警板设有报警:发电机主开关闭合输入信号不正常;汇流排电压输入信号不正常(电压高/低,频率高/低);发电机主开关不正常脱扣;发电机主开关不能闭合;发电机电压/频率不能建立;发电机自动电路同步故障;发电机自动电路不正常;

发电机主开关断开电路故障；发电机自动负载转移电路故障；发电机优先脱扣。

②检验和判断自动启动状况。一般具有三台发电机的自动电站都采用1号机组→2号机组→3号机组→1号机组的循环启动指令来控制机组。当出现下列任何状态之一时，发出“增机”指令后应能自动启动机组并自动并入电网。

A. 运行机组重载时。

B. 运行机组故障，例如滑油压力低，冷却水出口温度高时。

C. 外负载引起的电网断电（可利用机械脱扣进行试验）时。

D. 大功率询问，当大功率设备需要投入工作，而运行机组储备容量不够时。

E. 正要启动的备用机组故障，启动指令续递时。

③正在运行中的发电机组自动解列的试验。当两台发电机并联运行时，产生的解列信号一般有两种状态。一种是轻负载状态，即负载总容量已小于单机容量的80%时，自动电站能发出解列信号，应解列的机组自动将负载转移到运行机组后，主开关跳闸。另外一种解列状态是当并联运行的机组中某一台发出不正常或故障报警，需即刻退出运行，此时自动电站具有两种处理功能：负载轻时，自动单机解列；负载重时，应能够自动启动第三台备用机组投入运行，取代不正常机组，然后故障机组自动解列。上述试验均可以利用手动负载转移或模拟的方法来进行试验，以检验自动电站的程序是否正确。

④大功率询问试验。一般当运行试验的机组的负载接近85%时，如需要启动一台大负载设备时，设备的启动按钮与自动电站的大功率询问相连接。这时，自动电站应立即发出增机指令，并启动备用机组与电网并联运行后，方允许该负载接入电网。当大负载退出电网后，自动电站可以根据负载情况进行自动转负载解列。

⑤运行机组自动并联运行试验。当机组根据指令自动并联运行后，在各种工况负载的运行时间应该在10分钟左右，并将运行时的工况负载变化所引起的电压、电流、频率、功率变化记录下来，填入记录表9-13内。

自动电站并联运行记录表 表9-13

负载(%)	电压(V)	频率(Hz)	____发电机		____发电机		____发电机	
			功率(kW)	电流(A)	功率(kW)	电流(A)	功率(kW)	电流(A)
100								
75								
50								
25								
50								
75								
100								

⑥自动分级卸载和分级启动的试验。当电站运行机组的负载超过了额定负载时，可自动分一级、二级负载，并将次要负载自动卸掉，以免影响机组运行。当断电后恢复供电时，自动电站应能自动合闸供电，为避免因负载同时启动造成的电流冲击，甚至使发电机主开关再次跳闸，自动电站能够对重要的负荷进行分级启动，每两级启动间隔3～6s。

(3)检验的记录。在自动电站的试验过程中,应加强监测,如备有打印设备应该将试验经过打印出来,对于试验中出现的问题,要作具体分析,允许对人工的误操作忽略不计。对于错误程序指令,应立即进行修改,并重新进行试验。表9-14是某船自动电站试验的记录表格,供参考。

自动电站试验的记录表

表9-14

船名___________　　　　试验时间　　年　　月　　日

序号	试验项目	试验内容(简略)	结论
1	自动电站报警	绝缘低报警、失电报警	
2	优先程序试验		
3	失电/故障停机	油/水高、低温等	
4	故障换机	发现故障自动换、停机	
5	汇流排异常换机		
6	重载增机		
7	轻载减机		
8	汇流排短路故障	失电修复后自动合闸	
9	大功率询问	自动增机、并车、分配	

3.泵的自动转换航行试验

对于无人值班机舱的船舶的主机和发电机一般都备有双套的辅泵以保证设备的连续正常工作状态。一台作为主用泵,一台作为备用泵,当主用泵投入运转后,如果发生故障,备用泵应该能够自动投入运行,以保证主机或发电机的正常工作。

为保证正常航行,一般至少有下列辅泵是互为备用的双套泵:主机冷却淡水泵、主机冷却海水泵、主机滑油泵、主机凸轮轴滑油泵、主机燃油供给泵、主机燃油循环泵、发电机冷却海水泵、发电机燃油供给泵和发电机燃油循环泵。尽管船上其他设备也有双泵的配套,但为了保证主动力的工作能力的连续性,这些泵不但具有自动转换的功能,而且具有程序优先自动启动的功能。

泵的自动转换一般由联锁电路进行控制。目前较先进的是由PC机可编程序控制器进行控制。同继电器网络控制和半导体逻辑元件控制相比较,用PC机控制更灵活、准确,工作稳定性更可靠。

(1)试验前应具备的条件。在进行泵转换检验以前,首先,各类泵的单机试验应结束,即各类泵已投入正常运行状态;其次,控制程序调整完毕,各种泵均有一个报警值和一个转换值,一般要求报警值应高于转换值,否则,在报警的同时进行转换,或转换后再报警都是错误的。

(2)检验的方法。我们知道,引起泵自动转换的条件有两个:一个是泵内压力不正常,另一个是由于电气故障。例如电机过载、过热,这两个因素都是引起泵的自动转换的原因。所以我们在检验中,可以利用人为的方法,降低压力或者调整过载值,使泵能够在模拟故障的情况下,自动转换到备用泵工作的状态。

(3)试验的记录。在试验过程中应详细记录试验的结果,特别是顺序启动的时间、转换值和报警值,表9-15是船舶泵转换的记录表格,供参考。

泵转换试验记录表　　表 9-15

序号	试验项目	备用泵低压启动试验				失电后复电延时启动试验设计/试验(s)	
		设计值		试验值			
		转换压力(MPa)	延时(S)	$1^{\#}$低压运转(MPa)	$2^{\#}$启动延时(s)		
1	主机淡水冷却泵	0.12 ±0.01	5			1	
2	主机海水冷却泵	0.12 ±0.01	5			1	
3	主滑油泵	0.02 ±0.01	5			2	
4	主机凸轮轴滑油泵	0.22 ±0.01	5			2	
5	主机燃油供给泵	0.28 ±0.01	5			2	
6	主机燃油循环泵	0.67 ±0.01	5			2	
7	辅机海水泵	0.22 ±0.1	5			2	
8	辅机燃油供给泵	0.45 ±0.01	5			3	
9	辅机淡水冷却泵	0.14 ±0.01	5			3	

4. 主机遥控航行试验

对于无人值班机舱和一人值班机舱的船舶，以及驾驶室遥控机舱的船舶，其主机均具有在驾驶室控制站进行远距离控制的功能。在驾驶室控制站进行主机操作控制和监视，简称主机遥控。

(1) 主机遥控试验前应具备的条件。

①机舱集控台主机监控、检测报警延伸到驾驶室控制站的报警点，应按照机舱集控台检测报警点试验方法系泊试验完毕。其各报警点试验均符合设计要求；声、光报警信号效用情况良好、正确、可靠。驾驶室控制站所设的报警应答后，允许消去驾驶室的报警声响信号。其光信号在故障排除后消失，而且光信号在故障被应答前和应答后要有所区别。

一般在驾驶室控制站的检测报警点是指由滑油进机压力低/过低报警、滑油进机温度高报警、滑油进涡轮增压器压力低/高报警、涡轮增压器滑油重力油柜低位报警、排气温度高报警、柴油机转速或螺旋桨轴转速超速报警等组成的一系列报警点。

上述驾驶室控制站主机检测报警点，在条件具备时，可以与机舱集控室控制站的主机检测报警点同时进行试验。

②驾驶室控制站控制系统所用的压缩空气管系与液压管系经强度试验；上船安装后已经1.25 倍最大工作压力的密性试验；这些管系安装应完整、正确，符合有关规范、工艺要求，并用压缩空气吹干净。驾驶室控制站控制系统的各种控制执行机构的安装应正确完整。

③驾驶室控制站电气、控制系统安装与接线要完整、牢固、正确，接地要良好、可靠。驾驶室控制站电气、气压、液压等仪表均经校准。气控安全阀应经 1.1 倍工作压力的开启试验合格。

④主机系泊试验和航行试验完毕。如主机安全保护装置试验，主机启动、调整、换向、停车、紧急停车试验，主机最低稳定转速试验，主机盘车机联锁试验，主机机舱集控室操纵与机旁操纵转换试验，主机在机舱集控室操纵各种工况（25%、50%、75%、90%、100%、110%）负荷

运行试验,主机在机舱集控室操纵自动减速和自动停车试验(以及主机自动减速和自动停车报警)完毕,均符合设计、规范要求,正确无误。

为主机服务的泵、备用泵的自动转换,自动启动的切换试验及相应的自动转换、自动启动的切换报警试验完毕,均符合设计要求、正确无误。

⑤船内通信和信号装置如主机传令种、声力电话、自动电话等应试验完毕、效果良好。

(2)主机遥控试验。

①机舱集控室控制站和驾驶室控制站主机操纵位置的转换试验。可按如下几种方式进行转换,即机舱集控室控制站操纵→驾驶室控制站操纵;驾驶室控制站操纵→机舱集控室控制站操纵;机舱集控室控制站操纵→机旁控制站操纵;机旁控制站操纵→机舱集控室控制站操纵。

要求控制站操纵的转换试验应灵活、正确无误,并记录转换所需时间。

②驾驶室控制站中主机备用传令钟的效用试验,检查备车、各种正车、各种倒车、完车的效用情况,信号正确无误。

③在驾驶室控制站操纵主机,进行主机启动、调整、停车、紧急停车等操纵试验,要求效用良好、正确无误,并记录启动操纵所需时间。主机在空气压缩机不补充空气的情况下,遥控操纵正车和倒车交替启动试验12次,并应满足有关要求。

④模拟主机遥控启动失败试验,主机连续三次自动启动失败,停止再启动时报警、工作正确无误。

⑤模拟主机遥控自动减速和自动停车以及自动减速和自动停车报警试验的效用情况,工作正确无误。

⑥在驾驶室控制台检查限制功能试验。主要有加速程序限制试验,降速程序限制试验,越控功能效用试验。当越控装置使某一程序或某一安全保护动作解除时,主机应仍可以从驾驶室控制站进行遥控操纵。

⑦试验时主机的转速应为船舶在狭水道或港内操纵航行时的全速、中速、慢速和微速,一般试验时的全速约为海上航行时主机额定转速的2/3。

试验中当每一挡控制改变时,其改变的转速应达到稳定状况。

⑧在驾驶室进行主机遥控操纵。当船舶作中速航行时,模拟一个使发电机自动停车故障,检查备用发电机自动启动投入供电的功能;在供电恢复后,与船舶航行有关的重要辅机应立即自动启动投入运行,保证航行安全。

5. 机舱自动化航行试验

机舱自动化试验又称无人机舱试验,是船舶进行海上航行试验的最后一个内容。这是因为无人机舱是对全船自动化系统以及各类设备的综合性考验,是对自动化的运行网络和应变能力的最终检验。所以,这个试验一般都安排在全船主机系统设备试验结束后进行。

无人机舱是自动化程度的一种标志。对于机舱自动化附加标志的定义有如下几种。

①AUT—0:推进装置由驾驶室控制站遥控,包括机舱集控室控制站周期无人值班。

②AUT—1:推进装置由驾驶室控制站遥控,机舱集控室控制站有一个值班,对机电设备进行监控。

③BRC:推进装置由驾驶室控制站遥控,机器处所有人值班对机电设备进行监控。

④MCC:机舱集控室控制站有人值班,对机电设备进行监控。

无人机舱考核的范围比较广，包括的设备也很多。一般情况下，在无人值班航行中，自动化系统应该保证至少下列机电设备应连续正常的运行。

①主机（包括电力推进装置）以及为主机服务的重要辅机，例如：主机高/低温冷却淡水泵、主机冷却海水泵、辅机冷却海水泵、主滑油泵、主机凸轮轴滑油泵、主机燃油循环泵等；辅锅炉，发电机及电站。

②其他机电设备，如可变螺距桨、空气压缩机、燃油、柴油、滑油分油机、侧推器、舱底水系统（包括舱底水泵）、舱底水油水分离器、造水机、污水处理装置、污水井、燃油系统以及机舱火警、轮机员呼叫和延伸报警装置等。

（1）检验前应具备的条件。

①机舱集控台检测报警点全部试验完毕，经检验确认正确无误，机舱集控台检测报警点自检功能正常，确认报警点没有被锁住现象。全部报警点均正常工作。消除所有有关系统的故障，确保所有有关系统正常运行，无错误的报警现象。

②机舱集控台检测报警点除延伸到驾驶室控制站报警外，还应延伸到向几个轮机员居住舱室内（至少有一个轮机员居住舱室）报警，以便进行监视。延伸报警应经试验确认正确无误。

③辅锅炉试验，特别是辅锅炉自控系统试验完毕。锅炉燃烧器在各种工况下保持正常供汽和稳定燃烧、自动点火。当给水泵和燃油的出口压力低时，自动启动备用泵投入工作，能使锅炉水位在所有工况下自动保持在规定范围内。

④为主机服务的重要辅机自动转换试验完毕。当水泵、油泵的出口压力低时，自动启动备用泵投入工作，保证主机正常运行。

⑤发电机和自动电站试验完毕。当发电机发生故障时备用发电机自动启动、建压、自动合闸投入工作，或者当负荷增加、备用发电机自动启动、建压、自动同步并网投入工作，保证机电设备正常供电，应急发电机组应处于正常工作状态。

⑥主机遥控试验完毕，主机在驾驶室进行遥控，正确无误、运行可靠。

⑦其他机电设备试验完毕，均能保证连续正常运转。

⑧机舱油水柜液位应能保证在无人机舱试验时不会出现高位或低位报警的位置上。

⑨机舱内底应清扫干净、污油柜、污水井应清扫干净。

（2）检验的方法。在无人机舱试验前，应由验船师、船东、船厂三方共同确认准备工作就绪。试验时，除船东、验船师和船厂检验人员在场外，其他人员一律撤出机舱。将控制部位转到驾驶室遥控后，开始4min或者6min的无人机舱试验。试验时应尽量选择较宽阔的海域，以便于在各种工况下进行试验。

由于无人机舱的试验主要是对设备工况的考核，所以，必须在有充分准备的情况下进行。在试验中，我们应该注意下列情况。

①在试验中要密切注意自动化系统的监控设备，以及打印、记录设备，应该随时观察各设备的运行情况。

②对于报警应该做具体分析。一般情况下不应该有重要报警的出现。所谓重要报警，是指如不及时处理将直接影响航行或损坏设备的报警，即无自动停车或自动降速的报警。原则上一般非重要报警点也不应该超过三个，这三个报警，也应该属于正常报警而不是误报警。

③对于备用设备的自动投入工作或者转换,原则上应该属于正常工作状态。但是对转换的原因作为船厂应该做具体的分析,以便查出还没有暴露的隐患。

④考虑到试验期间可能出现的不可预见的问题,试验中,应选配轮机方面的检验人员在岗,出现问题时,应采取果断措施,以保证设备和人身的安全。

⑤试验中如出现较重要的问题时,应该停止试验,待问题解决后,重新进行试验。如果出现的问题不影响整个系统的正常运行,在征得船东和验船师的同意后,也可以继续进行试验,待试验结束后解决。

6. 航行中常见故障的排除

电气控制线路最常见的故障有:电子元件损坏使控制功能失效;多种原因使控制电路发生短路、断路和接地。

(1)电气控制线路常见故障的检查方法。

①观察法。观察控制线路板上电子设备或元件有无烧焦或发黑,电容器有无爆裂,电解电容有无溢出电解液痕迹,电子元件的引脚有无霉断、脱落、松动、锈蚀等;通电后控制线路有无火花、冒烟、气味等;转动电位器,检查接触是否良好;手摸元件温度是否异常;静听设备或元件有无放电声音或其他异常声音。

②元件代换法。代换法包括更换线路板法和更换元件法。

A. 更换线路板法。在船舶电气控制系统中,一般都有备用线路板。在更换线路板时,如果发现损坏的线路板明显是由于负载电流过大而烧毁了元件,则必须在查出负载短路或电流过大原因以后才能更换新的线路板。安装线路板时,不得带电操作;要注意插座与线路板之间的相对位置。线路板工作正常后,必须采取措施予以固定。

B. 更换电子元件法。更换半导体器件时,一定要注意引脚不要插错,在拆下损坏的半导体元件之前,应做好标记,以免接错。

更换集成块时,要注意集成块的方向性,否则将会损坏集成块。集成块的一端有个小缺口,其左面一排靠近小缺口或小点的那一脚为 1 号脚,反时针方向依次为 2、3……,如图 9-2 所示。

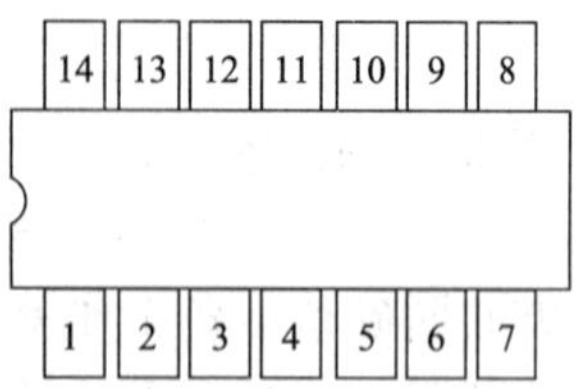

图 9-2 集成块外形图

③测量法。测量法包括测量电压法、测量电流法和测量电阻法等。

A. 测量电压法。测量电压法是最简便的方法,可以带电操作,也不需要断开电路。如用万用表测量变压器有无交流输出,整流桥有无直流输出,继电器或接触器线圈有无电压等。也可以用万用表直流挡测量三极管、二极管工作是否正常,因为二极管或三极管导通后,其压降在 1V 左右。

B. 测量电流法。许多电路都是以电流大小来确定工作点。如果电流大大超过额定值,一般是负载有短路故障或某一元件短路。有时,电流大是由于电源电压过低引起的,这时,可先断开电源,检查电源电压是否正常,若正常,表明是负载故障,若不正常则表明是电源故障。

C. 测量电阻法。测量电阻时一定要先断开电源。可以在线路板上直接测量元件,最好和一块好板子比照测量,发现有疑点,可以将该元件的一个引脚断开再测量,以消除其他元件的影响。

电子元件最常见的故障有:二极管、三极管击穿、断路、电容器爆裂失效、电阻烧断、开关、电位器触头接触不良，以及焊接质量不佳引起的故障等。

(2)短路、断路和通地故障的检查。

①短路故障的检查。短路故障表现为线路电流大，熔断器熔断或保护装置动作。短路点通常有烧黑或烧焦现象。

检查线路是否有短路，应首先切断电源，查出烧断的熔断器。用万用表电阻挡在电路两端点间测量电阻，若电阻值为零即为短路。如图 9-3 所示。

检查时，要使用 R ×1Ω 挡。如果电路中有大容量的电容器时，应在检查前将其断开，以免将电容充电误认为短路。

若线路为多路并联，必须先查出短路故障发生在哪一条支路上，可采用“逐个消除法”进行检查。如图 9-4 所示，先将各支路开关全部断开，然后依次合上开关，若哪一支路开关合上时其电阻为零，则该支路发生了短路故障。

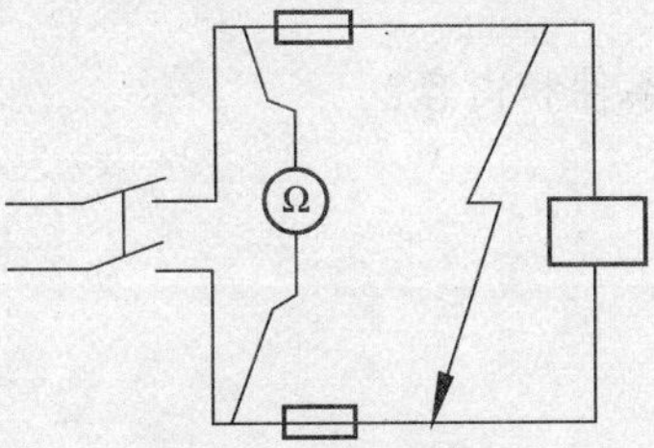

图 9-3 短路法

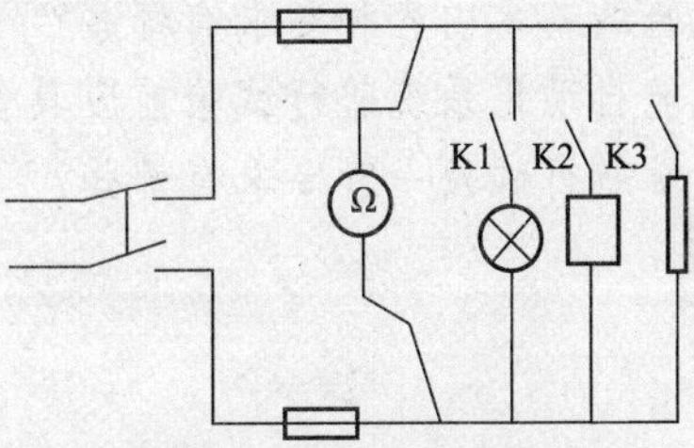

图 9-4 逐个消除法

②线路断路故障的检查。检查检测断路故障，可以带电测量，也可以不带电测量。带电测量时，可用万用表的电压挡，也可用校验灯。如果线路某点有断路故障，接通电源后，断点两端就有电压，如图 9-5 所示，断点两端 A、B 点就有电压。

不带电检查线路断路故障时，先断开电源开关，用万用表电阻挡测量，断点 A、B 两端的电阻为无穷大(图 9-6)。检查时，其电路不得有并联电路。

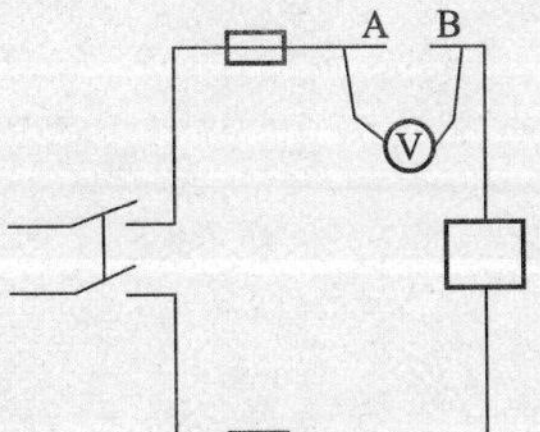

图 9-5 带电检查断路点

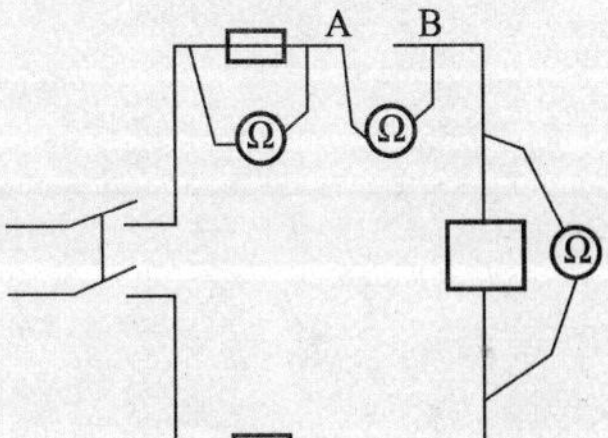

图 9-6 不带电检查断路点

③线路通地故障的检查。对于控制线路板，一般用万用表检查线路是否通地。万用表的表笔一支接线路，另一支接机壳或接地线，若电阻为零，即有通地故障。也可用兆欧表来检测，注意兆欧表的电压等级必须与线路的额定电压相匹配，否则会损坏电子设备或元件。

查找通地点的方法常用“逐段缩小法”，即将通地电路分成两部分，测其两部分对地电阻，把绝缘为零的那部分再分成两部分，再测，直至找到通地点为止。

注意：由于使用兆欧表检测电子线路板极易造成电子元件的损坏，故在实际使用中不推荐使用兆欧表。

思考与练习 SIKAOYULIANXI

1. 船舶电气系泊试验的含义?
2. 机舱和舱室火警系统调试的具体步骤?
3. 船舶电气系泊试验的项目主要有哪些?
4. PLC 程序设计常用的方法有哪些?
5. 船舶电气的航行试验的项目主要有哪些?
6. 航行试验的准备工作有哪些?
7. 航行试验的基本内容和要求有哪些?
8. 船舶机舱自动化系统航行试验前应具备的条件和内容?
9. 自动电站航行试验一般要求有哪些?

参考文献

[1] 倪绍灵.船舶电工工艺学.[M].哈尔滨:哈尔滨工程大学出版社,1996.
[2] 张德孝.船舶电工工艺.[M].北京:中国书籍出版社,2002.
[3] 应强云.船舶电气管理及工艺.[M].大连:大连海事大学出版社,1996.
[4] 王忠义.船舶电工工艺和电气测试.[M].大连:大连海事大学出版社,1999.